COMO SER
UM DITADOR

COMO SER UM DITADOR

O culto à personalidade
no século XX

FRANK DIKÖTTER

Tradução de Paula Diniz

Copyright © Frank Dikötter, 2018
Todos os direitos reservados.

TÍTULO ORIGINAL
How To Be a Dictator: The Cult of Personality in the Twentieth Century

PREPARAÇÃO
Mariana Moura

REVISÃO
Eduardo Carneiro
Laiane Flores

REVISÃO TÉCNICA
Lenilton Araújo

INDEXAÇÃO
Treze Cultural

ADAPTAÇÃO DE PROJETO GRÁFICO E DIAGRAMAÇÃO
Ligia Barreto | Ilustrarte Design

DESIGN DE CAPA
Anderson Junqueira

IMAGENS DE CAPA
Adolf Hitler, Benito Mussolini, Josef Stalin e Mao Tsé-tung: Wikimedia Commons
Mengistu Haile Mariam: Keystone Press / Alamy Stock Photo

IMAGEM DA P. 8
W.M. Thackeray illustration © History and Art Collection, Alamy Stock Photo

CIP-BRASIL. CATALOGAÇÃO NA PUBLICAÇÃO
SINDICATO NACIONAL DOS EDITORES DE LIVROS, RJ

D57c

    Dikötter, Frank, 1961-
        Como ser um ditador : o culto à personalidade no século XX / Frank Dikötter ; tradução Paula Diniz. - 1. ed. - Rio de Janeiro : Intrínseca, 2022.
        368 p. ; 21 cm.

    Tradução de: How to be a dictator : the cult of personality in the twentieth-century
    ISBN 978-65-5560-421-4

    1. Ditadores - História - Séc. XX. I. Diniz, Paula. II. Título.

22-78390   CDD: 321.9
                                                      CDU: 321.64(09)"19"

Meri Gleice Rodrigues de Souza - Bibliotecária - CRB-7/6439

[2022]
Todos os direitos desta edição reservados à
Editora Intrínseca Ltda.
Rua Marquês de São Vicente, 99, 6º andar
22451-041 — Gávea
Rio de Janeiro — RJ
Tel./Fax: (21) 3206-7400
www.intrinseca.com.br

Sumário

Prefácio   9

1 Mussolini   19
2 Hitler   59
3 Stalin   102
4 Mao Tsé-tung   139
5 Kim Il-sung   177
6 Duvalier   205
7 Ceauşescu   231
8 Mengistu   256

Posfácio   279
Notas   285
Bibliografia selecionada   333
Agradecimentos   353
Índice remissivo   355
Nota sobre a fonte tipográfica   367

"Assinalo assim, em primeiro lugar, como tendência geral de toda a humanidade, um perpétuo e irrequieto desejo de poder e mais poder que apenas a morte cessa. E a causa disso nem sempre é que se espere um prazer mais intenso do que aquele já alcançado, ou que cada um não possa se contentar com um poder moderado; é o fato de que não se pode garantir o poder e os meios para viver bem que atualmente se possui sem aquisição de mais ainda."

THOMAS HOBBES
Leviatã ou matéria, forma e poder de um Estado eclesiástico e civil

"Nasce daí uma questão: se é melhor ser amado que temido ou o contrário. A resposta é de que seria necessário ser uma coisa e outra; mas, como é difícil reuni-las, em tendo que faltar uma das duas é muito mais seguro ser temido do que amado (...). E os homens têm menos escrúpulo em ofender a alguém que se faça amar do que a quem se faça temer, posto que a amizade é mantida por um vínculo de obrigação que, por serem os homens maus, é quebrado em cada oportunidade que a eles convenha; mas o temor é mantido pelo receio de castigo que jamais se abandona."

NICOLAU MAQUIAVEL
O príncipe

W. M. Thackeray, *The Paris Sketch Book*, Londres: Collin's Clear-Type Press, 1840.

Prefácio

Em 1840, o romancista satírico William Makepeace Thackeray, famoso por parodiar a elite, publicou uma caricatura de Luís XIV. À esquerda, há um manequim com a espada do rei, seu manto de pele de arminho estampado de *fleur-de-lis*, a peruca com cachos soltos e os sapatos com saltos aristocráticos. No centro, o rei, um pobre Ludovicus em roupas íntimas, pernas compridas e finas, barriga protuberante, careca, simples e desdentado. Mas, à direita, ele surge plenamente vestido, um Ludovicus Rex orgulhoso com o traje real completo. Thackeray despiu o Rei dos Reis para mostrar o homem frágil e deplorável sem os adornos do poder: "Assim os barbeiros e os sapateiros produzem os deuses que cultuamos."[1]

"*L'État, c'est moi*", o rei setecentista supostamente pronunciou: "Eu sou o Estado." Em sua própria visão, Luís era o representante de Deus na terra. Foi um monarca absoluto, que usou seu poder autocrático por mais de setenta anos para enfraquecer a nobreza, centralizar o Estado e expandir o território de seu país usando a força das armas. Ele também se projetava como um infalível Rei Sol, em torno do qual tudo girava. Fazia questão de ser glorificado por todos, em medalhas, quadros, bustos, estátuas, obeliscos e arcos do triunfo que fez proliferar durante todo o seu reinado. Poetas, filósofos e historiadores oficiais celebravam suas conquistas, aclamando-o como onisciente e onipotente. Luís XIV transformou o pavilhão de caça real a sudoeste de Paris no Palácio de Versalhes, um castelo monumental de setecentos quartos localizado em uma extensa propriedade, onde ele mantinha a corte, obrigando os nobres cortesãos a competir em troca de favores.[2]

Luís XIV foi um mestre do teatro político, mas todos os políticos, de alguma forma, valem-se da imagem. Luís XVI, descendente do Rei Sol, foi para a guilhotina como consequência da revolução iniciada em 1789, e a noção do divino foi enterrada com ele. Os revolucionários defendiam que os direitos soberanos fossem conferidos ao povo e não a Deus. Nas democracias que surgiram gradualmente ao longo dos dois séculos seguintes, os líderes compreenderam que tinham que atrair eleitores, que, por sua vez, poderiam retirá-los nas urnas.

É claro que havia outras formas de alcançar o poder além das eleições. Seria possível orquestrar um golpe ou burlar um sistema. Em 1917, Lenin e os bolcheviques invadiram o Palácio de Inverno, proclamando um novo governo. Mais tarde, referiram-se ao golpe como uma "revolução" inspirada pela Revolução Francesa. Alguns anos depois, em 1922, Mussolini marchou sobre Roma, forçando o Parlamento a entregar o poder. No entanto, como eles e outros ditadores descobriram, o poder nu e cru tem data de validade. O poder conquistado por meio de violência deve ser mantido com violência, embora sua lâmina possa ser cega. Um ditador deve recorrer a forças militares, polícia secreta, guarda pretoriana, espiões, informantes, interrogadores, torturadores. Mas a melhor abordagem é fingir que a coerção é, na verdade, um consentimento. Um ditador deve incutir medo nas pessoas, mas, se conseguir obrigá-las a aclamá-lo, é provável que sobreviva por mais tempo. O paradoxo do ditador moderno, em resumo, é que ele deve criar a ilusão do apoio popular.

Ao longo do século XX, centenas de milhões de pessoas aclamaram seus ditadores, mesmo quando eram arrebanhadas rumo à escravidão. Em grandes regiões do planeta, o rosto de um ditador aparecia em outdoors e prédios e seu retrato estava presente em todas as escolas, nos escritórios e nas fábricas. As pessoas comuns tinham que fazer reverência a sua imagem, passar por sua estátua, recitar sua obra, louvar seu nome e enaltecer sua genialidade. As tecnologias modernas, do rádio e da televisão à produção industrial de pôsteres, emblemas e bustos, tornaram os ditadores tão onipresentes que isso seria inimaginável na época de Luís XIV. Até mesmo em países relativamente pequenos como o Haiti, milhares de cidadãos eram regularmente obrigados a saudar o líder, marchando na frente do palácio presidencial, ofuscando as festividades organizadas em Versalhes.

Em 1956, Nikita Kruschev denunciou Josef Stalin, detalhando o reinado de medo e terror. Ele classificou o que viu como "adulação abominável" e "mania de grandeza", chamando isso de "culto ao indivíduo". Para o português, tal noção foi traduzida como "culto à personalidade". Pode não ser um conceito rigorosamente desenvolvido e proposto por um grande cientista social, mas a maioria dos historiadores o considera bastante adequado.[3]

Quando Luís XIV ainda era menor de idade, a França era assolada por uma série de rebeliões, pois os aristocratas tentavam limitar o poder da Coroa. Elas fracassaram, mas impressionaram profundamente o jovem rei, que cultivou um medo de rebelião a vida toda. Ele transferiu o centro do poder de Paris para Versalhes e obrigou os nobres a frequentar a corte, onde podia observá-los enquanto obtinham favores da realeza.

De forma semelhante, os ditadores tinham medo do próprio povo, mas temiam ainda mais o próprio séquito na corte. Eles eram fracos. Se fossem fortes, teriam sido eleitos pela maioria. Em lugar disso, decidiram pegar um atalho, muitas vezes passando por cima do cadáver dos oponentes. No entanto, se eles podiam tomar o poder, outros também seriam capazes, o que acentuava a perspectiva de serem apunhalados pelas costas. Havia rivais, que muitas vezes eram igualmente cruéis. Mussolini foi apenas um dos diversos líderes fascistas e enfrentou uma rebelião no próprio partido antes de marchar sobre Roma em 1922. Stalin era fraco em comparação a Trotski. Mao foi repetidamente destituído de suas posições por rivais mais poderosos na década de 1930. Kim Il-sung, imposto contra a vontade do povo pela União Soviética em 1945, foi rodeado de líderes comunistas com um serviço secreto de calibre muito mais distinto.

Foram muitas as estratégias para um ditador se agarrar ao caminho até o poder e se livrar dos rivais. Houve expurgos sangrentos, manipulação, segregação e domínio, só para mencionar algumas delas. Mas, no longo prazo, o culto à personalidade foi mais eficiente. O culto humilhava aliados e rivais da mesma forma, forçando-os a colaborar por meio da subordinação comum. Acima de tudo, ao obrigá-los a aclamar o ditador diante dos outros, transformava todos em mentirosos. Quando todos mentiam, ninguém sabia quem estava mentindo, o que dificultava achar cúmplices e organizar um golpe.

Quem planejava o golpe? Havia hagiógrafos, fotógrafos, dramaturgos, compositores, poetas, editores e coreógrafos. Havia poderosos ministros da Propaganda e, às vezes, até ramos inteiros da indústria. Mas a responsabilidade final ficava nas mãos dos ditadores. "Em uma ditadura, a política começa na personalidade do ditador", escreveu o médico de Mao Tsé-tung em uma biografia clássica.[4] Os oito ditadores deste livro tinham personalidades muito diferentes, mas todos tomaram decisões-chave que os levaram à glorificação. Alguns intervieram mais do que outros. Mussolini, segundo dizem, passou metade do tempo se projetando como um governante onisciente, onipresente e indispensável para a Itália, além de controlar meia dúzia de ministérios. Stalin constantemente podava o culto a si, cortando o que achava ser louvor excessivo, apenas para permitir que isso ressurgisse alguns anos depois, quando julgava ser o momento propício. Ceaușescu se promovia compulsivamente. Hitler também cuidava de cada detalhe da própria imagem no início, embora mais tarde tenha delegado mais do que outros ditadores. Sem exceção, usaram todos os recursos do Estado para se promover. Eles eram o Estado.

Nem todos os historiadores dariam o palco principal a um ditador. Ian Kershaw descreveu Hitler de forma memorável como uma "não pessoa", um homem medíocre cujas características pessoais não eram capazes de explicar seu apelo popular. O foco, acreditava o historiador, deveria ser voltado para o "povo alemão" e sua percepção acerca de Hitler.[5] Mas como saber o que o povo achava do líder, uma vez que a liberdade de expressão é sempre a primeira baixa em uma ditadura? Hitler não foi eleito pela maioria, e, um ano após assumir o poder, os nazistas jogaram cerca de 100 mil pessoas comuns em campos de concentração. A Gestapo, os camisas-pardas e seus séquitos não hesitavam em prender aqueles que não clamassem o líder de maneira apropriada.

Às vezes, as expressões de devoção a um ditador pareciam tão espontâneas que os observadores externos — assim como os historiadores posteriores — as assumiam como genuínas. O culto a Stalin, segundo um historiador da União Soviética, "era amplamente aceito por milhões de soviéticos e tinha a crença profunda de pessoas de todas as classes, idades e ocupações, em especial nas cidades".[6] Trata-se de uma declaração vaga e sem fundamento, não mais verdadeira ou falsa do que a afirmação oposta, ou seja, a de que milhões de soviéticos de todos os perfis diferentes não acreditavam no culto a Stalin, em especial na zona rural. Se até mesmo os apoiadores ferrenhos achavam impossível decifrar a mente do líder, que dirá saber o pensamento de milhões de pessoas dominadas pelo regime.

Os ditadores longevos tinham muitas habilidades. Muitos eram excelentes em esconder as emoções. Mussolini se via como o ator mais refinado da Itália. Em um momento de descuido, Hitler também se considerou o melhor intérprete da Europa. Entretanto, em uma ditadura, muitas pessoas comuns também aprendiam a atuar. Elas tinham que sorrir sob comando, repetir sem parar as palavras do partido, gritar os slogans e saudar o líder. Em resumo, exigia-se que elas criassem a ilusão do consentimento. Quem não entrasse no jogo era multado, preso e, às vezes, baleado.

A questão não era tanto o fato de poucos adorarem seus ditadores, mas, sim, de que ninguém sabia quem acreditava em quê. O objetivo do culto não era convencer ou persuadir, mas disseminar a confusão, destruir o senso comum, forçar a obediência, isolar os indivíduos e privá-los de dignidade. As pessoas tinham que se autocensurar e também monitoravam aos demais, denunciando aquelas que não pareciam suficientemente sinceras no ofício de devoção ao líder. Por trás da aparência de uniformidade disseminada, havia um amplo espectro, que variava desde quem genuinamente idealizava o líder — verdadeiros fiéis, oportunistas, criminosos — até aqueles que eram indiferentes, apáticos ou mesmo hostis.

Os ditadores eram populares no próprio país e também admirados por estrangeiros, incluídos intelectuais ilustres e políticos eminentes. Algumas das melhores mentes do século XX se dispuseram a ignorar — ou até justificar — a tirania em nome do bem maior e ajudaram a melhorar as credenciais de seus ditadores favoritos. Elas aparecem apenas rapidamente nestas páginas, uma vez que alguns trabalhos excelentes tratam desse assunto, em especial a obra de Paul Hollander.[7]

Como o culto deveria parecer genuinamente popular, brotando do coração do povo, era invariável que recebesse tons de superstição e magia. Em alguns países, a conotação religiosa era tão marcante que alguém poderia ficar tentado a percebê-la como uma forma peculiar de adoração secular. No entanto, em todos os casos, essa impressão era deliberadamente cultivada de cima para baixo. Hitler se apresentava como um messias unido às massas de maneira quase religiosa, mística. François Duvalier se empenhou bastante para assumir o ar de um sacerdote do vodu, incentivando boatos sobre seus poderes sobrenaturais.

Em regimes comunistas, em especial, havia uma necessidade extra de algum tipo de ressonância tradicional. A razão para isso era simples: poucas pessoas em países predominantemente rurais como a Rússia, a Coreia ou a Etiópia compreendiam o marxismo-leninismo. Os apelos ao líder como uma figura sagrada eram mais bem-sucedidos do que a filosofia abstrata do materialismo dialético — que uma população rural, em sua maioria analfabeta, tinha dificuldade de entender.

A lealdade a uma única pessoa era o que mais importava na ditadura, mais ainda do que a lealdade a uma crença. Afinal, a ideologia pode dividir. Uma força de trabalho pode ser interpretada de diferentes maneiras, o que potencialmente dá origem a facções distintas. Os maiores inimigos dos bolcheviques eram os mencheviques, e ambos confiavam em Marx. Mussolini rejeitou a ideologia e manteve o fascismo propositadamente vago. Ele não era o tipo que ficava preso a um conjunto rígido de ideias; orgulhava-se de ser intuitivo, de seguir seu instinto, em vez de defender uma visão de mundo consistente. Hitler, assim como Mussolini, tinha pouco a oferecer a não ser si próprio, além de um apelo ao nacionalismo e ao antissemitismo.

A questão é mais complicada no caso dos regimes comunistas, uma vez que supostamente seriam marxistas. No entanto, nessa situação, também não teria sido prudente as pessoas comuns e os membros de partidos afins passarem muito tempo debruçados sobre as obras de Karl Marx. As pessoas eram stalinistas sob o comando de Stalin, maoistas sob o comando de Mao e kimistas sob o comando de Kim.

No caso de Mengistu, o comprometimento com os princípios do socialismo, além das estrelas e bandeiras vermelhas, era raso. Na Etiópia, havia pôsteres da trindade sagrada: Marx, Engels e Lenin. Mas era Lenin, e não Marx, que agradava Mengistu. Marx ofereceu uma visão de igualdade, mas Lenin surgiu com uma ferramenta para tomar o poder: a vanguarda revolucionária. Em vez de esperar que os trabalhadores adquirissem consciência de classe e derrubassem o capitalismo, como Marx havia sugerido, um grupo de revolucionários profissionais, organizado de acordo com rígidas diretrizes militares, levaria à revolução e estabeleceria uma ditadura do proletariado para planejar de cima a transição do capitalismo ao comunismo, eliminando brutalmente todos os inimigos do progresso. Para Mengistu, a coletivização da zona rural pode ter sido marxista, mas, acima de tudo, foi uma forma de extrair mais grãos do campo, o que permitia a ele aumentar a tropa.

Os ditadores comunistas levaram o marxismo para além do reconhecimento. Marx havia proposto que os trabalhadores do mundo se unissem em uma revolução do proletariado, mas Stalin, por sua vez, promoveu a noção de "socialismo em um país", sustentando que a União Soviética deveria se fortalecer antes de exportar a revolução para outros países. Mao leu Marx, mas o virou de cabeça para baixo ao fazer dos camponeses os pontas de lança da revolução, e não os trabalhadores. Em vez de defender que as condições materiais eram a força primária da mudança histórica, Kim Il-sung propôs exatamente o oposto, alegando que as pessoas poderiam alcançar o verdadeiro socialismo ao recorrer ao espírito da autoconfiança. Em 1972, o pensamento do Grande Líder foi preservado na Constituição, à medida que o marxismo era varrido da Coreia do Norte. No entanto, em todos esses casos, o conceito leninista de vanguarda revolucionária permaneceu teoricamente inalterado.

Na maioria das vezes, a ideologia era um ato de fé, um teste de lealdade. Isso não significa que os ditadores não tinham uma visão de mundo ou um conjunto de crenças. Mussolini acreditava na autossuficiência econômica e a invocava como um sortilégio. Mengistu era obcecado pela província rebelde da Eritreia e tinha certeza de que uma guerra implacável seria a única solução. Mas, no fim das contas, a ideologia era o que o ditador dizia, e o que ele decretava poderia mudar ao longo do tempo. Ele personificava o poder, fazendo de sua palavra a lei.

Os ditadores mentiam não só para as pessoas, mas também para si mesmos. Alguns se isolaram no próprio mundo particular, convencidos de sua genialidade. Outros desenvolveram uma desconfiança patológica do próprio séquito. Todos eram rodeados por bajuladores. Oscilavam entre a insolência e a paranoia e, como resultado, tomavam as principais decisões sozinhos, com consequências devastadoras que custavam a vida de milhões de pessoas. Alguns ficaram mais distantes da realidade, como Hitler no fim da vida, sem mencionar Ceaușescu, mas muitos prevaleceram. Stalin e Mao morreram de causas naturais e acabaram virando objeto de adoração por muitas décadas. Duvalier passou o poder para o filho, prolongando por doze anos o culto à sua imagem. E, no caso do culto mais extravagante já visto, o clã de Kim na Coreia do Norte se mantém no poder há três gerações.

Se uma ditadura é definida, de forma inexata, como um regime que visa a manter o monopólio do poder, em contraste com a noção de separação de poderes — em que o governo tem diferentes ramos com poderes separados e independentes, restrições e contrapesos, partidos de oposição, uma imprensa livre e um Judiciário independente —, a lista de líderes que podem ser considerados ditadores ultrapassa bastante uma centena. Alguns ficaram no poder por poucos meses; outros, por décadas. Entre aqueles que poderiam com facilidade ter sido incluídos neste livro estão, em ordem aleatória: Franco, Tito, Hoxha, Suharto, Castro, Mobutu, Bokassa, Kadafi, Saddam, Assad (pai e filho), Khomeini e Mugabe.

De uma forma ou de outra, a maioria mantinha-se com um culto à personalidade, criando variações do mesmo tema. Poucos fugiam à regra, como Pol Pot. Dois anos após tomar o poder, até mesmo sua identidade exata estava em disputa. No Camboja, as pessoas se submetiam à Angkar, ou "à Organização", não ao seu líder. Entretanto, como observa o historiador Henri Locard, a decisão de não planejar um culto à personalidade teve consequências desastrosas para o Khmer Vermelho. O segredo por trás de uma organização anônima que cortou pela raiz qualquer oposição não se sustentou. "Ao falhar em induzir a adulação e a submissão, Angkar só poderia gerar ódio."[8] Até o Grande Irmão, em *1984*, de George Orwell, tinha um rosto que vigiava o povo em cada esquina.

Os ditadores que sobreviveram recorriam, em geral, a dois instrumentos de poder: o culto e o terror. Entretanto, com muita frequência, o culto é tratado como mera aberração, um fenômeno repugnante mas marginal. Este livro põe o culto à personalidade em seu devido lugar: bem no âmago da tirania.

I
Mussolini

Localizado na extremidade do centro histórico, o EUR é um dos distritos mais austeros de Roma, entrelaçado por avenidas retas e amplas e prédios imponentes cobertos de mármore travertino branco reluzente — material igual ao utilizado no Coliseu. EUR significa Esposizione Universale Roma, ou Exposição Universal de Roma, uma exposição mundial gigantesca planejada por Benito Mussolini para marcar o vigésimo aniversário da Marcha sobre Roma em 1942. Como disse o exímio arquiteto Marcello Piacentini, o projeto ia mostrar uma nova civilização eterna, uma "civilização fascista". Embora a exposição nunca tenha ocorrido, pois foi interrompida pela Segunda Guerra Mundial, muitos dos edifícios foram concluídos na década de 1950. Uma das estruturas mais icônicas desse complexo arquitetônico, construída em um pódio elevado, como um templo romano, e rodeada por majestosos pinheiros-mansos, contém arquivos do Estado.[1]

Em uma sala de leitura magnífica com colunas imponentes, é possível ler as correspondências amareladas e empoeiradas endereçadas ao Duce. No auge de sua glória, ele recebia até 1.500 cartas por dia. Todas passavam por uma secretaria que empregava cerca de cinquenta pessoas, as quais selecionavam algumas centenas de itens a que Mussolini teria acesso. Quando ele foi deposto, no verão de 1943, o arquivo continha meio milhão de documentos.[2]

Em 28 de outubro de 1940, data celebrada como o primeiro dia do calendário fascista, telegramas chegavam de todas as partes do mundo. Havia odes a "Vossa Suprema e Gloriosa Excelência", com Salustri Giobbe exaltando o "gênio supremo que havia prevalecido em meio a todas as tormentas mundiais". O governante de Trieste, para citar outro exemplo, enviou uma mensagem dizendo que toda a população louvava o gênio, enquanto a cidade de Alexandria formalmente o clamava como o Criador da Grandeza.[3]

Acima de tudo, no entanto, os admiradores do Duce queriam fotografias autografadas, que eram solicitadas por pessoas de todas as posições, de crianças em idade escolar que escreviam para desejar Feliz Natal a mães enlutadas pela morte dos filhos soldados. Muitas vezes, Mussolini respondia. Quando Francesca Corner, uma pensionista veneziana de 95 anos, recebeu uma resposta dele, foi tomada por "grande emoção", de acordo com o governante local que obedientemente testemunhou e relatou a ocasião.[4]

Como a maioria dos ditadores, Mussolini alimentou a ideia de que era um homem do povo, acessível a todos. Em março de 1929, na frente da liderança reunida, vangloriou-se de ter respondido a 1.887.112 casos individuais repassados por seus assistentes pessoais. "Toda vez que os cidadãos, mesmo aqueles de vilarejos remotos, solicitavam-me, eles recebiam minha resposta."[5] A declaração era ousada, mas, como testemunham os arquivos, não era totalmente indevida. Segundo relatos, Mussolini passou mais da metade de seu tempo sendo o curador da própria imagem.[6] Ele foi o mestre supremo da propaganda — era ao mesmo tempo ator, diretor de palco, orador e um brilhante relações-públicas de si mesmo.

Poucos poderiam ter previsto sua ascensão ao poder. O jovem Mussolini tentou a sorte no jornalismo pelo Partido Socialista Italiano, mas acabou perdendo o apoio de seus companheiros ao defender a entrada da Itália na Primeira Guerra Mundial. Foi alistado no Exército e se feriu quando um morteiro o atingiu acidentalmente em 1917.

Assim como no restante da Europa, o fim da guerra trouxe um período de agitação industrial. Após anos de massacres no campo de batalha e de arregimentação no chão de fábrica, os operários começaram a participar de greves que paralisaram a economia. Inspiradas por Lenin, que tomou o poder na Rússia em 1917, cidades inteiras se tornaram socialistas e começaram a hastear bandeiras vermelhas, declarando-se a favor de uma ditadura do proletariado. Trata-se do Biênio Vermelho (1919- -1920), quando o número de membros do Partido Socialista ultrapassou 200 mil, ao passo que houve mais de 2 milhões de adesões à Confederação Geral do Trabalho.[7]

Em 1919, Mussolini criou um movimento que viria a se tornar o Partido Fascista. O programa era vagamente libertário, patriótico e anticlerical, sendo promovido de forma gritante nas páginas do *Popolo d'Italia*, fundado pelo próprio Mussolini. Mas o fascismo não obteve eleitores suficientes nas eleições gerais para assegurar ao menos uma cadeira no Parlamento. Os membros do partido debandaram, e menos de 4 mil apoiadores permaneceram comprometidos país afora. Ridicularizado pelos oponentes políticos, Mussolini afirmou amargamente que "o fascismo havia terminado", especulando com franqueza que ele poderia largar a política e fazer carreira no teatro.[8]

A falta de coragem foi momentânea. Em setembro de 1919, o poeta Gabriele d'Annunzio liderou 186 rebeldes em um ataque-

-surpresa em Fiume, cidade que a Itália reivindicou após o colapso da monarquia austro-húngara um ano antes. Mussolini percebeu que o poder que ele não obtivera por meio de eleições livres poderia ser tomado com o uso da força bruta. Mas d'Annunzio também inspirou Mussolini de outras formas. Em Fiume, o poeta exibicionista se autoproclamou Duce, termo derivado da palavra latina *dux*, que significa líder. Por quinze meses, até ser expulso pelo Exército, d'Annunzio manteve a cidade portuária de Ístria sob controle, aparecendo regularmente na sacada para falar a seus apoiadores, que vestiam camisas negras e saudavam o líder com o braço esticado para a frente. Havia desfiles, fanfarras e distribuição de medalhas diariamente, além de infindáveis propagandas. Como cita um historiador, o fascismo tomou emprestado de d'Annunzio não muito do credo político, mas a maneira de fazer política. Mussolini percebeu que pompa e ostentação atraíam mais a multidão do que editoriais incendiários.[9]

O fascismo como ideologia permanecia vago, mas Mussolini percebeu o formato que tomaria: ele seria líder, aquele enviado pelo destino para reavivar a sorte de sua nação. Ele começou a ter aulas de voo em 1920, posando como o novo homem com a visão e a força para conduzir uma revolução. Mussolini já era um exímio jornalista, que sabia como usar um estilo direto, conciso e sem rebuscamentos para mostrar sinceridade e resolução; passou, então, a se portar como um ator, usando frases destacadas e gestos raros mas imperiosos, para se apresentar como o líder indomável: cabeça inclinada para trás, queixo empinado para a frente, mãos no quadril.[10]

Em 1921, o governo começou a cortejar abertamente os fascistas, na esperança de usá-los para enfraquecer os partidos de oposição da esquerda. O Exército também era simpatizante. Grupos fascistas, em alguns casos protegidos pelas autoridades locais, perambulavam pelas ruas batendo nos opositores e atacando centenas de centrais sindicais e escritórios de partidos socialistas. À medida que o país avançava rumo a uma guerra civil, Mussolini alegava um perigo bolchevique, transformando o fascismo em um partido dedicado à destruição do socialismo. A Itália, escreveu ele, precisava de um ditador para se salvar de um levante comunista. No outono de 1922, quando o grupo fascista já tinha se tornado poderoso a ponto de controlar partes do país, Mussolini ameaçou enviar cerca de 300 mil fascistas armados para a capital, embora, na realidade, menos de 30 mil camisas-negras estivessem prontos, a maioria tão precariamente equipada que não era páreo para as tropas da guarnição de Roma. No entanto, o blefe funcionou. Conforme os fascistas começavam a ocupar os gabinetes do governo em Milão e em outros locais na madrugada do dia 27 para o dia 28 de outubro, o rei Vítor Emanuel III, ciente do destino dos Romanov após 1917, convocou Mussolini para Roma e o nomeou primeiro-ministro.[11]

A nomeação real era uma coisa, a imagem popular era outra. Ainda em Milão, Mussolini queria criar o mito de uma Marcha sobre Roma, em que ele chegaria à capital a cavalo, liderando sua legião na travessia do rio Rubicão, para impor sua vontade sobre um Parlamento impotente. Mas, mesmo depois de solicitado a formar um governo, havia apenas alguns milhares de fascistas na capital. Uma falsa marcha foi organizada às pressas. Os camisas-negras chegaram à capital e, como primeira ação, destruíram as prensas dos jornais de oposição, de modo a garantir que a versão fascista dos fatos prevalecesse. Mussolini chegou de trem na manhã de 30 de outubro. Suas tropas, vitoriosas, foram inspecionadas pelo rei e enviadas de volta para casa no dia seguinte. Sete anos mais tarde, para celebrar o aniversário da Marcha sobre Roma, uma estátua equestre de cinco metros de altura foi inaugurada em Bolonha, com o Duce olhando para o futuro, segurando as rédeas em uma das mãos e um cartaz na outra.[12]

Mussolini tinha apenas 39 anos. Era baixo, mas dava a impressão de ser mais alto ao manter a coluna ereta e o dorso firme. "O rosto dele era pálido; o cabelo preto e cada vez mais ralo, por causa da calvície, logo destacava a sobrancelha farta; a boca era grande; as feições eram variadas; a mandíbula, forte; no centro da cabeça, olhos bem pretos e penetrantes, que pareciam quase saltar do rosto." Na maioria das vezes, o modo de falar e os gestos teatrais — a cabeça parcialmente reclinada para trás, o queixo sobressaindo para a frente, os olhos revirando — eram calculados para passar uma imagem de poder e vitalidade. Na privacidade, ele poderia ser cortês e perfeitamente amável. O jornalista inglês George Slocombe, que conheceu Mussolini em 1922, observou que o personagem público mudava por completo em encontros pessoais: os músculos perdiam a tensão, a mandíbula relaxava e a voz se tornava cordial. Slocombe reparou que Mussolini havia ficado a vida toda na defensiva. "Ao assumir o papel de agressor, ele não poderia se livrar da suspeita dos desconhecidos de forma leviana."[13]

A cautela com os outros, inclusive com os próprios ministros e líderes dos partidos, permaneceu com ele até o fim da vida. Como disse Ivone Kirkpatrick, um observador brilhante que atuava na embaixada britânica, "ele era sensível à emergência de qualquer possível rival e via todos os homens com a suspeita de um camponês".[14]

Havia muitos rivais com que se preocupar. Embora ele projetasse uma imagem de liderança ferrenha, o fascismo era um movimento tão unido quanto o amálgama frouxo de líderes do grupo local. Apenas um ano antes, Mussolini enfrentara uma rebelião entre os militares, incluindo alguns dos fascistas mais estabelecidos, como Italo Balbo, Roberto Farinacci e Dino Grandi. Eles acusaram Mussolini de ser muito próximo dos parlamentares em Roma. Grandi, um líder fascista de Bolonha com a reputação de ser violento, tentou provocar a queda de Mussolini. Balbo, um homem magro de cabelos desgrenhados, era uma figura extremamente popular que permaneceria como um sério rival por décadas. A resposta de Mussolini foi formar um governo de coalizão que excluía todos os fascistas proeminentes dos respectivos cargos. Na primeira aparição como primeiro-ministro, ele intimidou a Câmara dos Deputados, que lhe era hostil, e flertou com o Senado, que era amigável. Sobretudo, assegurou aos parlamentares que respeitaria a Constituição. Aliviada, a maioria lhe concedeu plenos poderes, e alguns interlocutores inclusive imploraram para que Mussolini impusesse uma ditadura.[15]

Mussolini apareceu brevemente no cenário internacional, viajando para Lausanne e Londres a fim de ser cortejado por possíveis aliados. Na Victoria Station, estação de trem londrina, ele e sua comitiva receberam boas-vindas triunfantes: passaram por uma "massa humana histérica, sendo ofuscados pelos flashes das câmeras dos fotógrafos". Ainda se deleitando na glória da Marcha sobre Roma, ele era aclamado pela imprensa como o Cromwell da Itália, o Napoleão italiano, o novo Garibaldi vestido com uma camisa negra. Embora sua imagem internacional se fortalecesse cada vez mais, só dezesseis anos depois ele cruzaria a fronteira da Itália de novo.[16]

Em casa, poucos haviam visto o Duce. Mussolini estava empenhado em atrair a população fazendo rápidas viagens pelo país, incontáveis visitas-surpresa a vilarejos, longos encontros com trabalhadores e inaugurações de obras públicas.

Logo providenciou o próprio trem, o qual ordenava que desacelerasse quando houvesse uma grande concentração de pessoas, sempre garantindo que estivesse à janela: "Todos deveriam me ver", explicava para o assistente, que tinha a tarefa de descobrir em que lado dos trilhos a massa estava reunida. O que no início era uma necessidade política passou a ser uma obsessão ao longo do tempo.[17]

Embora desconfiasse de seus rivais, Mussolini imediatamente pôs um de seus colaboradores mais confiáveis a cargo da imprensa no Ministério do Interior, uma instituição que o próprio Duce controlava. A tarefa de Cesare Rossi era promover o fascismo na imprensa, usando fundos secretos para financiar publicações que favorecessem o líder e tirar da órbita do governo os jornais independentes. Rossi também financiou um grupo secreto de militantes fascistas para eliminar os inimigos do regime. Um deles era Amerigo Dumini, um jovem aventureiro conhecido como "Pistoleiro do Duce". Em junho de 1924, ele e os cúmplices sequestraram Giacomo Matteotti, um líder socialista e deputado que era um crítico manifesto de Mussolini, golpeando-o repetidamente com uma lima de carpinteiro antes de queimar o corpo em uma vala nas proximidades de Roma.[18]

O assassinato causou uma repugnância generalizada. A opinião popular virou-se contra Mussolini, que passou a ficar mais isolado do que nunca. Ele fez um discurso apaziguador, que, por sua vez, indispôs seus apoiadores, que estavam sendo atacados pelo Parlamento e pela imprensa. Com receio de que pudessem se voltar contra ele, Mussolini finalmente abraçou a ditadura com um discurso violento na Câmara dos Deputados em 3 de janeiro de 1925. De forma provocativa, anunciou que os esforços para formar uma coalizão parlamentar eram inúteis e que ele buscaria um governo totalmente fascista. Ousado, alegou que, sozinho, era responsável por tudo que acontecia. "Se o fascismo é uma associação criminosa, então eu sou o chefe dessa associação." E apenas ele endireitaria as coisas — usando a força por meio de uma ditadura, se necessário.[19]

O que se seguiu foi uma campanha de intimidação em todos os níveis, já que as liberdades civis foram cerceadas. Dias depois, com o auxílio da milícia fascista, a polícia fez buscas em centenas de domicílios e prendeu membros da oposição.

A imprensa foi amordaçada. Mesmo antes do discurso do dia 3 de janeiro de 1925, um decreto de julho de 1924 havia conferido aos governantes o poder de encerrar qualquer publicação sem aviso prévio. Entretanto, a imprensa liberal continuou a vender doze vezes mais do que os jornais fascistas, com uma tiragem de 4 milhões de exemplares por dia. Muitos jornais foram fechados; os jornalistas mais importantes, perseguidos. Os comissários de polícia marcavam presença nas prensas que ainda podiam operar, certificando-se de que a propaganda do Estado seria transmitida a todos. O *Corriere della Sera*, um dos jornais de oposição mais importantes, transformou-se em um órgão fascista. Uma lei draconiana sobre segurança pública promulgada em novembro de 1926 explicitava as razões para um ataque imediato da polícia, incluindo escritos que eram "prejudiciais ao Estado ou às suas autoridades". Uma atmosfera de sigilo se instalou no país. As linhas telefônicas e as correspondências eram monitoradas, enquanto os criminosos de camisa negra e a polícia à paisana vigiavam as ruas.[20]

O ritmo da revolução foi acelerado por alguns atentados à vida de Mussolini. Em 7 de abril de 1926, Violet Gibson, uma aristocrata irlandesa, atirou contra o Duce, atingindo-o de raspão no nariz. Seis meses depois, um adolescente de 15 anos atirou no ditador durante um desfile em celebração à Marcha sobre Roma. O rapaz foi linchado pelos fascistas, alimentando suspeitas de que o fato ocorrera por motivos políticos. De novembro de 1925 a dezembro de 1926, todas as associações civis e os partidos políticos caíram no domínio do Estado. A liberdade de associação foi suspensa, mesmo para pequenos grupos de três ou quatro pessoas. Como proclamou Mussolini, "tudo no Estado, nada contra o Estado e nada fora do Estado".[21]

Na véspera do Natal de 1925, Mussolini passou a ter autoridade executiva total, sem intervenção do Parlamento, sob o novo título de chefe do governo. Nas palavras de um visitante estrangeiro, ele passou a ser "como um carcereiro com todas as chaves presas ao cinto, revólver na mão, marchando para cima e para baixo na Itália sem ser questionado, como no corredor silencioso e triste de uma vasta prisão".[22]

No entanto, Mussolini também suspeitava dos fascistas. Em fevereiro de 1925, nomeou Roberto Farinacci secretário do Partido Nacional Fascista, a única organização política legalmente permitida no país. Farinacci começou a controlar o poder dos fascistas e a destruir a máquina partidária, abrindo caminho para um sistema de governo personalista dominado por Mussolini. Milhares dos membros mais radicais do partido foram expulsos. Embora o Duce tenha se recusado a apontar líderes fascistas para o governo de coalizão em 1922, três anos depois passou a contar com governantes locais nomeados diretamente pelo Estado para vigiar a nação. Ele gostava de segregar e governar, certificando-se de que os dirigentes do partido e a burocracia do Estado supervisionassem uns aos outros, deixando para si mesmo a essência do poder.[23]

Como alguns membros do partido foram expulsos, outros começaram a bajular o líder. Farinacci, um dos puxa-sacos, promoveu de forma persistente o culto ao mestre. Em 1923, durante a visita de Mussolini à terra natal, Predappio, os líderes locais propuseram marcar o local de nascimento dele com uma placa de bronze. Dois anos depois, quando Farinacci tornou público o memorial, anunciou que todo membro partidário deveria ir à cidade em uma peregrinação religiosa e fazer "um juramento de lealdade e devoção" ao Duce.[24]

Ao perceber que a própria sobrevivência dependia do mito do grande ditador, outros líderes partidários se juntaram ao coro, retratando Mussolini como um salvador, um trabalhador milagroso que era "quase divino". Seus destinos estavam atrelados ao do Duce, o único capaz de manter o fascismo. Mussolini era o centro em torno do qual líderes tão diversos quanto Grandi e Farinacci poderiam cooperar por meio da subordinação comum.[25]

Roberto Farinacci, tendo limpado a hierarquia do partido, foi, por sua vez, dispensado em 1926 e substituído por Augusto Turati, um jornalista que despontou como líder de pelotão nos primórdios do movimento fascista. Turati começou a consolidar o culto ao Duce, exigindo que os membros do partido fizessem um juramento em obediência absoluta a Mussolini. Em 1927, ele escreveu o primeiro catecismo, intitulado *A Revolution and a Leader* [Uma revolução e um líder], no qual explicava que, embora houvesse um Grande Conselho, o Duce era "o líder, o único líder, que detém todo o poder". Havia, nas palavras dele, "um espírito, uma alma, uma luz, uma realidade de consciência em que todos os irmãos podem se encontrar e reconhecer uns aos outros: o espírito, a bondade, a paixão de Benito Mussolini". Um ano depois, no prefácio de um livro sobre as origens e o desenvolvimento do fascismo, ele equiparou a revolução a Mussolini e Mussolini à nação: "Quando a nação inteira segue a rota do fascismo, a cara, o espírito e a fé se tornam os do Duce."[26]

Embora Mussolini por vezes professasse seu descontentamento com o culto à sua pessoa, na verdade ele era o principal arquiteto disso. Era um mestre na arte de projetar a própria imagem, estudando cuidadosamente determinados gestos e poses. Ensaiava na Villa Torlonia, um palácio neoclássico amplo localizado em um grande terreno, que passou a ser sua residência em 1925. À noite, Mussolini se acomodava em uma cadeira na sala de projeção para estudar cada detalhe de sua performance em público. O Duce se considerava o melhor ator da Itália. Anos mais tarde, quando Greta Garbo visitou Roma, ele ficou zangado: não queria que ninguém o ofuscasse.[27]

O repertório de Mussolini mudou ao longo do tempo. A famosa expressão fechada — imitada pelo subserviente Farinacci — foi abandonada em 1928, e suas feições implacáveis suavizaram. A mandíbula ficou menos rígida. Os olhos penetrantes, tão marcantes em 1922, tornaram-se mais serenos. Seu sorriso parecia amigável. Como observou George Slocombe, "com exceção de Stalin, nenhum outro líder europeu mostra um ar de calma e segurança inabalável — resultado de anos ininterruptos de autoridade suprema".[28]

Il Popolo d'Italia era o jornal particular de Mussolini desde 1914, e, por muitos anos, exaltou-o como um líder nato. Após ter passado a editoria para o irmão, Arnaldo, em 1922, as páginas começaram a descrever o Duce como um semideus.[29]

Cesare Rossi, que havia ficado a cargo da imprensa em 1922, teve que fugir do país após o assassinato de Matteotti, mas seu departamento prosperou. A partir de 1924, o Gabinete de Imprensa se assegurou de que todos os jornais estivessem repletos do que um crítico chamou de "glorificações repugnantes" de Mussolini. Seus discursos eram amplamente reproduzidos. Como relata Italo Balbo, um dos líderes dos camisas-

-negras, "a Itália é um jornal cuja primeira página Mussolini escreve todos os dias".[30]

Em 1925, o Gabinete de Imprensa assumiu o Instituto Luce, uma entidade voltada para a produção e a distribuição de material cinematográfico. Mussolini comandava a instituição e, de sua sala de projeção na Villa Torlonia, via tudo previamente e editava as notícias. Em poucos anos, todos os cinemas, de salas precárias nos bairros da classe operária a palácios com mobiliário dourado e carpete opulento, foram obrigados, por lei, a exibir um cinejornal produzido pelo Luce que tinha Mussolini como personagem principal.[31]

O Luce também produziu imagens do Duce, impressas e montadas em álbuns para serem aprovadas por Mussolini. Após toda a propaganda negativa que se sucedeu ao assassinato de Matteotti, a fotografia passou a ser crucial para humanizar a imagem de Mussolini. Havia fotografias dele e da família na Villa Torlonia. O terreno do palácio também servia como cenário para fotos do Duce a cavalo, andando e saltando obstáculos de madeira pela manhã. Havia fotos de Mussolini dirigindo carros de corrida, brincando com filhotes de leão, discursando para uma multidão, debulhando trigo e tocando violino. Ele aparecia como esgrimista, navegador de iate, nadador e piloto. O jornalista francês Henri Béraud observou em 1929: "Para onde olhar, para onde for, você achará Mussolini, outra vez Mussolini, sempre Mussolini." Ele estava em retratos, medalhas, gravuras e até em barras de sabão. Seu nome enfeitava jornais, livros, muros e cercas. "Mussolini é onipresente, é como um Deus. Ele observa você de todos os ângulos, e você o vê em todos os cantos."[32]

Mussolini também foi humanizado na primeira biografia sobre ele, publicada em inglês, em 1925. Intitulada *The Life of Benito Mussolini* [A vida de Benito Mussolini], a obra foi lançada em italiano como *Dux* no ano seguinte. Foram dezessete edições e dezoito traduções. Escrito por Margherita Sarfatti, uma antiga amante, o livro transformou a infância do líder em uma mitologia. Filho de um ferreiro, Mussolini nasceu às duas horas da tarde de um domingo, e "o Sol entrara no signo de Leão oito dias antes". "Um garotinho muito levado e importuno", ele já dominava os outros antes mesmo de começar a andar. Era um daqueles homens que "nascem para conquistar a admiração e a devoção de todos ao redor", já que as pessoas estavam "sob o controle de seu magnetismo e da força de sua personalidade". A descrição de um ferimento que ele teve em 1917 o tornou objeto de uma reverência quase religiosa: "Sua pele fora flechada, estava ferida e banhada de sangue"; no entanto, ele sorria gentilmente para aqueles à sua volta.[33]

Embora Mussolini tenha, ele mesmo, editado o texto de *Dux*, preferia a biografia oficial escrita por Giorgio Pini, tão descaradamente acrítica que foi traduzida apenas em 1939. O livro *Benito Mussolini* foi distribuído de maneira gratuita nas escolas, onde longos trechos do livro de Sarfatti também eram lidos nas salas de aula. Surgiram livros fascistas especialmente voltados para as crianças, todos perpetuando a lenda do Duce como um trabalhador incansável e devoto ao povo. Endossado pelo ministro da Educação em 1927, *Il libro dell'avanguardista* [O livro para o jovem fascista], de Vincenzo de Gaetano, igualou o movimento à pessoa de Mussolini: "Quando se fala em fascismo, fala-se em Mussolini. O fascismo é sua causa; ele o criou, introjetou-o em seu espírito e lhe deu vida." Algumas crianças aprenderam de cor a história da vida dele. A oração introdutória deu o tom: "Acredito no Duce Supremo — o criador dos camisas-negras — e em Jesus Cristo, Seu Único Protetor." Nas paredes de todas as escolas havia o slogan "De Mussolini para as crianças da Itália"; na capa do caderno dos alunos, o retrato dele.[34]

Mussolini estava sempre ajustando a própria imagem. À nação, dizia-se que ele nunca dormia, pois trabalhava pelo país até de madrugada, por isso durante a noite deixava acesas as luzes de seu gabinete no Palazzo Venezia, um marco arquitetônico construído pelos papas no século XV. O epicentro da nação era a Sala del Mappamondo, um espaço enorme de cerca de dezoito por quinze metros. Havia pouca mobília, com a mesa do Duce posicionada em um canto distante, de costas para a janela. Quando eram conduzidos pela porta, os visitantes tinham que atravessar a sala, o que os intimidava antes mesmo de se verem diante dele.

Uma pequena sacada ligada ao gabinete servia para Mussolini se dirigir à multidão. Ele preparava os discursos meticulosamente, às vezes os memorizava e outras ia anotando e ensaiando enquanto andava pela Sala del Mappamondo. Mas ele também conseguia ser espontâneo, ajustando o roteiro e os gestos de acordo com o humor da multidão. Com uma voz metálica, dizia frases curtas e simples, pronunciadas como se fossem marteladas. Sua memória era lendária, embora usasse estratégias diferentes para manter a reputação, como forjar perguntas ou ensaiar a partir de uma enciclopédia.[35]

Na Villa Torlonia ou na Sala del Mappamondo, Mussolini concedia audiências a um grande número de admiradores. Cada dia tinha uma cota: "Professores australianos, parentes distantes de colegas ingleses, executivos norte-americanos, escoteiros húngaros, poetas do Extremo Oriente, qualquer um que deseje estar diante da Augusta Presença é calorosamente bem-vindo." Como comentou com astúcia Percy Winner, um correspondente da Associated Press, nada podia ilustrar melhor o apetite de Mussolini por bajulação do que o fato de que, por anos, ele esteve em contato, aparentemente sem um pingo de irritação, com uma corrente infindável de visitantes puxa-sacos.[36]

As visitas também tinham um objetivo estratégico: consolidar sua reputação como um nome de peso internacional. O respeito no exterior silenciava os críticos em casa. Mussolini se empenhou em enganar os jornalistas e escritores estrangeiros com seu charme, um esforço amplamente recompensado por um fluxo de reportagens e livros enaltecedores, que a imprensa fascista destacava com frequência. Os jornalistas estrangeiros que faziam críticas não receberam mais convites.

Assombrados pela imensidão do gabinete de Mussolini, aliviados pela recepção cordial e pela postura calma de um homem com uma reputação tão amedrontadora, muitos iam embora achando que haviam conhecido um profeta. Um simples sorriso em geral bastava para desarmar um visitante apreensivo. O escritor francês René Benjamin, ganhador do prêmio literário de maior prestígio da França, o Prix Goncourt, ficou tão intimidado pelo encontro que mal conseguiu percorrer a vasta distância da porta até a mesa de Mussolini, onde instantaneamente foi conquistado por um sorriso largo. Maurice Bedel, um compatriota que, em 1927, também venceu o Prix Goncourt, dedicou um capítulo inteiro ao sorriso do Duce. "Será que ele nunca deixa, nem que seja por breves momentos, de ser um semideus carregado por um destino violento?", indagou-se. Outros eram cativados pelos olhos de Mussolini. A poeta Ada Negri considerou que eles eram "magnéticos", mas também reparou nas mãos: "Ele tem as mãos mais bonitas, mediúnicas, que se abrem como se fossem asas."[37]

Grandes líderes também iam homenageá-lo. Mohandas Gandhi, que o visitou duas vezes, relatou que ele era "um dos maiores estadistas da época", enquanto Winston Churchill, em 1933, descreveu "o gênio romano" como "o maior legislador entre os vivos". Apenas dos Estados Unidos, ele recebeu William Randolph Hearst; o governador de Nova York, Al

Smith; o banqueiro Thomas W. Lamont; o então futuro candidato à vice-presidência coronel Frank Knox; e o arcebispo de Boston, cardeal William Henry O'Connell. Thomas Edison o chamou de "grande gênio dos tempos modernos" após um breve encontro.[38]

Sempre suspeitando dos outros, Mussolini não só fazia questão de ser rodeado por apoiadores medíocres, como também os substituía com frequência. O pior deles, segundo a maioria, era Achille Starace, um bajulador sem graça que assumiu o posto de secretário do partido no lugar de Augusto Turati em dezembro de 1931. "Starace é um cretino", alegou um apoiador. "Eu sei", replicou Mussolini, "mas é um cretino obediente".[39]

Starace era fanático, e sua primeira tarefa foi subordinar o partido ainda mais às vontades de Mussolini. Ele fez isso ao eliminar os líderes fascistas que não estavam dispostos a obedecer às regras e depois ao aumentar o número de membros do partido, que mais que dobrou, passando de 825 mil, em 1931, para mais de 2 milhões em 1936. Muitos recrutas novos eram oportunistas em vez de ideólogos, mais interessados em fazer carreira do que nos princípios do fascismo. O resultado de admitir tantas pessoas comuns, como apontou um crítico em 1939, foi a despolitização do partido. "O fascismo matou o antifascismo e o fascismo", disse ele. "A força do fascismo", continuou, "reside na falta de fascistas". A lealdade a um líder em vez da crença no fascismo se tornou primordial e era esperada por todos, dentro e fora do Partido Fascista. Sob o comando de Starace, embora numerosos membros muito provavelmente não fossem fascistas, poucos não eram mussolinistas.[40]

Isso caiu como uma luva para Mussolini, que se gabava de recorrer à intuição, ao instinto e à força de vontade em vez de ao mero intelecto e que, diversas vezes, desdenhava da ideia de uma visão de mundo ideologicamente consistente. "Não acreditamos em programas dogmáticos, em esquemas rígidos que deveriam conter e desafiar a realidade complexa, incerta e mutante." Em sua carreira, Mussolini não hesitou em mudar o rumo quando as circunstâncias exigiam. Ele não foi capaz de elaborar uma filosofia política e, em nenhuma circunstância, estava disposto a se restringir a determinado princípio, fosse moral, ideológico ou de qualquer outro tipo. "Ação, ação, ação — a isso resumia seu credo inteiro", observou um de seus biógrafos.[41]

A política se tornou uma celebração em massa de um indivíduo. "Mussolini está sempre certo" era o lema do regime. Ele não fora enviado meramente pela Providência, mas era sua encarnação exata. Esperava-se obediência cega de todo italiano. As palavras "acredite, obedeça e lute" foram pintadas em letras compridas e pretas em prédios e muros pelo país.

Starace estimulava um estilo fascista, que afetava todos os detalhes da vida cotidiana. A "saudação ao Duce" passou a abrir toda reunião, enquanto uma saudação romana, com o braço direito esticado para a frente, substituía o aperto de mão. A população inteira foi uniformizada, e até bebês posavam para fotos de camisa negra. As crianças usavam uniforme preto todo sábado — nomeado "sábado fascista" pelo Grande Conselho em 1935 — e se apresentavam aos postos de comando para marchar com um fuzil de brinquedo no ombro.[42]

O Ministério da Cultura Popular substituiu o Gabinete de Imprensa, estabelecido anos antes por Cesare Rossi. A nova organização era controlada pelo genro do Duce, um jovem talentoso chamado Galeazzo Ciano, e imitava o Ministério Nacional para Esclarecimento Público e Propaganda do Reich, da Alemanha. Assim como sua contraparte alemã, o órgão passava instruções diárias aos editores detalhando o que deveria ser mencionado e o que deveria ser proibido. Uma recompensa acompanhava a punição, uma vez que os fundos que alimentavam o Gabinete de Imprensa foram inflados. De 1933 a 1943, mais de 410 milhões de liras, aproximadamente o equivalente a 20 milhões de dólares na época, foram gastos na promoção do regime e de seu líder nos jornais espalhados pela nação. Em 1939, até os lemas do Duce apareciam no cabeçalho dos jornais diários. "Amizade preciosa ou hostilidade brutal", proclamou o *Cronaca Prealpina*, invocando um discurso que Mussolini deu em Florença, em maio de 1930, enquanto o *La Voce di Bergamo* anunciou: "O segredo da vitória: obediência." Algumas publicações estrangeiras aceitaram subsídios. *Le Petit Journal*, o quarto jornal mais popular na França, beneficiou-se de uma contribuição velada de 20 mil liras.[43]

Fundos secretos também foram usados para convencer artistas, acadêmicos e escritores a participar do movimento. A estimativa é de que o custo com esses subsídios subiu de 1,5 milhão de liras, em 1934, para 162 milhões em 1942. Entre os beneficiários, estava Asvero Gravelli, um dos primeiros apoiadores e autor de uma biografia excessivamente elogiosa intitulada *Uno e Molti: Interpretazioni spirituali di Mussolini* [Uma e muitas: As interpretações espirituais de Mussolini], publicada em 1938. "Deus e história são dois termos que se relacionam a Mussolini", declarou Gravelli com ousadia, embora resistisse à tentação de compará-lo a Napoleão. "Quem se assemelha a Mussolini? Ninguém. Comparar Mussolini a um estadista de outras raças é diminuí-lo. Mussolini é o primeiro novo italiano." O autor recebeu 79.500 liras pelos seus esforços.[44]

Augusto Turati começou a desenvolver a rádio como uma ferramenta de propaganda em 1926. Sua voz podia ser ouvida regularmente pelo éter, junto com a de outros líderes fascistas, entre eles, Arnaldo Mussolini. O Duce foi ao ar pela primeira vez em 4 de novembro de 1925, embora a transmissão tenha sido prejudicada por problemas técnicos. Na década de 1920, os aparelhos de rádio permaneciam fora do alcance da maioria das pessoas comuns, uma vez que a Itália ainda era um país pobre e amplamente agrário. Em 1931, havia apenas 176 mil aparelhos de rádio em todo o país, a maioria deles nas cidades. Como os professores lamentavam que as crianças não podiam ouvir a voz de Mussolini, entre 1933 e 1938 Starace assegurou que 40 mil aparelhos fossem instalados gratuitamente nas escolas de ensino fundamental. Graças aos subsídios estatais, o número total decolou para 800 mil antes do início da Segunda Guerra Mundial. Os números, no entanto, não refletiam o alcance da rádio, uma vez que havia alto-falantes instalados nas praças das cidades, de modo que, em meados da década de 1930, os discursos do Duce ressoavam pelo país.[45]

Mussolini desenvolveu o dom da onipresença. Quando entrou pela primeira vez no Salão Real do Palazzo Venezia, em 1929, ele pôs o palco à prova, escrutinando o local, como um coreógrafo, antes de declarar que estava muito baixo. "Quem está lá no fundo vai ter dificuldade em me ver", disse ele, ordenando que a plataforma fosse elevada, um comando repassado em diversas ocasiões, até seus subalternos perderem a conta de quantos palanques foram modificados para acomodar o mestre.[46]

Em 1932, uma avenida grande de quatro pistas cortou o coração da cidade, do Coliseu ao Palazzo Venezia, criando um espaço aberto enorme para os discursos na sacada, que atraíam multidões cada vez maiores. A ideia de que qualquer italiano poderia viajar para Roma a fim de ver e ouvir o Duce passou a fazer parte da lenda em torno de seu nome. Bortolo Pelanda, um fazendeiro de 71 anos, andou cerca de quinhentos quilômetros de Belluno Veronese até Roma para realizar seu sonho de ouvir Mussolini. Arturo Rizzi montou uma engenhoca a partir de duas bicicletas para levar a família, composta de oito pessoas, de Turim a Roma, segundo relatos de jornais.[47]

Após a Marcha sobre Roma, Mussolini começou a rodar pelo interior, um ritual que se tornou mais frequente ao longo do tempo, em especial após ele anunciar a política de "Ir para o povo" em 1932. Cada aparição era meticulosamente planejada e calculada. Escolas e lojas eram fechadas no dia do evento, enquanto jovens fascistas e ativistas do partido, recrutados nas proximidades, apareciam aos montes vindos de ônibus fretados. Eles davam o tom, vibrando, cantando e aplaudindo sob comandos. Os cidadãos comuns recebiam um cartão cor-de-rosa, enviado pelo correio de manhã, ordenando-lhes que participassem do evento. A não participação poderia acabar em multa ou prisão. A polícia se misturava à multidão para garantir que todos se comportassem.[48]

Sobretudo a multidão tinha que esperar, às vezes horas a fio, do meio-dia ao anoitecer. Mesmo com Mussolini longe, milhares de pessoas se imprensavam, levantavam o pescoço em direção à sacada, esperando sua aparição com entusiasmo. Em geral, o Duce discursava apenas no início do anoitecer. Holofotes gigantes eram ligados para iluminar a sacada, tochas apareciam na multidão, fogueiras eram acesas nos prédios. Nessa atmosfera teatral, dois guardas uniformizados davam um passo à frente, tomando posição em cada lado da varanda, e a plateia começava a aplaudir. Ao som de trompetes, o secretário local do partido se direcionava para a frente da sacada e gritava: "*Fascisti! Salute al Duce!*" Quando o Duce finalmente podia ser visto e sorria, a multidão ia ao delírio, liberando a tensão da espera e irrompendo em alegria.[49]

Toda visita era registrada por uma imprensa entusiasta, enquanto os discursos importantes eram filmados pelo Instituto

Luce e exibido nos cinemas espalhados pelo país. A multidão, já cuidadosamente selecionada, sabia com precisão como elevar a ocasião, tendo assistido ao ritual na tela do cinema. As cidades competiam entre si, na tentativa de oferecer recepções mais entusiásticas e festivas para bajular o regime. Em Milão, a cidade favorita do Duce, enormes sacadas temporárias eram montadas para seus discursos públicos, adornadas com águias de papel machê.[50]

A maior celebração do regime provavelmente foi a Mostra della Rivoluzione, uma exposição inaugurada em 28 de outubro de 1932 para comemorar o décimo aniversário da Marcha sobre Roma. Cerca de 4 milhões de visitantes circularam pelo Palazzo delle Esposizioni de 1932 a 1934, com ingresso mais barato para membros de organizações partidárias. Mussolini estava no coração da exposição, organizada cronologicamente para marcar os episódios mais dramáticos da revolução fascista. Como explicou o curador da exposição, Dino Alfieri, a revolução estava "inextricavelmente relacionada ao pensamento e à vontade de Mussolini". O Salão T, bem no final da exibição, foi dedicado ao Duce, com manuscritos e pertences pessoais cuidadosamente dispostos sob vidro, inclusive seu lenço ainda ensanguentado após o atentado perpetrado por Violet Gibson em abril de 1926. Uma reconstrução fidedigna de seu gabinete no *Il Popolo d'Italia* permitia que os visitantes se aproximassem do líder.[51]

Além do Salão T, o local de nascimento do Duce também foi destino de peregrinação. Em 1925, o então secretário do partido, Roberto Farinacci, foi andando até Predappio para jurar lealdade ao líder. Sete anos depois, no décimo aniversário da revolução fascista, Achille Starace transformou a pequena vila medieval em um local de celebração nacional, como se uma cidade inteiramente nova surgisse ao redor do culto a Mussolini.

"Do mais humilde até a majestade soberana", pessoas de todas as origens respeitavam o líder em Predappio. Todos os dias, milhares de peregrinos chegavam de ônibus, sozinhos ou em turnês organizadas, às vezes a pé ou de bicicleta, observando silenciosamente a casa da família de Mussolini, baixando a cabeça em sinal de reverência em frente à cripta da família. Sua mãe, Rosa Maltoni, era comparada à Virgem Maria e celebrada na igreja de Santa Rosa. Seu pai era glorificado como um herói da revolução. Muito longe de Predappio, escolas, hospitais, pontes e igrejas recebiam o nome dos pais de Mussolini.[52]

O Duce não só recebeu milhares de cartas e visitantes, mas também presentes de pessoas de todas as camadas sociais. Já em novembro de 1927, Augusto Turati ordenou que os membros do partido cessassem as doações ao líder, mas pouco podia fazer para impedir os admiradores de fora desse grupo. Quando morreu, em 1933, Henrietta Tower, uma das mulheres mais ricas dos Estados Unidos e que morou por anos em Roma, deixou de herança uma quinta com uma coleção de arte de 3 mil itens, que incluía cerâmicas, tapeçarias, tecidos e pinturas. Essa doação estava longe de ser excepcional, uma vez que três castelos e sete grandes propriedades rurais foram dados de presente ao Duce entre 1925 e 1939 (ele aceitou tudo em nome do Estado). Escritores, fotógrafos, pintores e escultores empregaram seus talentos e enviaram itens em celebração ao Duce, como retratos pintados a pastel e bustos ornamentados. Alguns eram exibidos na Villa Torlonia. De pessoas comuns vinham homenagens diárias na forma de produtos frescos, apesar dos melhores esforços do Estado em convencê-las a desistir disso. No dia 2 de agosto de 1934, dezenas de quilos de frutas, doces, biscoitos, massas e tomates tiveram como destino a destruição.[53]

* * *

A grande avenida que ligava o Coliseu ao Palazzo Venezia transformou a sacada de Mussolini no centro simbólico do poder fascista. Entretanto, ao traçar uma linha reta nas escavações mais proeminentes da cidade, a Via dei Fori Imperiali, ladeada por grandes estátuas de bronze dos generais romanos, também ligava o Duce diretamente à Roma Antiga.

O emblema do fascismo, um feixe de varas chamados fasces (*fasci*, em italiano) amarrado em volta de um machado, vinha da Roma Antiga. Representava não só a força por meio da unidade, como também o ressurgimento da grandeza perdida do Império Romano. Como a suástica na Alemanha, estava gravado em prédios, luminárias, chafarizes, soleiras e até em tampas de bueiros. Os pelotões fascistas, com seus postos e formações, eram organizados de acordo com o modelo romano. Havia uma saudação romana e, após 1935, a marcha romana. Além disso, Mussolini mantinha um lobo romano em uma jaula exibida no Capitólio. O Dia do Trabalhador não era mais celebrado em 1º de maio, mas, sim, em 21 de abril, dia da fundação de Roma. Como explicou Mussolini, "as saudações, as músicas e as fórmulas romanas, as comemorações de aniversário e afins são essenciais para atiçar as chamas do entusiasmo que mantêm o movimento vivo. Era exatamente igual na Roma Antiga".[54]

Mussolini não só estampou sua marca na capital, como também começou a construir a "Roma de Mussolini", uma vasta metrópole que remetia aos dias de glória imperial. "Roma deve aparecer como uma maravilha para as nações do mundo", proclamou ele em 1926, "ampla, arrumada, poderosa, como era nos tempos do império augustano". Mussolini considerava "decadentes" os séculos posteriores ao do imperador Augusto. Bairros medievais inteiros da capital antiga foram demolidos para dar espaço às construções fascistas condizentes com um novo centro imperial. Mussolini queria ser lembrado como "o grande destruidor", aquele que reconstruiu Roma. Sua ameaça nunca foi levada adiante, ainda que quinze igrejas e centenas de estruturas tenham sido derrubadas em diversas partes da cidade.[55]

Para irradiar poder e prestígio, era necessário que a Roma de Mussolini dobrasse de tamanho. Cerca de seiscentos quilômetros quadrados de pântanos ao sul da capital foram drenados, a área foi transformada em terra agrícola e passada para os pobres. Estradas foram construídas. A cidade de Littoria, atual Latina, que recebeu esse nome por causa dos lictores que carregavam os fasces nos tempos romanos, foi inaugurada pelo Duce em 1931, seguida de outras cidades-modelo, todas ostentando uma prefeitura, uma igreja, uma agência dos correios e postos de comando do Partido Fascista construídos ao longo de ruas que saíam de uma *piazza*.

Assim como na época de Augusto, Roma alcançaria o mar. A cidade de Roma Al Mare, "o novo refúgio da Roma imperial", foi planejada em conexão com a Esposizione Universale Roma (EUR), que ocorreria em 1942. No coração da EUR estava o edifício neoclássico de 68 metros de altura, coberto por pedra branca, conhecido como Coliseu Quadrado — em homenagem ao marco romano antigo.

Mas como o novo império poderia ir além-mar? Ele, é claro, já desfrutava de colônias — Líbia, Trípoli e Somalilândia —, entretanto elas foram conquistadas por regimes anteriores, denunciados por Mussolini como fracos e corruptos. Para ser um verdadeiro imperador, o César moderno que fundou uma nova Roma imperial tinha que expandir o império. E havia outras razões. Como Adolf Hitler, que assumiu o poder em 1933, Mussolini buscou rivalizar com a França e a Grã-Bretanha, e, tal qual sua contraparte alemã, ele acreditava que as potências coloniais, por si sós, davam acesso a matérias-primas suficientes para financiar uma guerra.

Na busca por prestígio, Mussolini já havia comandado uma guerra sanguinária contra insurgentes na Líbia em 1929. Na Cirenaica, a região costeira da colônia no norte da África, os militares disseminaram o terror com armas químicas e execuções em massa, exterminando quase um quarto da população. Cerca de 100 mil beduínos foram expulsos e suas terras foram doadas para os colonizadores italianos. Os horrores da guerra foram ocultados do público na Itália por uma imprensa obediente, que aclamou Mussolini por ter levado a civilização para a Líbia após séculos de barbárie.[56]

Mussolini começou a se preparar para a guerra em 1931, avisando aos generais que estivessem prontos em 1935. No ano seguinte, ele demitiu Dino Grandi, assumindo o controle do Ministério das Relações Exteriores. Após Hitler se retirar da Liga das Nações, em outubro de 1933, o Duce acelerou os esforços para rearmar seu país. Tirou Italo Balbo do cargo e tomou primeiro o controle do Ministério da Guerra e depois o dos ministérios da Marinha e da Aeronáutica. Com exceção do Ministério das Finanças, as alavancas do governo estavam totalmente em suas mãos. Mussolini se convencera de que era um homem do destino, uma mistura de Napoleão e César, um líder providencial cuja mão remodelaria o mundo moderno. Ele passou a acreditar no lema do regime: "Mussolini está sempre certo." Os bajuladores ao redor incentivaram seus delírios.[57]

No intuito de se preparar para a guerra, Mussolini buscou a autossuficiência econômica. Campanhas infindáveis foram lançadas para impelir a população a agir. Houve a Batalha pelo Trigo para reduzir importações, com fotografias de Mussolini estampadas nas debulhadoras. Houve a Batalha pelo Arroz, a

Batalha por Terras, a Batalha pelos Nascimentos e a Guerra às Moscas, todas lideradas pelo Duce.[58]

A Itália já tinha duas colônias no Chifre da África. A conquista da Etiópia ia juntar os territórios da Eritreia e da Somália. Mussolini vislumbrava o leste da África unificado sob controle italiano, de onde milhões de colonizadores extrairiam ouro, diamantes, cobre, ferro, carvão e petróleo, permitindo-lhe aumentar o império e dominar o continente. Ele também desejava limpar uma mancha que deixara uma marca indelével na reputação do país. Em 1896, o imperador Menelik impusera uma derrota militar humilhante ao exército italiano em Adwa. O fracasso ainda amargava.

Mussolini não consultou ninguém, com exceção do rei, antes de decidir quanto à guerra. Em outubro de 1935, após um ano de conflitos na fronteira com a Etiópia, os sinos da igreja e as sirenes chamaram a população para as praças da cidade, onde todos ouviram o líder declarar guerra nos alto-falantes. A convocação foi cuidadosamente preparada por Starace. Segundo estimativas, cerca de 27 milhões de pessoas participaram do maior acontecimento da história da humanidade.[59]

As preparações financeiras e militares para a guerra, no entanto, foram lamentavelmente inadequadas. A estratégia do Duce, que deixara seus generais de lado para assumir o comando-geral, era homicida. Mussolini ordenou o uso de centenas de toneladas de gás mostarda não só contra combatentes, mas também contra civis. Em um prenúncio sombrio dos horrores que viriam sob o comando de Hitler e Stalin, o assassinato em escala industrial foi combinado a atrocidades terríveis, uma vez que os etíopes foram decapitados ou executados à beira de valas comuns. Após uma tentativa fracassada de assassinar o general Rodolfo Graziani, houve uma retaliação das forças de ocupação, que mataram 20 mil pessoas em apenas três dias na capital, Adis Abeba. Bebês foram esmagados, grávidas foram estripadas e famílias inteiras foram fuziladas, queimadas, espancadas ou esfaqueadas até a morte. Quando um jornal comparou o conquistador Graziani com Aníbal, Mussolini ficou furioso: apenas ele poderia ser invocado no mesmo patamar dos gigantes da Roma Antiga. Entre o fim de 1935 e 1938, pelo menos 250 mil pessoas morreram na Etiópia em decorrência da guerra.[60]

As atrocidades foram cuidadosamente escondidas do público, uma vez que a máquina de propaganda mostrava a guerra como uma libertação para os etíopes, levando liberdade e civilização para as vítimas de um sistema de castas feudal. Mais uma vez, subsídios secretos ajudaram a propagar essa visão na Itália e no exterior, e até mesmo jornalistas estrangeiros receberam o equivalente a milhares de dólares para visitar Adis Abeba e fazer relatos favoráveis sobre a viagem.[61]

O reino da Itália se tornou um império, e o diminuto rei Vítor Emanuel III foi promovido a imperador. Mussolini recebeu o título de fundador do império. Como nos tempos romanos, os despojos de guerra foram trazidos de volta dos territórios recém-conquistados. O enorme obelisco de Axum, que pesava mais de 160 toneladas e remontava ao século IV, foi transportado para Roma e revelado ao público no Circo Máximo, em 28 de outubro de 1937, para celebrar o 15º aniversário da Marcha sobre Roma. Como um imperador, Mussolini recebeu o próprio fórum. Chamado de Foro Mussolini, foi construído para celebrar a conquista da Etiópia, com frisos em mosaicos que formavam tanques e aviões de guerra. Outros marcos apareceram no império. Para "registrar a fundação do império para as gerações futuras", um perfil do Duce de 150 metros foi esculpido nas rochas de uma montanha acima da Garganta do Furlo, na Itália Central.[62]

Quando, em 9 de maio de 1936, Mussolini proclamou, de sua sacada, a anexação da Etiópia, a multidão foi ao delírio. Como apontou um observador astuto: "Ele sabia que, possivelmente pela primeira vez, estava apreciando a admiração incondicional e o apoio de toda a nação italiana." Era seu último dia de glória, uma vez que sua estrela começava a se apagar.[63]

O império podia ser popular na Itália, mas envenenou as relações com a França e a Grã-Bretanha. A Liga das Nações condenou a Itália, isolando Mussolini ainda mais e o impelindo a buscar uma reaproximação com a Alemanha. Inicialmente, ele via Hitler com suspeição, sentindo-se ameaçado por um rival. Quando o chanceler alemão viajou até Veneza em junho de 1934 para o primeiro encontro entre os líderes, o Duce, de uniforme militar completo, lhe fez sombra ao falar para uma multidão eufórica na praça de São Marcos. Hitler, inseguro e pálido, com um casaco amarelo largo e botas de couro envernizado, assistiu a tudo da sacada de um palácio vizinho, fascinado pela adoração do povo por seu líder. "Ele achou que o entusiasmo por Mussolini era genuíno", observou Alfred Rosenberg, o ideólogo do partido. Foi a primeira viagem de Hitler para o exterior, e ele percebeu que passou uma impressão precária.[64]

Em setembro de 1937, após ampla condenação internacional da guerra na Etiópia, o Duce viajou para Berlim. Dessa vez, ele é que ficou impressionado com o Führer, que não poupou dinheiro para oferecer as honras ao convidado, um aliado benquisto. Quase 1 milhão de pessoas, trazidas das províncias por trens especiais, obedientemente lotaram as ruas da capital para aclamar Mussolini. Um grande número de policiais à paisana se infiltrou na multidão com cachorros à espreita ao fundo. O Duce caiu no feitiço do anfitrião, "manifestamente intoxicado pelo espetáculo de enorme poder e fascinado pelo homem que estava claramente decidido a deter esse poder". Mussolini não era mais a figura vigorosa e animada que impressionara o Führer em Veneza. Como observou o primeiro-secretário da embaixada britânica em Berlim, suas feições ficaram mais rudes. "Ele estava gordo e careca, e tinha a aparência de um imperador romano dissoluto do período decadente."[65]

Mussolini e sua revolução dos camisas-negras tinham sido uma fonte de inspiração para Hitler, mas então o mestre começou a imitar o pupilo. Alguns meses depois de retornar de Berlim, Mussolini se juntou à Alemanha e ao Japão em um pacto tripartite contra o comunismo, sem nem mesmo consultar o Grande Conselho do fascismo. A aliança forçou Mussolini a trair a Áustria, invadida por Hitler em março de 1938. Após garantir a todos, inclusive ao Duce, que nem um tcheco sequer seria anexado, Hitler enviou suas tropas para a Tchecoslováquia, ferindo o prestígio de Mussolini, que assegurara aos seus ministros que não haveria anexação. "Toda vez que Hitler invade um país ele me manda uma mensagem", disse de forma fulminante, consciente da reação hostil de seu povo e ressentido com as provocações que o rotulavam como o *Gauleiter** da Itália, um mero subordinado do Führer.[66]

Mussolini logo recuperou o prumo e decidiu invadir a Albânia para acompanhar o país aliado, cujo Reich já alcançava o norte da fronteira italiana. Ele também conseguiu estragar isso, embora a Albânia fosse um mero enclave já nominalmente controlado pela Itália. Acreditando que o segredo do sucesso de Hitler consistia no fato de que ele próprio, e não seus generais, ditava a estratégia, Mussolini praticamente não se

---

* Era a denominação alemã para um líder provincial na Alemanha de Hitler ou nos territórios sob seu domínio, alguém que denunciava problemas e sucessos das práticas ali aplicadas. (N. da E.)

deu o trabalho de instruir o comandante da força expedicionária. Em vez de um ataque relâmpago inspirado pelo Führer, uma invasão confusa revelou como suas tropas estavam mal preparadas e precariamente equipadas.[67]

Como as duas potências acordaram em segredo se preparar para uma futura guerra na Europa, a aliança com a Alemanha se expandiu com o Pacto de Aço, assinado em maio de 1939. Hitler havia prometido evitar as hostilidades por três anos a fim de dar tempo a Mussolini de se preparar para as batalhas vindouras. Três meses depois, a Alemanha invadiu a Polônia. Galeazzo Ciano, então ministro das Relações Exteriores, foi um dos muitos que perceberam que Mussolini estava arrastando o país para o abismo. "Devo lutar até o fim. Caso contrário, isso significará a ruína do país, a ruína do fascismo e a ruína do próprio Duce."[68]

Mussolini se encontrava em uma situação péssima. Ele fracassou em preparar seu país para uma grande guerra, mas simultaneamente se juntou a Hitler. O Duce vangloriou-se para a sua contraparte berlinense de ter 150 divisões com o apoio de 12 milhões de soldados reservas, mas, na realidade, apenas dez divisões com equipamentos antiquados estavam prontas para a batalha. Personagem surpreendentemente indeciso que se escondia por trás de uma fachada de autoconfiança e força de vontade ilimitadas, Mussolini agonizou, tendo crises de depressão, mudando de opinião e até confessando secretamente que desejava que os alemães fossem derrotados. No entanto, no início de 1940, ele se convenceu de que Hitler venceria. "Recentemente, ele tem sentido cada vez mais fascinação pelo Führer. O sucesso militar de Hitler — o único que Mussolini de fato valoriza e deseja — é a causa disso", observou Ciano em seu diário. Em 10 de junho de 1940, Mussolini declarou guerra às potências aliadas.[69]

Por quase duas décadas, Mussolini havia incentivado a ideia de que seria possível confiar apenas nele e que não faria nada errado. Usara o culto do líder para humilhar seus concorrentes, garantindo que todo possível rival no Partido Fascista fosse posto de lado. Aqueles que permaneceram estavam unidos na devoção ao Duce; os bajuladores, determinados a se superarem uns aos outros no elogio à genialidade dele. Os devotos enganavam Mussolini tanto quanto ele os enganava. Mas Mussolini mentia sobretudo para si mesmo. Acabou envolvido na própria visão de mundo, um "escravo do próprio mito", nas palavras de seu biógrafo Renzo de Felice. O Duce sabia que aqueles ao seu redor eram aduladores com informações que poderiam provocar sua ira. Mussolini não confiava em ninguém, não tinha amigos de verdade, nenhuma companhia confiável para conversar de forma franca. À medida que os anos passaram, ele se isolou das pessoas e se tornou praticamente um prisioneiro entre os muros do Palazzo Venezia.[70]

Não contente em tomar todas as principais decisões sozinho, Mussolini buscou controlar tudo, aparentemente sem senso de prioridade. Como escreveu seu assistente pessoal, a ditadura dele alcançava "motores a combustível, bórax, aros de bicicleta, traduções do latim, câmeras, espelhos, lâmpadas elétricas e água mineral". Suas mãos estavam em todos os lugares. Em plena guerra, Mussolini arranjou tempo para mudar a cor da capa de uma revista feminina — de roxo para marrom. Em janeiro de 1939, à medida que a Europa avançava em direção à guerra, seu genro observou unidades ensaiando para um desfile em frente ao Palazzo Venezia. "O Duce passava bastante tempo na janela de seu gabinete, escondido por trás das cortinas azuis, observando os movimentos das diversas unidades. Ele ordenou que os tambores e os trompetes fossem usados ao mesmo tempo. Era ele quem escolhia a batuta do maestro da banda, ensinava pessoalmente os movimentos a serem executados e mudava as proporções e o design da batuta. Ele tinha uma forte crença de que é nas Forças Armadas que se determina a substância também."[71]

Como resultado, a Itália estava lamentavelmente muito mal preparada para a guerra. A campanha de autossuficiência econômica que Mussolini liderava era um sucesso de propaganda, mas provocou um declínio na produção de aço antes mesmo do início da guerra, uma vez que o país tinha que importar milhões de toneladas de carvão por ano. Da mesma forma, a Batalha pelo Trigo aumentou a produção de cereais, mas fez com que o país ficasse mais dependente de fertilizantes importados. Embora Starace tivesse ordenado que todos vestissem uniformes militares, havia pouquíssimas fardas para os soldados, muitos dos quais estavam equipados com armas obsoletas. Starace foi dispensado, assim como inúmeros outros bodes expiatórios, incluídos os oficiais superiores no Exército, para desviar a culpa de Mussolini. O Duce, entre as muitas funções que desempenhava, era ministro da Aeronáutica, mas não sabia quantas de suas aeronaves estavam obsoletas. Não havia verba militar nem uma equipe adequada de planejamento.[72]

No auge da glória, em meados de 1930, Mussolini parecia genuinamente popular. Havia boas razões para que os viajantes estrangeiros — sem mencionar alguns historiadores mais tarde — ficassem impressionados com o fascínio que a população tinha por ele. O culto à personalidade demandava lealdade ao líder em vez de fidelidade a um programa político específico. Era intencionalmente superficial, capaz de abarcar o maior número possível de pessoas. O povo era solicitado a comparecer de tempos em tempos à praça pública e aplaudir o Duce.[73]

Muitos também saudavam o líder como uma forma de criticar os abusos dos fascistas locais. "Se o Duce soubesse!" ("*Se lo sapesse il Dulce!*") era uma expressão banal. Quanto maior o sentimento de frustração e raiva das pessoas em relação ao Partido Fascista, mais elas retratavam Mussolini como um líder inocente que deliberadamente não tinha conhecimento dos fatos ou era mal aconselhado pelos subalternos.[74]

O culto também foi colorido com superstição e magia. Em um país profundamente religioso, as pessoas projetavam em Mussolini uma devoção e uma adoração características da fé cristã. Havia retratos e locais sagrados, peregrinações e até a esperança de que um toque do líder pudesse curar. Fotos de Mussolini às vezes eram usadas como talismã, sendo carregadas para trazer sorte. Em geral, a fé na figura providencial sobrepunha-se à crença na ideologia fascista.[75]

Acima de tudo, as pessoas não tinham escolha. Como observou Emilio Lussu em 1936, um antifascista empenhado, o regime exigia demonstrações de consentimento popular, e os camisas-negras perseguiam isso com um porrete na mão. Quando o Duce discursava, as pessoas eram convocadas pela polícia e aclamavam sob comando, "como se fossem figurantes em um elenco de milhares, de modo que os jornais pudessem publicar fotos de locais públicos lotados de pessoas exultantes".[76]

Exigia-se pouco mais do que a fachada de lealdade ao líder, e, após alguns anos, a maioria se tornou mestre nesse jogo. Mussolini era um ator extraordinário e seus subordinados, excelentes intérpretes, mas, em grande parte, a atuação do povo era muito bem ensaiada. As penalidades por sair do personagem eram duras. Um Estado policial totalitário surgira após o caso Matteotti, em 1925, e, em meados da década de 1930, adquirira um enorme poder, a ponto de manter a população sob vigilância. A polícia política, conhecida como PolPol, trabalhava lado a lado com a Organização para a Vigilância e a Repressão do Antifascismo (Ovra), chamada de *piovra*, ou "polvo", com tentáculos que chegaram o mais longe possível. Havia também a polícia comum do Estado e os *carabinieri* locais, que eram parte do Exército. Existiam cinco milícias especiais para ferrovias, rodovias, correios, telégrafos e serviços telefônicos, portos e florestas. A capital tinha uma milícia metropolitana, com cerca de 12 mil agentes para revistar os civis. Vizinhos e colegas invejosos ou até membros de uma mesma família com algum tipo de conflito denunciavam conversas suspeitas. Poucos tinham coragem de conversar abertamente na presença de mais de três pessoas. Como disse um observador, a Itália era "uma nação de prisioneiros condenados ao entusiasmo".[77]

Apesar do peso do Estado policial, o entusiasmo pelo líder minguou em 1939. A circulação de jornais clandestinos aumentava, alguns aparentemente impressos nas prensas do próprio *Popolo d'Italia*. A credibilidade do líder passou a ser atacada. Um apoiador fascista opinou que o regime representava apenas 30 mil pessoas, no máximo. Ninguém mais acreditava nos desfiles, afirmou uma reportagem de Roma, enquanto as pessoas estavam infelizes com as prateleiras vazias nas lojas em razão das sanções econômicas impostas pela Liga das Nações. O cinejornal obrigatório exibido nos cinemas não mais impelia o silêncio em sinal de respeito, uma vez que o público aproveitava o escuro para vaiar e rir de forma irreverente. A letra M, vista em todos os lugares em homenagem a Mussolini, passou a se referir a miséria, diziam em tom jocoso.[78]

Mussolini, com plena consciência da crescente desafeição popular, conforme lhe informavam os serviços secretos, percebeu que precisava mostrar que sua estrela ainda brilhava com uma série de breves sucessos bélicos. Em junho de 1940, ele estava pronto para apostar sua sorte e a de seu país ao declarar guerra contra a França e a Grã-Bretanha. "Que Deus ajude a Itália", escreveu seu genro.[79]

Nas primeiras horas de 28 de outubro de 1940, o exército italiano cruzou a fronteira albanesa para invadir a Grécia. Como Berlim não havia informado Mussolini de antemão sobre os planos alemães de invadir a Polônia, a Holanda e a França, o Duce achou que deveria surpreender Hitler. A equipe de Mussolini ficou às cegas. Rodolfo Graziani, então chefe do Exército, só soube da invasão pela rádio. Em vez de promover um ataque relâmpago, as tropas italianas foram detidas pelo mau tempo e recuadas de volta para a Albânia em poucas semanas. A Grã-Bretanha interveio em favor da Grécia, destruindo metade da frota italiana.

"Vamos trucidar a Grécia", proclamou Mussolini com despeito, em 18 de novembro, enquanto multidões aclamavam com obediência do lado de fora do Palazzo Venezia. O discurso foi amplamente disseminado para além do Ministério da Cultura Popular, transmitido por ondas aéreas em sete línguas. No entanto, muitos italianos não acreditaram no líder e sintonizaram as rádios britânicas para descobrir o que estava acontecendo no próprio país. Ao longo dos três anos seguintes, cerca de 60 milhões de liras foram gastos para combater programas de rádio clandestinos de Londres, quase em vão.[80]

Mussolini foi obrigado a apelar para Hitler, que o socorreu em abril de 1941. Em semanas, os alemães avançaram pelos Bálcãs e alcançaram a capital grega, Atenas. Havia um preço a pagar: especialistas militares, conselheiros econômicos e agentes secretos passaram a pulular em toda a Itália, interferindo em cada aspecto dos assuntos nacionais. O ditador ferrenho parecia não mais do que um vassalo. "Nunca éramos tratados como parceiros, mas sempre como escravos", confidenciou Ciano, contrariado, em seu diário.[81]

Sempre que o Duce enviava seus soldados, eles eram derrotados. Alguns meses após o Décimo Exército atravessar o deserto líbio para invadir o Egito, em setembro de 1940, as tropas britânicas forçaram-no a voltar. Em novembro de 1941, a Itália tentou um último ataque, dessa vez à antiga capital imperial de Gondar, e foi vencida pelas potências aliadas com a ajuda das irregulares tropas etíopes. Na Frente Oriental, para onde Mussolini havia enviado uma tropa no intuito de ajudar na guerra contra a União Soviética, os italianos sofreram derrotas significativas. Em julho de 1942, o Duce estava acabado, abatido por doenças, isolado, decepcionado pelo apagar de sua estrela. Um colaborador próximo encontrou-o "cinzento, com as bochechas murchas, os olhos perturbados e cansados e a boca revelando um pouco de tristeza".[82]

O homem que estivera presente o tempo todo, no céu, no mar, na terra, começou a desaparecer, evitando o público. Por seis meses, nenhuma imagem nova de Mussolini, antes descrito como "o homem mais fotografado do planeta", foi publicada. Ele também caiu no silêncio. Em 10 de junho de 1941, fez uma breve aparição para marcar o primeiro aniversário da entrada da Itália na guerra, mas, nos dezoito longos meses que sucederam a comemoração, ficou mudo.[83]

Em 2 de dezembro de 1942, Mussolini quebrou o silêncio, provando que ainda estava vivo. Mas já era tarde demais. Sua voz havia mudado, cochichavam as pessoas. O discurso era superficial. Ele parecia ter perdido a noção da realidade, confirmando a impressão de que era movido por um excesso de confiança e de que isso estava arruinando o país. Em vez de alimentar o ódio contra o inimigo, o discurso fez o povo voltar-se contra ele.[84]

Desde o início, Mussolini havia sido forçado a competir com o rei e o papa pelo apoio e pela lealdade da população italiana. A imagem de Mussolini podia estar em todos os lugares, mas era o rosto do rei que aparecia nos selos e nas moedas. Mussolini era apenas o chefe de governo, enquanto o rei era o chefe de Estado. Por mais que o fascismo tivesse tentado imitar a religião, era o papa quem comandava a lealdade dos milhões de católicos romanos do país.

As potências aliadas começaram a bombardear a Itália dez dias após a declaração de guerra de Mussolini, em 1940. Quase todas as cidades viraram alvo, primeiro dos aviões britânicos e depois dos norte-americanos. Em 19 de julho de 1943, quando os aviões dos Aliados bombardearam a capital pela primeira vez, o papa Pio XII foi visto visitando os distritos destruídos vestindo uma batina branca encardida, rodeado de devotos, enquanto Mussolini permanecia escondido e protegido em seu palácio.[85]

Durante meses, as pessoas acusaram Mussolini de ter levado o país à ruína e à miséria. O Duce traíra a Itália. Ele era um tirano sanguinário, criminoso e assassino. Alguns o amaldiçoavam em silêncio, outros desejavam abertamente seu fim.[86]

O rei deu o golpe final. Com o cheiro desagradável de fumaça ainda pairando sobre Roma, o Grande Conselho dos Fascistas votou contra o líder. No dia seguinte, 25 de julho de 1943, Vítor Emanuel mandou prender Mussolini. Nenhum membro do partido se rebelou, apesar do juramento solene de protegê-lo até a morte. Achille Starace, assim como outros líderes fascistas, tentou imediatamente agradar a Pietro Badoglio, o primeiro duque de Adis Abeba e novo chefe de governo.[87]

Há décadas, o historiador Emilio Gentile apontou que um deus que provou ser falível "estava fadado a ser destronado e profanado por seus fiéis com o mesmo ardor com o qual havia sido adorado". Em partes da Itália, multidões furiosas invadiram as sedes locais do Partido Fascista no mesmo dia da prisão, arremessando pela janela efígies, bustos e retratos do ditador deposto.[88]

Mas Mussolini ainda tinha um amigo. O fim humilhante de um aliado próximo era uma ameaça à imagem do líder sagrado e intocável, e Hitler organizou uma ousada operação de resgate, enviando um grupo de soldados treinados para libertar Mussolini e levá-lo de avião rumo à liberdade. Uma semana antes, em 3 de setembro de 1943, a Itália havia assinado um armistício, o que impeliu os alemães a assumir o país. Como a guerra dividiu a Itália, eles instalaram Mussolini em Salò para chefiar um novo regime — a República Social Italiana. A principal conquista do Duce foi uma série de execuções de líderes fascistas que haviam votado contra ele na última reunião do Grande Conselho. Seu genro, Galeazzo Ciano, foi amarrado a uma cadeira e fuzilado pelas costas.

Em uma entrevista em janeiro de 1945 concedida a Madeleine Mollier, esposa do adido de imprensa na embaixada alemã, Mussolini parecia resignado com seu destino, descrevendo-se como "um pouco mais do que um cadáver". "Sim, madame, estou acabado. Minha estrela se apagou", continuou. "Vou esperar pelo fim da tragédia e — estranhamente alheio a tudo — não me sinto mais como um ator. Sinto-me como o último dos espectadores." O fim chegou alguns meses depois, quando ele foi capturado por guerrilheiros antifascistas. O Duce e alguns de seus apoiadores, incluindo a amante Clara Petacci, foram sumariamente fuzilados, os corpos empilhados em uma van e levados até Milão, onde foram pendurados de cabeça para baixo em uma viga. Achille Starace, capturado logo depois, foi levado para ver os restos mortais do líder e então executado e pendurado próximo ao homem que ele considerara um deus.[89]

Nos meses seguintes, as pessoas cantaram o hino fascista com um sarcasmo não velado, zombando dos símbolos da antiga ditadura expostos nos prédios e monumentos pelo país, destruindo as estátuas do ex-líder. Culpavam apenas Mussolini, uma visão que se tornou crível, embora de forma um pouco paradoxal, por causa do próprio culto à personalidade. "Um homem, e apenas um homem" é um dito famoso de Churchill, proferido em dezembro de 1940, que isenta todos os fascistas de qualquer responsabilidade.[90]

2
Hitler

"Conforme eu caminhava com ele pelos jardins da Villa Borghese", contou Hitler aos seus convidados no jantar de 21 de julho de 1941, enquanto a Luftwaffe, a Força Aérea alemã, bombardeava Moscou, "pude facilmente comparar seu perfil com aquele dos bustos romanos e percebi que se tratava de um dos Césares". A Marcha sobre Roma do Duce, explicou ele, foi um ponto de virada na história. "Os camisas-pardas provavelmente não teriam existido sem os camisas-negras."[1]

Duas décadas antes, o Partido Nazista, ainda incipiente e com menos de 10 mil membros, fora arrebatado pela Marcha sobre Roma, aclamando Hitler como o "Mussolini alemão" em 3 de novembro de 1922. Assim como Mussolini se apresentava para o povo como o Duce, os membros do partido começaram a se referir a Hitler como o Führer, a palavra alemã para líder.[2]

Apenas três anos antes daquilo, quando Hitler fez seu primeiro discurso político em uma cervejaria em Munique, poucos poderiam ter previsto sua ascensão ao poder. Quando jovem, em Viena, ele queria ser artista, mas foi rejeitado duas vezes pela Academia de Belas-Artes. Hitler levava uma vida boêmia e lia bastante, alimentando sua paixão por ópera e arquitetura.

Em 1914, depois de ser considerado inapto para servir no Exército austro-húngaro, Hitler conseguiu se alistar no Exército da Baviera. Ele participou de algumas das batalhas mais sangrentas da Primeira Guerra Mundial e, em outubro de 1918, ficou temporariamente cego em decorrência de um ferimento provocado por uma granada de gás lacrimogêneo jogada pelos britânicos. No hospital, soube do colapso militar alemão e foi tomado pelo desespero, que se transformou em ódio da noite para o dia. Como muitos outros nacionalistas, ele acreditava que o Exército havia sido apunhalado pelas costas, traído por líderes civis que haviam deposto a dinastia dos Hohenzollern para estabelecer a República de Weimar e assinar o armistício na Revolução de Novembro.

Hitler retornou a Munique, onde tinha morado antes do início da guerra. Ele encontrou a cidade repleta de bandeiras vermelhas, enquanto o *premier* socialista Kurt Eisner estabelecia o Estado Livre da Baviera após a abolição da monarquia dos Wittelsbach, em novembro de 1918. O assassinato de Eisner alguns meses depois provocou um levante entre os operários, que se apressaram para proclamar a República Soviética da Baviera. Foi um experimento de curta duração, brutalmente esmagado pelas tropas do governo e voluntários paramilitares. Na sequência da revolução fracassada, Hitler recebeu a função de alertar os soldados que retornavam da linha de frente contra os perigos do comunismo. Ele foi bem-sucedido e descobriu que tinha talento: "O que sempre presumi ser verdadeiro sem ter consciência disso agora se tornou realidade: eu sabia 'falar'."[3]

Suas habilidades de oratória chamaram a atenção de Anton Drexler, fundador do Partido dos Trabalhadores Alemães (DAP, na sigla em alemão), um grupo de conservadores vagamente organizados que misturava nacionalismo com anticapitalismo no esforço de agradar segmentos maiores da população. Hitler entrou para o partido em setembro de 1919 e logo se tornou o orador mais influente, à medida que as pessoas se aglomeravam para ouvi-lo. Um de seus primeiros apoiadores lembrou-se de não ter ficado impressionado com o homem que parecia um "garçom de restaurante de estação de trem", com botas pesadas, colete de couro e um bigodinho estranho. Mas, quando Hitler começava a falar, energizava a plateia. "Nos primeiros anos, ele tinha um comando de voz, frases e efeitos inigualáveis, e naquela noite estava no ápice." Ele começava de maneira cautelosa e discreta, mas gradualmente aumentava o ímpeto, usando uma linguagem simples, que pessoas comuns podiam entender. Conforme se empolgava, começava a atacar os judeus, a criticar o Kaiser, esbravejando contra os exploradores da guerra, falando cada vez mais rápido, com gestos dramáticos e o dedo ocasionalmente em riste. Ele sabia como transmitir as mensagens para os ouvintes, dando voz ao ódio e à esperança deles. "O público respondia com uma explosão de aclamações e aplausos frenéticos." Em 1921, Hitler era capaz de encher espaços como o Circus Krone em Munique, com um séquito de mais de 6 mil pessoas.[4]

Em fevereiro de 1920, o partido foi renomeado como Partido Nacional-Socialista dos Trabalhadores Alemães (NSDAP, na sigla alemã, ou Partido Nazista). Logo, o partido adquiriu um jornal bastante endividado chamado *Völkischer Beobachter*, originalmente publicado pela Sociedade Thule, um grupo secreto de ocultistas que usavam a suástica como símbolo e acreditavam na vinda de um messias alemão para salvar a nação. Dietrich Eckart, o novo editor do jornal, colocou suas esperanças em um jornalista chamado Wolfgang Kapp. Em março de 1920, Kapp e cerca de 6 mil apoiadores tentaram um golpe contra a República de Weimar em Berlim, mas fracassaram após os recrutas da administração do Estado entrarem em greve. Então Eckart voltou-se para Hitler, vendo-o como "o salvador da pátria". Vinte anos mais velho, Eckart passou a ser o mentor de Hitler, ajudando-o a construir uma imagem, usando o *Völkischer Beobachter* para retratá-lo como o próximo grande homem da Alemanha.[5]

No verão de 1921, a liderança do partido deu boas-vindas à chegada de outro "orador popular e poderoso", o líder de uma organização rival chamada Associação Geral dos Trabalhadores Alemães. Eles propuseram uma fusão. Hitler viu isso como uma ameaça à própria posição e arriscou tudo ao pedir para sair, em um acesso de raiva. A situação recaiu sobre Eckart, que era o mediador. Receoso de perder a principal atração, a liderança cedeu. Mas então Hitler exigiu ser o "líder com poderes ditatoriais". Alguns meses depois, Eckart foi efusivo nas páginas do *Völkischer Beobachter* ao afirmar que não havia ninguém mais altruísta, justo e devoto do que Hitler, que interviera no destino do partido com "mão de ferro".[6]

Quando Hitler conquistou o poder no Partido Nazista, estabeleceu uma organização paramilitar chamada SA (uma abreviação de *Sturmabteilung*, ou Divisão de Assalto). Ernst Röhm, um apoiador fiel, certificou-se de terem derrotado os dissidentes que tentavam calar Hitler nas reuniões públicas. A SA também vagava pelas ruas de Munique, batendo nos inimigos e tumultuando eventos organizados pela oposição política.

O Partido Nazista tornou-se o partido do Führer, e Hitler trabalhou incansavelmente para consolidá-lo. Criava os panfletos em vermelho berrante usados para recrutar novos membros e supervisionava os desfiles, as bandeiras, os estandartes, as bandas marciais e a música que atraía multidões cada vez maiores. Ele era um coreógrafo meticuloso, prestava atenção a cada detalhe. Em 17 de setembro de 1921, foram publicadas instruções para prescrever as dimensões exatas e o esquema de cores da braçadeira com a suástica. Os camisas-pardas foram apresentados após Mussolini ter marchado sobre Roma.[7]

Tal qual Mussolini, Hitler pensou cuidadosamente em como se apresentar para o mundo. Quando um de seus primeiros apoiadores sugeriu que ele deveria deixar o bigode crescer ou usar um falso, ele disse, impassível: "Não se preocupe, estou inventando moda. Com o tempo, as pessoas terão o prazer de me copiar." O bigode era uma marca tão registrada quanto a camisa parda. Hitler, de novo como Mussolini, era míope, mas se certificava de nunca ser visto em público usando óculos. Temeroso de facilitar o reconhecimento por parte da polícia, ele, diferentemente de sua contraparte italiana, evitava fotógrafos. À medida que sua reputação aumentava, especulações sobre a aparência conferiam-lhe um ar de mistério. Apenas no outono de 1923 ele consentiu que uma foto sua fosse tirada por Heinrich Hoffmann, que logo passou a ser o fotógrafo oficial do partido. Essas primeiras imagens projetavam uma determinação absoluta e uma força de vontade fanática, mostrando um olhar carrancudo, com sobrancelhas arqueadas, lábios cerrados e braços decididamente dobrados. As fotografias circulavam bastante na imprensa e eram vendidas também como cartões-postais.[8]

Quando Adolf Hitler completou 34 anos, em 20 de abril de 1923, o culto ao líder começou. Uma faixa na primeira página do jornal do partido aclamou-o como o "Führer da Alemanha". Alfred Rosenberg, outro aliado antigo, celebrou-o como o "líder da nação alemã", ao escrever sobre como o homem de Munique estabeleceu uma "interação misteriosa" com seus muitos apoiadores. Hitler, por sua vez, bem consciente de que seus inimigos o chamavam de uma demagoga, tirana e megalomaníaca "Majestade Adolf I", descrevia a si próprio usando termos autodepreciativos, como "nada além de um baterista e um colecionador", um mero apóstolo à espera de Cristo.[9]

Era falsa modéstia. Como relatou Eckart, Hitler, impaciente, andava pelo pátio para cima e para baixo gritando: "Tenho que chegar a Berlim como Cristo no Templo de Jerusalém para açoitar os agiotas." Procurando imitar Mussolini, em 8 de novembro de 1923 ele tentou um golpe ao invadir com a SA uma cervejaria em Munique, anunciando a formação de um novo governo com o general Erich von Ludendorff, chefe do Exército durante a Primeira Guerra Mundial. O Exército não se juntou aos rebeldes. A polícia não teve dificuldade para esmagar o golpe no dia seguinte. Hitler foi preso.[10]

O Putsch da Cervejaria foi um fracasso. Hitler, atrás das grades, caiu em depressão, mas logo retomou o equilíbrio, reconhecendo que o martírio parecia atrativo. A ampla cobertura da imprensa fez dele uma personalidade notória em seu país e no exterior. Pessoas do mundo todo enviaram presentes, e até alguns guardas cochichavam "*Heil* Hitler" ("Salve Hitler") ao entrar na pequena suíte que servia de cela. Os juízes foram solidários no julgamento, permitindo que Hitler usasse a corte como plataforma de propaganda, já que suas palavras eram relatadas em todos os jornais. Ele aparecia diante do tribunal não como réu, mas como acusador, descrevendo a República de Weimar como a verdadeira criminosa. Sozinho, assumiu a responsabilidade pelo golpe. "Eu assumo toda a responsabilidade", admitiu. "Se hoje estou aqui tal qual um revolucionário, é como se fosse um revolucionário contra a revolução. Não há traição maior do que aquela contra os traidores de 1918." Ele passou a zombar da ideia de que era meramente um baterista em um movimento patriótico. "Desde o início, meu objetivo era mil vezes maior (...). Eu queria ser o destruidor do marxismo."[11]

A sentença para a alta traição foi surpreendentemente curta — meros cinco anos —, sendo depois reduzida para treze meses, mas ainda assim suficiente para Hitler escrever sua biografia política. Quando ele foi libertado, alguns dias depois do Natal de 1924, o grosso do livro, intitulado *Minha luta* (*Mein Kampf*), estava escrito. A obra foi publicada no verão de 1925, mas só se tornou um best-seller em 1933.

Minha luta resumiu bastante do que Hitler dissera nos discursos na cervejaria. Por trás de todos os infortúnios do país, seja um sistema parlamentar corrupto, seja uma ameaça do comunismo, havia o envolvimento de judeus. O programa dele era explícito: revogar o Tratado de Versalhes, expulsar os judeus, punir a França, construir uma Alemanha maior e invadir a União Soviética para garantir *Lebensraum* — "espaço vital". No entanto, o livro também continha elementos da lenda que se tornaria Hitler. Criança geniosa, leitor voraz, orador nato, artista não reconhecido obrigado pelo destino a mudar a sorte de um povo. Um homem tomado por uma paixão como nenhum outro, aquela que lhe permitiu reconhecer as palavras que "abririam as portas do coração das pessoas como marteladas". Um homem escolhido pelos céus como um mensageiro de sua vontade. Como disse um apoiador próximo, Hitler era um oráculo, um *Traumlaller*, aquele que fala profeticamente em seus sonhos.[12]

O oráculo foi silenciado. O estado da Baviera proibiu Hitler de falar em público quando ele saiu da prisão. O *Völkischer Beobachter* foi proibido; o partido, fechado. A maioria dessas restrições foi imposta em fevereiro de 1925, mas em 1927 pôsteres propagandistas mostraram o Führer amordaçado por faixas com os dizeres "Proibido de falar", uma vez que ele se retratava como um patriota perseguido.[13]

Hitler foi fotografado no momento em que passou pelo portão de ferro ornado com pregos da prisão de Landsberg. Heinrich Hoffmann o aguardava para registrar o fato para a posteridade, mas o guarda da prisão ameaçou confiscar a câmera. Então, Hitler posou para a foto na frente do portão antigo da cidade, em pé, próximo ao estribo lateral de um Daimler-Benz, olhando para a câmera de forma resoluta, com o bigode impecavelmente aparado, o cabelo escovado para trás. A foto foi publicada no mundo todo.[14]

Hitler não podia ser ouvido, mas passou a ser visto em seu grupo e fora dele, já que Hoffmann publicou três livros de fotografias entre 1924 e 1926. O último volume, com o título *Deutschlands Erwachen in Wort und Bild* [O despertar da Alemanha, em palavras e imagens], retratava o líder como um salvador: "Um homem que se ergueu vindo do povo, espalhando o evangelho de amor para a pátria." Apareceram pôsteres, alguns mostrando uma multidão de ouvintes à espera de seu salvador.[15]

De volta a Munique, Hoffmann perguntou a Hitler o que ele queria fazer. "Tenho que começar de novo, do começo." O partido foi retomado e passou a funcionar em um novo endereço na Brienner Strasse, logo apelidado de "Casa Parda". Hitler planejou cada detalhe, inclusive as cadeiras de couro vermelhas com o brasão da águia soberana estampado na parte de trás do encosto, brasão este copiado da Roma Antiga. Em cada lado da entrada, duas placas de bronze traziam o nome dos que perderam a vida durante o Putsch da Cervejaria, então considerados "mártires do movimento".[16]

Mas a adesão ao partido demorou. Só a partir de 1927 a inscrição atingiu 57 mil membros, o número alcançado antes do golpe. Foram anos de obscuridade política até a recuperação da economia, auxiliada pela nova moeda, que domou a inflação, e por uma injeção de capital vindo dos Estados Unidos. O governo se estabilizou. A Alemanha voltou para o cenário internacional quando entrou na Liga das Nações em 1926. Os historiadores chamariam esses anos de Era de Ouro de Weimar.

O apoio ao NSDAP foi tão morno que a proibição dos discursos de Hitler foi suspensa em março de 1927. Apesar de todo o teatro envolvendo suas aparições públicas, com música alta, bandeiras tremulando, pôsteres balançando e apoiadores com as mãos esticadas em saudação ao líder, muitos assentos permaneciam vazios. As habilidades retóricas de Hitler permaneceram intactas, mas sua mensagem não tinha mais o mesmo apelo. O movimento estava estagnado.[17]

Mesmo assim, o apelo popular manteve a imagem de Hitler espalhada entre seus apoiadores como uma espécie de Deus. Joseph Goebbels, um homem inteligente e ambicioso que tinha o pé direito deformado e acabara de aderir ao partido, se perguntou em outubro de 1925: "Quem é esse homem? Metade plebeu, metade Deus! O Cristo verdadeiro ou apenas João Batista?" Ele não era o único. Mesmo que o comparecimento fosse menor do que o esperado, no primeiro comício do partido em Nuremberg, que ocorreu no verão de 1927, os membros da SA, com a tradicional camisa parda, celebraram com entusiasmo o líder, que havia coreografado o evento inteiro: "a fé no Führer", proclamava para as massas aglomeradas, "e não a fraqueza da maioria, é que é decisiva". Entre os membros do partido, a saudação "*Heil* Hitler" passou a ser obrigatória, símbolo de uma ligação pessoal com o líder.[18]

O próprio Hitler era habilidoso em julgar o caráter das pessoas. Um apoiador que o acompanhava desde o início lembrou que ele podia avaliar uma pessoa no primeiro olhar, quase como um animal usando o faro, separando os que tinham "uma confiança irrestrita e uma fé quase religiosa" dos que mantinham uma distância crítica. Os primeiros eram colocados uns contra os outros; já os últimos eram descartados assim que não tivessem mais utilidade.[19]

Minha luta foi ridicularizado pelos inimigos, mas tratado como a Bíblia pelo séquito de Hitler. O livro assegurava repetidamente que os gênios não apareciam em eleições gerais. "É mais fácil um camelo passar pelo buraco de uma agulha do que um grande homem ser descoberto pelas eleições." Seus apoiadores se sentiam como apóstolos que podiam ver apesar da cegueira mental dos não adeptos. Em uma carta aberta a Hitler sobre o conceito de liderança, escrita em 1928, Goebbels repetiu essa visão, apontando que "o grande líder *não* pode ser escolhido pelas massas. Ele aparece quando tem que aparecer". Um líder não era escolhido pelas massas, ele as libertava. Em tempos de grandes incertezas, o líder era aquele que apontava o caminho rumo à fé. "Você é o primeiro servo na batalha para o futuro", continuou o futuro ministro, sugerindo que o líder se cercasse de um pequeno grupo de homens verdadeiros que poderiam rodar o país para levar a fé aos que haviam caído em desespero. Um ano depois, quando Hitler fez 40 anos, em 20 de abril de 1929, Goebbels atribuiu ao líder ideal uma combinação de personalidade, força de vontade, habilidade e sorte. Hitler já tinha três dessas qualidades. Sua estrela da sorte, previu Goebbels, logo brilharia.[20]

A sorte do partido mudou um pouco antes do fim do ano. Em 3 de outubro de 1929, Gustav Stresemann, um pilar da democracia de Weimar, morreu. Algumas semanas depois, houve a Crise da Bolsa de Valores, que criou uma onda de pânico no comércio ao redor do mundo. O desemprego subiu vertiginosamente, ultrapassando 3 milhões em meses, até atingir o ápice de 6 milhões de desempregados em 1932.

A crença na democracia desabou, a inflação se consolidou e um sentimento de desespero e desesperança se espalhou. Hitler era o homem do momento.[21]

Uma enorme campanha propagandística foi lançada. Enquanto outros partidos estavam contentes com um apelo por meio dos correios ou de anúncios em jornais, os nazistas se engajaram em atividades intensas e incessantes. Hitler sempre enfatizou a importância da palavra falada, e, em 1930, mil oradores profissionais se espalharam para disseminar a mensagem, alcançando cada aldeia. Comícios foram organizados, reuniões foram realizadas, pôsteres e panfletos foram distribuídos e suásticas foram pintadas nas calçadas.

O partido, no entanto, estava pregando para os convertidos. Entre grandes parcelas da população, existia um muro de resistência que a propaganda do partido não conseguia derrubar. O NSDAP se intitulava o "movimento de Hitler", uma vez que a figura do Führer era um elemento de propaganda genuinamente eficaz entre diversos comerciantes insatisfeitos, fazendeiros protestantes e veteranos de guerra. Embora a cota eleitoral dos nazistas tivesse explodido de 2,6% para 18,3% entre maio de 1928 e setembro de 1930, os apoiadores dos partidos rivais, nas palavras do historiador Richard Bessel, "permaneceram notavelmente imunes à influência do culto construído ao redor de Hitler".[22]

Em setembro de 1931, a meia-sobrinha de Hitler, Geli Raubal, se suicidou com um tiro no pescoço usando a pistola Walther do tio. Dois anos antes, ela se mudara para o apartamento dele em Munique, e seu suicídio aos 23 anos imediatamente levantou suspeitas de violência sexual e até assassinato. Foi um desastre para a publicidade, uma vez que a imprensa também lembrou aos leitores da homossexualidade do líder da SA, Ernst Röhm. Longe de ser o partido dos valores familiares, o NSDAP, de acordo com as alegações dos inimigos dos nazistas, estava repleto de depravados sexuais.²³

Seis meses depois, Heinrich Hoffmann publicou uma coleção de fotos intitulada *Hitler Wie in Keiner Kennt* [O Hitler que ninguém conhece], que humanizava a figura do Führer. Baldur von Schirach, chefe da Juventude Hitlerista, escreveu o prefácio. Segundo ele, Hitler não era apenas um líder, mas também "um grande homem bom". Poucas pessoas percebiam que ele cultivava hábitos simples, espartanos e que trabalhava incessantemente em busca de um bem maior: "A capacidade dele para o trabalho era extraordinária." Ele não tinha vícios. "Poucos sabem que Hitler é abstêmio, não fumante e vegetariano." Seus hobbies eram história e arquitetura. Ele era um leitor voraz, ostentava uma biblioteca de 6 mil livros, "os quais eram não só analisados com atenção, mas também lidos". Hitler era fã de crianças e gentil com os animais. A capa mostrava o Führer relaxado em um prado alpino com um cão pastor ao lado. Cem fotos cândidas mostravam Hitler bebê, Hitler artista, Hitler em casa, Hitler trabalhando, Hitler se divertindo, Hitler lendo, Hitler conversando, Hitler caminhando e Hitler sorrindo.²⁴

O livro foi publicado em março de 1932, em meio a uma campanha presidencial. Paul von Hindenburg, um marechal de campo altamente respeitado, havia sido persuadido, aos 84 anos, a concorrer com Hitler. No primeiro dia oficial das eleições decisivas, Goebbels publicou um fragmento intitulado "Adolf Hitler como ser humano". Todos os temas do livro de fotos foram reforçados. "Por natureza, Hitler é um homem bom", declarou Goebbels. Um "ser humano entre outros seres humanos, um amigo para os companheiros, um promotor generoso de cada habilidade e de todos os talentos". Ele era gentil e modesto, por isso todos que o conheciam "não só como político, mas também como pessoa", eram devotados a ele.

Emil Ludwig, um biógrafo contemporâneo, comentou: "Tudo que faltava em Hitler, os alemães eram convencidos a imaginar por intermédio de Goebbels, seu discípulo."[25]

O homem bom se mostrou para milhões. Goebbels fretou um avião e levou Hitler a dezenas de cidades em uma turnê aérea que popularizou o culto ao líder. "Hitler sobrevoando a Alemanha", destacavam as manchetes. O público esperava por horas, irrompendo em aplausos quando ele finalmente descia das nuvens como um messias no avião. As jovens lhe davam flores e os líderes locais o reverenciavam ao som das bandas da SA. A multidão urrava.[26]

Um pôster da eleição que só dizia "Hitler" o tornava instantaneamente reconhecível. Seu rosto parecia flutuar livre no espaço, iluminado por um fundo escuro. Mas toda essa propaganda fracassou em tentar obter o apoio necessário para Hitler vencer a disputa presidencial. Hindenburg venceu com folga e se tornou o presidente do Reich, ou chefe de Estado, em abril. As eleições nacionais ocorreram alguns meses depois. Hitler manteve a mesma agenda incansável. As exaustivas turnês aéreas enfim valeram a pena, uma vez que o NSDAP se tornou o partido político mais importante em julho de 1932, com 37,3% do eleitorado.

No entanto, Hindenburg se recusava a nomear Hitler o chanceler da Alemanha, cargo equivalente ao de chefe de governo. Em vez de aceitar compromissos no governo, Hitler enfureceu-se e negou-se a participar do gabinete. Então, viajou pelo país para denunciar o "grupo reacionário" que detinha o poder em Berlim. Sem querer se juntar a ele no que parecia um declínio rumo ao esquecimento, um eleitorado mais exigente deu ao partido menos do que um terço de todos os votos nas novas eleições que ocorreram em novembro de 1932. "A aura acabou... A magia falhou", observou um jornal. "Um cometa em queda na neblina de novembro", comentou outro veículo. Os membros do partido ficaram decepcionados, e dezenas de milhares deles deixaram o grupo.²⁷

Em 30 de janeiro de 1933, Hitler se tornou o chanceler da Alemanha. Foi o resultado não tanto de um processo eleitoral, mas de uma série de transações políticas sórdidas e de bastidores em que Hindenburg desempenhava o papel principal. O presidente idoso não confiava em Hitler, mas detestava ainda mais o rival. Quando Kurt von Schleicher, o último chanceler da República de Weimar, propôs-se a governar como um ditador de fato para encerrar o impasse parlamentar, Hindenburg apontou Hitler em vez dele.

Em semanas, o prédio do Reichstag, onde o Parlamento se reunia, foi incendiado. Hitler usou o incidente para alegar que uma trama comunista estava em curso. Hindenburg, que não confiava no sistema parlamentar para conter uma ameaça da esquerda, foi convencido a promulgar um decreto suspendendo os direitos básicos.

O terror e a propaganda agora avançavam de mãos dadas, à medida que centenas de milhares de camisas-pardas perseguiam e capturavam seus oponentes. O prefeito de Stassfurt, um social-democrata, foi baleado e morto em 5 de fevereiro de 1933. Inúmeros outros líderes da oposição foram intimidados, espancados ou revistados pelas ruas no caminho até a prisão. Ainda assim, o NSDAP não manteve maioria absoluta na eleição em março de 1933, obtendo apenas 43,9% dos votos. Uma Lei de Concessão de Plenos Poderes foi aprovada no mesmo mês, concedendo a Hitler poderes ilimitados por quatro anos.²⁸

Uma onda ainda maior de terror se sucedeu. Em maio, os sindicatos dos trabalhadores foram dissolvidos, ao passo que em junho todos os outros partidos políticos foram extintos. A violência não tinha como alvo apenas os oponentes políticos ou os excluídos sociais, mas era direcionada a todos os oponentes dos nazistas. Estima-se que, só em 1933, 100 mil cidadãos tenham sido detidos sem direito a julgamento. Milhares morreram sob custódia. Embora muitas dessas pessoas tivessem sido soltas na sequência, a prisão delas teve o efeito desejado: fazer do medo uma rotina diária.[29]

No momento em que Hitler se tornou um chanceler, algumas autoridades municipais começaram a demonstrar seu entusiasmo por ele ao renomear ruas, praças, avenidas, escolas, estádios ou pontes em homenagem ao líder. Em 31 de março de 1933, o centro de Hanôver passou a ser a praça Adolf Hitler. Três dias depois, uma avenida central que ia da Charlottenplatz ao Wilhelm Palais, em Stuttgart, foi batizada de rua Adolf Hitler. Da mesma forma, uma escola do ensino fundamental na mesma cidade passou a se chamar Escola Adolf Hitler. Em Charlottenburg, Berlim, as autoridades locais renomearam a Chancelaria em homenagem ao Führer na ocasião de seu aniversário, em 20 de abril de 1933. Em poucos anos, até as menores aldeias tinham uma rua Adolf Hitler como elemento obrigatório. Em muitas havia também uma praça Adolf Hitler.[30]

As pessoas também escreviam para homenagear o Führer. Em 18 de fevereiro, *Herr* Weber, dono de uma cafeteria e doceria em Sondershausen, pediu permissão para mudar o nome de seu estabelecimento para Chanceler Reich A. Hitler. O Führer recusou. Três dias depois, um produtor de rosas propôs dar o nome de Adolf Hitler a uma nova espécie de flor, enquanto um engenheiro escreveu para batizar uma turbina eólica em Berlim de Torre Adolf Hitler. Um admirador de Düsseldorf chamou a filha de Hitlerine, enquanto Adolfine, Hitlerike e Hilerine também se tornaram nomes populares.[31]

No entanto, não havia estátuas de Adolf Hitler. Diferentemente da maioria dos ditadores, o Führer insistia que estátuas e monumentos fossem reservados para grandes figuras históricas do passado. Ele era um líder do futuro.[32]

Retratos do Führer enfeitavam todos os gabinetes, mas fora dos órgãos estatais também passou a haver uma enorme demanda pela sua imagem. Alguns empresários pediram permissão para usar o nome ou o perfil dele na venda de sabonetes, cigarros e doces. Outros ignoraram as determinações do Estado e produziram bombons e salsichas no formato de suástica. Para proteger a natureza e o valor sagrados dos símbolos estatais, Goebbels promulgou uma lei em 19 de maio de 1933 que proibia a circulação de qualquer imagem do Führer sem a aprovação prévia do partido.[33]

Hitler era apenas chanceler, e próximo ao seu retrato estava o do presidente. Ele aproveitou ao máximo a situação embaraçosa, usando a aura de Hindenburg para se posicionar na fila dos grandes líderes alemães. Em 30 de janeiro de 1933, os dois homens apareceram lado a lado na sacada na Wilhelmstrasse, saudando cerca de 60 mil camisas-pardas em um desfile iluminado por tochas e coreografado por Goebbels. Dois meses mais tarde, na cerimônia de abertura do Reichstag em Potsdam, Hitler mostrou reverência a Hindenburg ao receber suas bênçãos. O evento foi exibido em todos os cinemas.[34]

Em 1934, os camisas-pardas, que tinham feito o trabalho sujo, passaram a ter cada vez mais voz e exigiram ser incorporados ao Exército regular. Todavia, os generais conservadores os viam como criminosos. Hitler não pretendia se opor à instituição militar. Ele também temia que Ernst Röhm, comandante em chefe da SA, tivesse poder demais nas mãos. Em 30 de junho, na Noite das Facas Longas, Hitler ordenou que os guardas de elite da SS expurgassem a SA. Röhm foi preso e fuzilado, junto a dezenas de outros líderes, e outros milhares foram jogados na prisão. Hindenburg, que, como presidente, controlava o Exército, parabenizou Hitler.

O ex-marechal de campo morreu em 2 de agosto de 1934. Uma hora depois, os gabinetes de presidente do Reich e de chanceler da Alemanha foram unidos na pessoa do Führer, que passou a comandar o Exército. O juramento tradicional de lealdade ao gabinete do presidente foi alterado e entregue em mãos a Adolf Hitler em nome de todos os soldados.[35]

Tendo meticulosamente construído sua imagem como um líder carismático, Hitler queria fazer um plebiscito para confirmá-lo como tal. A população foi chamada para votar sobre a fusão dos gabinetes em 19 de agosto. Houve um bombardeio de propagandas. Pôsteres de Hitler estavam em todos os lugares, nos quais se lia apenas uma palavra: "Sim." Na Baviera, onde ficavam as fábricas da BMW, um observador reparou: "Hitler estava em todos os quadros de anúncios, em todas as vitrines; na verdade, em todas as janelas possíveis. Em cada bonde, cada janela de cada vagão de trem e de cada carro: Hitler estava olhando de todas elas." Em alguns lugares, os camisas-pardas, que continuaram as operações em uma escala muito mais reduzida após o expurgo, ofereciam retratos de graça, exigindo que fossem proeminentemente exibidos, e retornavam horas depois para se certificar de que suas ordens tinham sido cumpridas. Bandeiras também foram distribuídas e penduradas nas janelas. As moradias no centro de Dresden recebiam instruções sobre o número preciso de bandeiras com suástica que deveriam hastear.[36]

Noventa por cento do eleitorado votou. Cinco milhões de pessoas tiveram a coragem de votar nulo ou "não". Como confidenciou o acadêmico judeu Victor Klemperer em seu diário, "um terço disse 'sim' por medo; um terço, por entusiasmo; e um terço, por medo e entusiasmo".[37]

O comício anual do partido seguiu o plebiscito. Desde 1927, os comícios ocorriam em Nuremberg, uma pequena cidade na Baviera com construções fortificadas que remontavam ao Sacro Império Romano-Germânico, considerado o Primeiro Reich. Os comícios cresceram ao longo dos anos, mas nenhum se equiparou ao "Comício da Unidade e da Força", que reuniu 700 mil pessoas. Rudolf Hess, vice de Hitler, anunciou durante a cerimônia de abertura: "Este é o primeiro congresso a ocorrer sob o governo ilimitado do Socialismo Nacional. Ele acontece em apoio a Adolf Hitler como o supremo e único líder da Alemanha, tendo o título de Führer sido incorporado à lei do Estado." O comício se concentrou na glorificação do Führer. Albert Speer, o arquiteto-chefe do partido, construiu um enorme campo com uma arquibancada rodeada por 152 refletores que lançavam feixes de luz na noite, criando o que os admiradores chamaram de "catedral de luzes" ao redor do Führer, enquanto este discursava para vastas organizações de apoiadores uniformizados atraídos pelas palavras proferidas. Como resumiu Hess: "O partido é Hitler e Hitler é a Alemanha, assim como a Alemanha é Hitler!"[38]

Nos anos após sua libertação da prisão em 1924, Hitler fez de sua estrela o princípio norteador do partido. A crença em Adolf Hitler passou a ser crucial: sua intuição, visão e absoluta força de vontade iam impulsionar o NSDAP. O hitlerismo se concentrou inteiramente em Hitler. Como apontou *Minha luta*, ao adorar um gênio, as pessoas liberavam sua força interior. Apenas os judeus condenavam a reverência a grandes almas como um "culto à personalidade". Então, passou-se a exigir que todo o povo se unisse na adoração de um homem.[39]

O culto à personalidade depreciou todos os outros nomes do partido. Dez dias depois do plebiscito de 19 de agosto de 1934, uma circular do NSDAP exigiu que os retratos de

Goering e Goebbels, bem como os de outros líderes, fossem retirados das dependências do partido. Quando os apoiadores se reuniram para o próximo comício em Nuremberg, no ano seguinte, o slogan proposto por Hess foi encurtado para "Hitler é a Alemanha, assim como a Alemanha é Hitler".[40]

Estar acima de todos tinha muitas vantagens. A maioria do povo detestava o jeito criminoso dos camisas-pardas e, alheia à escala do massacre, deu boas-vindas à Noite das Facas Longas, uma vez que Goebbels controlava de perto os jornais. Muitos viam no chanceler um homem corajoso, que colocava o país acima de seus companheiros de antigamente, movendo-se como um raio contra os homens poderosos que se tornaram um perigo para o Estado. Mas a perseguição também havia demonstrado que existiam forças conflitantes no movimento nazista. Parecia que Hitler era o único que poderia manter unidas as facções partidárias internas tão diversas e às vezes antagônicas. Enquanto explorava a rivalidade entre elas em benefício próprio, todas tinham que obedecer a ele no mesmo nível de subordinação. E, quando as coisas davam errado, as pessoas comuns culpavam os subordinados, raramente o Führer, ampliando ainda mais sua aura de invencibilidade.[41]

Duas semanas depois do incêndio no Reichstag, Goebbels se mudou para o Ordenspalais, um palácio do século XVIII na Wilhelmstrasse, do outro lado da Chancelaria. Como chefe do Ministério Nacional para o Esclarecimento Popular e Propaganda, ele trabalhou incansavelmente no culto ao Führer. Em 19 de abril de 1933, quando Hitler estava prestes a completar 44 anos, Goebbels fez um discurso à nação. Muitos admiradores correram para se juntar aos membros do partido, explicou ele, enquanto milhões de adeptos só o viram de longe. No entanto, até os poucos que o conheciam bem foram tomados pela magia de sua personalidade. "Quanto mais alguém o conhece", afirmou Goebbels, "mais o admira e mais preparado está para se doar à causa dele". Na década seguinte, Goebbels glorificaria o líder nos discursos anuais por ocasião da véspera de aniversário do líder, que passou a ser um grande feriado, marcado por desfiles e celebrações públicas.[42]

Cada aspecto da vida cotidiana recaía sob o controle do Estado unipartidário. Em um processo chamado *Gleich-schaltung*, ou sincronização, o partido assumiu — ou substituiu — cada uma das organizações existentes, do sistema de educação até clubes esportivos locais. Todos adotaram uma perspectiva nazista uniforme. Goebbels fiscalizava a imprensa, com cada jornal espalhando a mesma mensagem, sempre dominada pelo elogio excessivo ao Führer.

A palavra dele estava por toda parte. Os discursos mais importantes foram publicados em todos os principais jornais e distribuídos aos milhões em panfletos produzidos pela gráfica do partido. Desde 1937, centenas de milhares de pôsteres apareciam, toda semana, com uma citação a ser exibida em gabinetes do partido e em prédios públicos. Toda semana lemas também eram impressos nos jornais com uma manchete especial — em geral, se não sempre, algum dizer de Hitler.[43]

As vendas de *Minha luta* explodiram. Na Semana do Livro Alemão, que ocorreu em Bremen, em novembro de 1933, o membro do partido e crítico literário Will Vesper anunciou que aquele era o "livro sagrado do Socialismo Nacional e da nova Alemanha que todo alemão deve ter". Um milhão de exemplares foram vendidos até o fim do ano. Quatro anos depois, as vendas ultrapassaram a marca de 4 milhões: "Um livro conquista uma nação!", alardeou um jornal de Berlim. Passou a ser o presente da vez dos recém-casados, e exemplares gratuitos foram posteriormente distribuídos aos soldados na linha de frente.[44]

Trechos e resumos do texto sagrado também foram surgindo. Em 1934, o capítulo intitulado "Povo e raça" foi publicado como um livreto e distribuído nas escolas dois anos depois. Coleções de citações do Führer também se tornaram populares, como em *Words of the Führer* e *Hitler's Words* [Palavras do Führer e Palavras de Hitler]. No entanto, o líder interveio alguns anos depois, exigindo que tais publicações fossem banidas, uma vez que simplificavam seu pensamento. Ele insistia que suas palavras deveriam ser lidas em sua totalidade.[45]

A voz de Hitler estava em todos os lugares. O Führer falou pela primeira vez na rádio um dia após se tornar chanceler. Ele não se saiu bem, e alguns ouvintes até reclamaram que o tom foi duro e "não alemão". Hitler se empenhou em suas habilidades de transmissão, afinal era um orador experiente. "O som, eu acho, é muito mais sugestivo do que a imagem", opinou. "Podemos conseguir muito mais com isso."[46]

Hitler foi ouvido novamente na véspera das eleições de março de 1933. Goebbels estava inspirado: "Este hino vibra pelo éter dos rádios de toda a Alemanha. Quarenta milhões de alemães estão em pé nas praças e ruas do Reich ou sentados nas tavernas e casas próximas ao alto-falante e passam a ter consciência da grande virada na história."[47]

"A rádio é toda minha", entusiasmou-se Goebbels, que logo aprovou um esquema que possibilitou que milhões de aparelhos baratos fossem vendidos abaixo do preço de custo. "A Alemanha toda ouve o Führer na Rádio do Povo!" era o novo slogan, e, em 1941, cerca de 65% de todos os lares ostentavam um aparelho de rádio. Mas até as pessoas sem rádio não tinham como escapar da voz do salvador. Postes com alto-falantes foram erguidos nas cidades e alto-falantes móveis foram instalados nos vilarejos. Em março de 1936, em uma visita a Dresden, Victor Klemperer se deparou com um discurso de Hitler. "Não consegui me desvencilhar daquelas palavras por uma hora. Primeiro em uma loja aberta, depois no banco e depois em uma loja de novo."[48]

Hitler esteve praticamente ausente dos cinejornais antes de se tornar chanceler. Também nesse âmbito, Goebbels viu uma oportunidade de explorar uma nova tecnologia para fins propagandísticos. Em 10 de fevereiro de 1933, uma equipe de operadores de câmera e seus assistentes filmaram o discurso de trinta minutos de Hitler na Berliner Sportpalast, uma enorme arena coberta no distrito de Schöneberg, em Berlim. Mas o filme não captou o vínculo entre o orador e o público. Goebbels hesitou — embora Hitler tivesse se tornado uma presença regular no cinejornal diário, suas aparições eram passageiras.[49]

Hitler interveio e incumbiu Leni Riefenstahl de fazer *Triunfo da vontade*, um documentário do comício do partido de 1934 em Nuremberg. Riefenstahl usou câmeras móveis, fotografia aérea e som sincronizado para produzir uma obra de arte da propaganda, apresentando um regime assassino que acabara de conduzir uma perseguição sangrenta como uma experiência quase religiosa fascinante, em que massas de fiéis foram unidas ao salvador em um vínculo místico. A estrela era Adolf Hitler, que, como um deus, descia das nuvens de avião na cena aberta. *Triunfo da vontade* ganhou prêmios na Alemanha, nos Estados Unidos, na França e em outros países. Mais filmes foram produzidos, incluindo um material propagandístico chamado *O dia das liberdades: Nossas Forças Armadas* e um documentário sobre as Olimpíadas de 1936, em Berlim. Todos esses filmes eram exibidos em pré-estreias especiais para a elite do partido, bem como em salas de cinema espalhadas pelas cidades e em cinemas itinerantes pelo interior do país.[50]

Goebbels tentou recrutar Hoffmann, mas o fotógrafo da corte estava determinado a permanecer apenas como um "homem de negócios". Ele foi bem-sucedido, com lojas nas principais cidades. Como a imagem do Führer era protegida por lei, o fotógrafo tinha um suposto monopólio do mercado. Ele vendia as fotos como cartões-postais, pôsteres e calendários. Seu livro *Hitler Wie in Keiner Kennt*, publicado em 1932, vendeu mais de 400 mil exemplares e teve uma sequência igualmente bem-sucedida, que incluía os livros *Jugend Um Hitler* [A juventude ao redor de Hitler], *Hitler in Italien* [Hitler na Itália], *Mit Hitler im Westen* [Com Hitler no Oeste] e *Das Antliz Des Führers* [O rosto do Führer]. Os volumes apareciam em diversos formatos, de livros grandes ilustrados usados como decoração a edições de bolso que facilmente poderiam ser carregadas por soldados na linha de frente.[51]

Pintores, escultores, fotógrafos, gráficas e até os correios recorriam ao estúdio de Hoffmann. Seu alcance se ampliou ainda mais depois que Hitler o designou como responsável pela Grande Exposição de Arte Alemã de 1937. Todos os anos, dezenas de trabalhos artísticos que mostravam o Führer, muitos copiados de fotos tiradas por Hoffmann, lotavam salas inteiras.[52]

Goebbels controlou a propaganda, mas não as escolas e as universidades. Para sua grande decepção, o Ministério da Cultura, que lhe havia sido prometido, foi para Bernhard Rust. Hitler gostava de segregar e governar, estimulando a rivalidade entre seus subalternos ou atribuindo-lhes tarefas sobrepostas de modo a consolidar o próprio poder. Isso fez dele o árbitro supremo, enquanto os rebaixava a subordinados que competiam constantemente para passar por cima um do outro.

Rust, um nazista zeloso, certificou-se de que as crianças fossem doutrinadas no culto do líder desde o primeiro dia na escola. A saudação de Hitler foi imposta no fim de 1933. O retrato do Führer estava pendurado em todas as salas de aula. Livros antigos foram removidos, alguns foram queimados em fogueiras imensas, enquanto os novos martelavam a mesma mensagem sem parar: ame o líder e obedeça ao partido. Em vez de ler Goethe, os estudantes recitavam o poema "Mein Führer", de Hans H. Seitz: "Eu vi você agora/ E carregarei a sua imagem comigo/ Independentemente do que aconteça/ Estarei a seu lado."[53]

Em biografias resumidas, as crianças acessavam histórias de um homem que surgiu da obscuridade para salvar seu povo. *Die Geschichte von Adolf Hitler den deutschen Kindern erzählt* [A história de Adolf Hitler contada para crianças alemãs], de Annemarie Stiehler, concluía: "Enquanto os alemães andarem pelo planeta, eles serão gratos a Adolf Hitler, aquele que lutou e passou de soldado desconhecido na guerra mundial a Führer e salvou a Alemanha, evitando que o país passasse por grandes necessidades." Em algumas escolas, as crianças oravam todos os dias pela proteção do Führer: "Querido Deus, rogo-lhe/ Permita que eu me torne uma criança devota/ Proteja Hitler todos os dias/ Que ele não sofra nenhum acidente/ O Senhor o enviou em meio ao nosso sofrimento/ Ó, Deus, proteja-o."[54]

Unser Hitler [Nosso Hitler], publicado em 1933 por Paul Jennrich, ordenava que jovens leitores "acordassem e seguissem Hitler!". Os jovens se alistavam na Juventude Hitlerista, uma organização supervisionada por Baldur von Schirach. Como era a única organização jovem permitida, a adesão subiu rapidamente após 1934, até passar a ser obrigatória para todos os alemães três anos depois. Os membros juravam amor e lealdade ao Führer. Eles cantavam, faziam desfiles e oravam em nome dele: "Adolf Hitler, você é nosso grande Führer. Seu nome faz o inimigo tremer."[55]

Adultos ou crianças, indistintamente, escutavam que "o Führer está sempre certo". Robert Ley, líder da Frente Alemã para o Trabalho e leal apoiador do Führer, usou o slogan no comício de Nuremberg em 1936. O slogan apareceu em todo o país, foi proclamado em faixas, pôsteres e nos jornais.[56]

Goebbels, Riefenstahl, Hoffmann, Rust, Schirach, Ley, todos trabalhavam incessantemente para promover o líder. Mas o grande arquiteto do culto permaneceu sendo o próprio Hitler, o ator principal, o diretor de palco, o orador e o publicitário, todos os papéis de uma só vez. Ele constantemente ajustava a própria imagem. Após 1932, projetou-se como um líder próximo de seu povo, saudando milhões em desfiles e comícios. No entanto, também estava bastante interessado em se apresentar como um estadista e ator importante no palco mundial.

Assim que ocupou a Chancelaria, Hitler contratou um designer de interiores para transformar as dependências. O Führer detestava o prédio antigo, vendo seu esplendor cansado como uma parábola para a política decadente da nação. As salas foram abertas para receber luz e ar, as divisórias antigas foram removidas, as tábuas foram arrancadas, substituídas por linhas retas, claras e nítidas. Enquanto o templo da democracia ia sendo destruído, erguia-se um novo Salão de Recepção, completo, com um mosaico da suástica no teto, luminárias de bronze nas paredes. Deus estava pondo a casa em ordem.[57]

Alguns anos depois, o arquiteto predileto de Hitler, Albert Speer, recebeu um cheque em branco para construir uma nova Chancelaria, um prédio amplo que monopolizava todo o lado norte da Voss Strasse. O líder apreciava o mármore polido da galeria principal, que tinha duas vezes o tamanho da Galeria dos Espelhos em Versalhes: "Na longa caminhada da entrada do salão de recepção, eles terão um gostinho do poder e da grandiosidade do Reich alemão!" O gabinete do Führer tinha quatrocentos metros quadrados, proporcionando-lhe imensa alegria toda vez que um visitante precisava percorrer o grande espaço até a mesa dele.[58]

O apartamento de Hitler em Munique também foi todo reformado, com cada detalhe cuidadosamente projetado, inclusive as maçanetas. O designer de interiores de Hitler, Gerdy Troost, criou uma atmosfera de luxo burguês tranquilo, na qual livros e obras de artes eram exibidos com proeminência. "Parece que estivemos no Park Terrace, em Glasgow", comentou um visitante. Tudo foi projetado para passar um ar de familiaridade e estabilidade reconfortantes.[59]

O principal palco para a atuação de Hitler como um estadista confiável e cultuado, no entanto, não era em Berlim ou Munique. Em 1933, Hitler comprou um pequeno chalé no refúgio de Obersalzberg, nos Alpes Bávaros, que foi reformado e expandido, virando um grande complexo denominado Berghof (o refúgio alpino às vezes é chamado de Berchtesgaden, o nome da localidade onde se encontra). Gerdy Troost, que transformara o lar e o gabinete do Führer, preencheu os corredores e quartos espaçosos com tecidos ricos, tapetes luxuosos e móveis modernos. A parte central de Berghof era o Grande Salão, uma sala de recepção do tamanho de um ginásio pequeno, dominada por uma janela gigantesca que, quando aberta, oferecia uma vista ampla das montanhas nevadas. Lá Hitler era o centro das atenções, e cada detalhe era pensado para impressionar os visitantes, que ficavam fascinados pelo tamanho do Grande Salão, depois intimidados pela janela enorme, a maior peça de vidro confeccionada até então. Não havia nada entre a janela e o pico da montanha. Os móveis foram colocados rente à parede para deixar o centro da sala livre. Mas os sofás enormes tinham o encosto fundo, fazendo com que os visitantes se reclinassem, recostassem ou relaxassem na extremidade. Hitler sentava-se reto na cadeira, dominando todos os demais.[60]

Do lado de fora, Hitler posou para as lentes de Heinrich Hoffmann, alimentando, do terraço, os cervos, brincando com o cachorro e cumprimentando as crianças. Logo milhares de simpatizantes e turistas chegaram com a esperança de ver o Führer de relance. Foi "um sonho maravilhoso ficar perto do Führer", disse uma mulher de Frankfurt. Os intrusos foram banidos em 1936, mas grandes personalidades continuaram a fazer visitas sem avisar, até também serem barradas dois anos depois.[61]

Lá dentro, Hitler recebia um fluxo equilibrado de dignitários: de reis e embaixadores a líderes religiosos e secretários de Estado. Muitos eram simpatizantes selecionados com critério e, em sua maioria, ficavam impressionados. O ex-primeiro-ministro britânico, Lloyd George, que fez uma visita em 1936, voltou para casa declarando que o Führer era o "George Washington da Alemanha" e "um líder nato". O duque e a duquesa de Windsor estiveram lá também e posaram para foto.[62]

Berghof, no entanto, também servia como palco ideal para intimidar possíveis oponentes. Quando Kurt Schuschnigg foi até lá para negociar o destino de seu país, Hitler acomodou os generais com aparência mais brutal sentados no fundo e fuzilou com o olhar e um tom ameaçador o chanceler da Áustria, esbravejando durante duas horas inteiras.[63]

No entanto, Hitler não era Mussolini, um ditador capaz de enganar alguns dos maiores líderes do mundo. A melhor tática do Führer era mais desarmar do que encantar, tranquilizando aqueles que o conheciam com uma falsa sensação de segurança. Ele era um mestre do disfarce, escondendo a personalidade por trás de uma imagem cuidadosamente construída de homem simples, educado e modesto. Sabia absorver e responder às emoções de uma multidão e também ler seus visitantes, adaptando o próprio tom e a própria atitude de modo a ocultar suas intenções e minimizar a ameaça que representava. Quando a jornalista norte-americana Dorothy Thompson publicou *I saw Hitler* [Eu vi Hitler], em 1932, descrevendo-o como "sem forma e sem rosto" após uma longa entrevista, "o protótipo exato do moço" que apenas golpearia "o mais fraco dos inimigos", Hitler se divertiu. Ela era apenas uma da extensa lista de pessoas que subestimavam o que o moço poderia fazer — e faria.[64]

Da Chancelaria e de Berghof, os dois centros de poder do Terceiro Reich, Hitler começou a perseguir a visão expressa em *Minha luta* —, embora tivesse feito bem mais ao seguir sua intuição, aproveitando as oportunidades quando lhe eram apresentadas, do que ao aderir a qualquer programa definitivo. A Alemanha deixou a Liga das Nações em outubro de 1933. Em março de 1935, o alistamento voltou a ser liberado, violando o Tratado de Versalhes, o que fez as Forças Armadas crescerem seis vezes mais do que o número permitido. Mesmo enquanto fazia promessas de paz, Hitler preparava o país para a guerra. Em março de 1936, ele fez a primeira aposta internacional quando suas tropas marcharam sobre uma zona desmilitarizada na Renânia. Os próprios conselheiros militares o alertaram dos riscos, e suas tropas tinham instruções rígidas para recuar caso houvesse qualquer oposição da França. No entanto, nada aconteceu, com exceção do voto a favor de uma pena branda pela Liga das Nações. "Com a certeza de um sonâmbulo, ando pelo caminho que a Providência traçou para mim", disse Hitler satiricamente. Ele próprio começou a acreditar na própria infalibilidade.[65]

A crise na Renânia massacrou os oponentes de Hitler. Eles ficaram cada vez mais isolados por uma demonstração cuidadosamente orquestrada de união entre o líder e o povo, que ocorreu sob o pretexto de um referendo duas semanas depois.

Uma onda de terror já tinha diminuído o número de críticos ao partido, uma vez que as pessoas eram presas pela menor das infrações. Robert Sauter, um cidadão comum que duvidava da confiabilidade dos jornais, ficou confinado por cinco meses. Paul Glowania, um morador de Ludwigshafen que expressou dúvidas sobre o regime na privacidade de sua casa, foi ouvido por acaso, denunciado e condenado a um ano de prisão. "A Alemanha está calada, nervosa e suprimida; conversa-se aos sussurros; não há opinião pública; não há oposição; não há discussão em relação a nada", observou W. E. B. Du Bois, ativista de direitos civis afro-americano que passou meses viajando pelo país em 1936.[66]

A propaganda, junto com o terror, convenceu as pessoas a votarem "sim". Até mesmo em uma pequena cidade de 1.500 habitantes havia pôsteres em todos os lugares, nos portões e nas casas, bem como retratos gigantes de Hitler. Na Breslávia, toda vitrine era obrigada a dedicar um canto para ele. Os donos de loja que se recusavam a fazer isso eram ameaçados a passar um dia em um campo de concentração. Em qualquer lugar, camisas-pardas apareciam na porta das casas, dizendo quantos pôsteres os ocupantes deveriam expor. Ainda ocorriam, no entanto, episódios de resistência, em que os retratos de Hitler eram cobertos de tinta ou rasgados da noite para o dia. O resultado do referendo foi 99% de votos "sim". "É o milagre de nossos tempos vocês terem me encontrado entre tantos milhões", disse ele aos apoiadores empolgados no comício do partido em setembro de 1936, "e o fato de eu ter encontrado vocês é a grande sorte da Alemanha".[67]

Hitler, enfim, obteve o apoio popular de que precisava para expandir o Terceiro Reich. Todavia, para conduzir uma guerra, ele acreditava que a economia deveria se tornar autossuficiente. Em 1933, assim que as exportações foram freadas, os preços começaram a ser controlados, os estoques de grãos cresceram e o consumo foi racionado. Em 1936, Hermann Goering ficou à frente do Plano de Quatro Anos, aumentando o esforço para alcançar a independência econômica em 1940. O plano gerou um desabastecimento generalizado. O jornalista dos Estados Unidos William Shirer relatou de Berlim que longas filas de pessoas mal-humoradas se formavam em frente aos mercados, uma vez que carne, manteiga, frutas e gordura estavam em falta. Substituir a importação significava ter que fabricar cada vez mais roupas a partir da polpa de madeira; gasolina, a partir do carvão; e borracha, a partir do carvão e da cal. Quem tinha consciência dos custos questionava quanto era gasto em propaganda, sem mencionar os milhões gastos no refúgio da montanha para o "simples operário de seu povo".[68]

Panem et circenses — pão e circo — era um princípio antigo que os ditadores modernos compreendiam bem, mas o entretenimento também esmorecia: os desfiles e os comícios pareciam iguais, os discursos, idem. "A crença nos poderes mágicos de Hitler já era", arriscou-se um comentarista. Mesmo assim, muitos davam créditos ao líder por ter libertado o país das algemas de Versalhes. O Führer havia elevado a Alemanha à sua posição legítima no mundo e devolvido ao Exército sua glória anterior.[69]

Sobretudo o culto proporcionou proteção contra a decepção com o sistema. As pessoas culpavam o partido, não o líder. Quanto mais desiludidas elas se tornavam, mais caracterizavam o Führer como o homem mantido deliberadamente na ignorância por seus subalternos. Ele só queria o melhor para o povo. "Se Hitler soubesse" tornou-se uma expressão popular.[70]

Hitler, tendo retratado a si mesmo como um sonâmbulo guiado pelas mãos do destino, sabia que precisava mostrar que sua estrela ainda estava em ascensão. Em março de 1938, ele arriscou de novo. Mesmo antes do colapso do Império Austro-húngaro, em 1918, havia o desejo de unificar a Áustria e a Alemanha em uma Grande Alemanha. O Tratado de Versalhes proibia a união e removeu a Áustria dos Sudetos, cedendo a área dominada pela Alemanha à Tchecoslováquia. Em fevereiro de 1938, Hitler havia intimidado o chanceler da Áustria ao indicar simpatizantes nazistas para os principais cargos em Viena. No retorno para casa, Schuschnigg convocou um plebiscito a respeito da unificação. Hitler ficou furioso, mandou um ultimato e invadiu a Áustria em 12 de março. Ele próprio atravessou a fronteira no mesmo dia em um comboio para ser recepcionado pelas massas eufóricas. A Áustria passou a ser a província de Ostmark.

A resposta internacional foi fraca, o que encorajou Hitler a ficar de olho nos Sudetos. No entanto, como muitos apostadores, ele vacilou, dividido entre a confiança e a dúvida de si próprio. Em setembro de 1938, aos berros, ameaçou iniciar uma guerra no comício anual do partido. Dias depois, Neville Chamberlain viajou para Obersalzberg, onde o anfitrião o recebeu à porta de Berghof. No meio da conversa, que durou três horas, o Führer mudou de papel de repente — de megalomaníaco imprevisível que fazia ameaças de guerra, passou a ser um parceiro de negociações perfeitamente sensato. Hitler garantiu que não usaria força contra a Tchecoslováquia. Chamberlain concordou com a cessão dos Sudetos à Alemanha, e assinou o Acordo de Munique duas semanas depois. "Ele parece um tanto insignificante", admitiu o primeiro-ministro à irmã, mas Hitler era um "homem de palavras". Hitler aplaudiu em absoluto deleite quando Chamberlain deixou Berghof. Os Sudetos foram ocupados sem o disparo de um tiro sequer.[71]

Em 20 de abril de 1939, Hitler fez 50 anos. "O quinquagésimo aniversário do criador da Grande Alemanha. Dois dias de bandeiras, esplendor e edições especiais dos jornais, endeusamento sem limites", reparou Victor Klemperer. As celebrações estavam sendo preparadas havia semanas por Goebbels, que se dirigiu à nação em uma mensagem pela rádio em 19 de abril, pedindo que os alemães se juntassem a ele em uma oração fervorosa ao Deus Todo-Poderoso: "Que ele conceda ao povo alemão os mais profundos desejos e mantenha o Führer saudável e forte por muitos anos e décadas." Logo depois, os líderes do partido apareceram na Chancelaria para lhe dar os parabéns. Às nove da noite, o Führer apareceu para a multidão. Centenas de milhares de pessoas formaram uma guarda de honra ao longo da via, desde a Wilhelmstrasse até o Adolf Hitler Place, em Charlottenburg, onde Hitler inaugurou um trecho do novo eixo leste-oeste, também chamado de Via Triumphalis. A avenida de dez faixas de rolamento estava agitada, com luzes poderosas projetando suásticas douradas e águias imperiais, montadas em colunas a cada vinte metros, oferecendo um reconfortante contraste no céu escuro.[72]

Os presentes de aniversário, espalhados em pilhas altas em algumas salas da Chancelaria, foram abertos por volta da meia-noite. Hitler recebeu presentes de seu séquito. Albert Speer, o arquiteto que havia construído a Via Triumphalis, usou um dos salões para erguer uma maquete de quatro metros de um Arco do Triunfo gigante a ser construído em Berlim. Pequenos moldes de bronze, esculturas de mármore branco de modelos nus e pinturas antigas foram empilhados em mesas compridas. Também havia tributos do povo. Os fazendeiros enviaram seus produtos agrícolas. Um grupo de mulheres da Vestfália tricotou 6 mil pares de meias para os soldados do Führer. Outras assaram um bolo de aniversário de dois metros de comprimento.[73]

As festividades de fato ocorreram no dia seguinte, quando o ex-cabo agiu como um imperador, analisando sua poderosa máquina de guerra diante de um mundo surpreso. Hitler usou seu costumeiro uniforme pardo, mas se sentou em uma espécie de trono, posicionado em uma plataforma elevada, coberto de veludo vermelho e protegido por um toldo gigantesco decorado com águias e cruzes de ferro. Tanques, artilharia, blindados e centenas de milhares de soldados em uniformes de combate cumprimentaram o Führer ao longo da Via Triumphalis com 162 aviões de guerra sobrevoando em formação.[74]

A Via Triumphalis cortava o coração da capital, mas também ligava Hitler ao passado imperial do país. Albert Speer havia projetado a avenida como uma extensão do Unter den Linden, desenvolvido pela Prússia, como uma Via Triumphalis após a vitória nas guerras napoleônicas. O eixo era parte de um plano grandioso para transformar Berlim na capital de um Reich de mil anos, uma cidade reluzente chamada Germânia que rivalizaria com o Egito, a Babilônia e a Roma Antiga. O plano, com base nos esboços originais fornecidos pelo próprio Führer, incluía um Grande Salão gigantesco projetado para receber 180 mil pessoas. O Arco do Triunfo alcançaria prodigiosos 117 metros. Como disse Speer mais tarde, Hitler exigiu "o maior de tudo para glorificar seus trabalhos e engrandecer seu orgulho".[75]

"O Führer é celebrado pela nação como nenhum outro mortal jamais o fora", empolgou-se Goebbels. Hitler parecia ter unido milagrosamente uma nação ainda muito dividida apenas seis anos antes. Em uma importante reflexão sobre o regime nazista, o jornalista e historiador alemão Sebastian Haffner calculou que mais de 90% da população era formada por apoiadores do Führer.[76]

Victor Klemperer foi mais prudente: "Quem pode julgar o ânimo de 80 milhões de pessoas, com a imprensa controlada e todos com receio de abrir a boca?" Quando Hitler falou no

Theresienwiese, um espaço aberto em seu antigo refúgio de Munique, esperava-se uma plateia de meio milhão de pessoas, mas havia, no máximo, 200 mil. "Elas estavam ali como se o discurso não tivesse nada a ver com elas", reparou um observador. Trazida de empresas e fábricas da vizinhança, a maioria foi conduzida ao evento com os braços para trás. Speer lembrou que, em 1939, as multidões animadas eram controladas por completo nos bastidores, havendo poucos genuinamente entusiasmados.[77]

"O quinquagésimo aniversário de Hitler foi celebrado com tanta extravagância que poderia dar a entender que a popularidade dele estava crescendo. Mas aqueles que de fato conhecem as pessoas comuns sabem que muito do que se vê é aparência, mas nem tudo", escreveu um crítico anônimo do regime. Nas duas semanas antes do evento, as pessoas foram bombardeadas com exortações para decorar as casas, e a desgraça era desejada a quem não cumprisse o prometido. Até igrejas receberam instruções específicas do Ministério da Propaganda sobre como badalar os sinos no grande dia.[78]

Independentemente de adorarem ou não o Führer, como proclamava Goebbels, as pessoas viviam com medo de uma guerra. Até os apoiadores fanáticos suspiraram aliviados depois de a Áustria ter sido pacificamente anexada ao Reich, mas eles não confiavam no Acordo de Munique. Chamberlain, de volta a Londres, recebeu boas-vindas animadas, segurando um pedaço de papel que balançava ao vento: "Paz para o nosso tempo", declarou com confiança. Multidões frenéticas também aclamaram em outras partes da Europa, mas não na Alemanha. As pessoas achavam que era um blefe. "Não compreendiam Hitler", cochichavam.[79]

Chamberlain foi convencido de que Hitler queria apenas incorporar os Sudetos, quando, de fato, o Führer queria eliminar toda a Tchecoslováquia. Foi o que ele fez, na verdade, ao dividir o país entre a Alemanha, a Hungria e a Polônia. Uma semana depois, o então presidente dos Estados Unidos, Franklin Roosevelt, enviou uma mensagem solicitando que Hitler prometesse não atacar outras nações na Europa. Chamberlain anunciou que a Grã-Bretanha interviria se a independência polonesa fosse ameaçada. Apesar da aparência de força e unidade, uma nuvem pesada de medo pairava sobre as celebrações do aniversário de Hitler.[80]

Alguns meses depois, à medida que a apreensão pela guerra aumentava, Hitler chocou o mundo ao firmar uma aliança com Stalin. Os arqui-inimigos tornaram-se aliados, o que significava que não haveria guerra em duas frentes. No entanto, o erro de cálculo do Führer foi fatal. Com a União Soviética a seu lado, ele achou que a França e a Grã-Bretanha não ousariam intervir na Polônia. Foi uma aposta gigante, mas Hitler confiava na própria intuição, que até então provara que ele estava certo. Ele havia construído uma imagem de si mesmo como o homem do destino e acreditado nisso. Dispensava opiniões divergentes, inclusive as de seus generais. Quando Hermann Goering sugeriu que não era necessário pôr tudo em jogo, Hitler respondeu: "Na minha vida, sempre apostei tudo." A Alemanha invadiu o oeste da Polônia em 1º de setembro e a União Soviética invadiu o leste do país em 17 de setembro.[81]

Em 3 de setembro, a Grã-Bretanha e a França declararam guerra. O povo ficou em estado de choque. No lugar do entusiasmo frenético de 1914, a declaração de guerra gerou, nas palavras de Heinrich Hoffmann, "um desalento abissal". "Hoje, sem empolgação, sem vivas, sem aplausos, sem flores, sem febre de guerra, sem histeria de guerra", observou William Shirer, de Berlim. "Não há sequer ódio contra os franceses e os britânicos."[82]

Hitler também foi pego de surpresa. Hoffmann o encontrou "jogado na cadeira, com o pensamento distante, olhar incrédulo e desgosto desconcertante no rosto". Mas logo o líder se recuperou, à medida que os relatos de avanços militares rápidos na Polônia começaram a correr.[83]

As tropas invasoras alcançaram Varsóvia em uma semana, mas as ruas de Berlim não presenciaram uma cena de júbilo. "No metrô, a caminho da rádio, reparei numa indiferença estranha das pessoas em relação à grande notícia", confidenciou Shirer em seu diário. A resignação tomou conta de tudo à medida que o racionamento aumentava, com navios franceses e ingleses forçando um bloqueio que afetava quase todos os produtos, reduzindo à metade as importações de algodão, estanho, petróleo e borracha. Na vitrine de muitas lojas — confeitarias, peixarias e mercearias —, o retrato do Führer com a bandeira substituiu as mercadorias racionadas. O imposto de renda teve um aumento substancial de 50% para financiar o esforço de guerra.[84]

Em outubro, até as galochas ficaram restritas a 5% da população. Durante o inverno, as temperaturas despencaram para abaixo de zero. Metade das pessoas estava congelando de frio e sem carvão. Robert Ley leu a proclamação de Natal na rádio: "O Führer está sempre certo. Obedeça ao Führer!"[85]

Quando Hitler comemorou seu aniversário em 20 de abril de 1940, nenhuma igreja tocou os sinos, porque muitos haviam sido derretidos para fabricar projéteis. Apesar das vitórias na Dinamarca e na Noruega, invadidas algumas semanas antes, meros 75 simpatizantes estavam parados diante da Chancelaria esperando para ver o líder, nem que fosse de relance.[86]

Hitler percebeu que não poderia furar o bloqueio econômico. Novamente, ele arriscou tudo, apostando na vitória, já que as tropas ainda tinham suprimentos suficientes. Em

10 de maio de 1940, o exército alemão marchou em direção à Holanda, à Bélgica e à França. Foi um sucesso enorme, e os tanques facilmente dominaram as fortificações francesas e chegaram a Paris em 14 de junho. Quatro dias depois, foi assinado um armistício no mesmo vagão do Compagnie des Wagons-Lits em que o marechal Ferdinand Foch ditara seus termos para a delegação alemã em 11 de novembro de 1918.

Quando a invasão da França foi anunciada, seis semanas antes, muitos responderam com apatia. "A maioria dos alemães que eu vi", comentou William Shirer, "está em depressão profunda". Após o armistício, no entanto, eles aclamaram Hitler, que foi recebido em casa como o "Criador da Nova Europa". O próprio Hitler supervisionou a coreografia do Desfile da Vitória, insistindo que "refletia a vitória histórica" alcançada pelas tropas. À medida que o trem foi parando na estação, uma multidão que esperara por horas o aclamava com muita alegria. O Führer chorou, visivelmente emocionado. As pessoas se apertaram no caminho de volta até a Chancelaria. "As ruas estavam cobertas por flores e pareciam um tapete colorido", escreveu Goebbels, "uma vez que a empolgação preenche a cidade inteira".[87]

As cenas espontâneas de alegria explodiram pelo país, já que as pessoas celebravam o armistício. Houve um alívio após o pavor da guerra, mas também uma euforia genuína em relação à facilidade com que Hitler havia alcançado seus objetivos. Novamente, parecia que a mão da Providência tinha guiado o Führer até a vitória.[88]

Em um discurso eloquente no Reichstag, Hitler propôs paz à Grã-Bretanha. Foi um de seus melhores pronunciamentos, calculado para revigorar uma população que, por trás da batalha inevitável contra a Grã-Bretanha, ansiava por paz. O movimento do corpo dele, a impostação de voz, a escolha exata das palavras, o levantar dos olhos, a virada da cabeça em sinal de ironia, os gestos, a combinação inteligente da confiança de um conquistador com a humildade de um verdadeiro filho do povo — tudo criava a impressão de um homem sincero e pacífico. "Ele mente descadaramente sem expressar nenhuma emoção", reparou William Shirer. Parte da encenação foi para seus generais, aglomerados na primeira sacada: com um movimento rápido e imperioso das mãos, ele promoveu doze generais para o posto de marechal de campo. Hermann Goering passou a ser marechal do Reich.[89]

A Grã-Bretanha se recusou a implorar por paz. Com imensa consternação, muitas pessoas comuns perceberam que a guerra não acabaria logo. A Batalha da Grã-Bretanha ocorreu em seguida, mas Goering, o marechal do Reich, fracassou em bombardear a ilha até que ela se rendesse. Hitler adotou outro plano, aquele pelo qual tinha mais apreço desde que escrevera *Minha luta*: a conquista da Rússia. A Alemanha dependia muito da importação de petróleo e grãos de Stalin. A União Soviética parecia fraca após as grandes perdas sofridas por suas tropas depois de uma invasão malsucedida à Finlândia no inverno de 1939-1940. Hitler estava convencido de que poderia vencer rapidamente. Ele fez uma nova aposta e traiu seus aliados, de modo que 3 milhões de soldados cruzaram a fronteira da Rússia em junho de 1941.

As tropas alemãs logo atolaram em uma guerra cara e desgastante. Após o Japão atacar a frota dos Estados Unidos em Pearl Harbor, em 7 de dezembro de 1941, Hitler declarou guerra contra o país norte-americano, ao qual nunca tinha dado muita importância. Aparentemente, ele subestimou a capacidade dos Estados Unidos de produzir trigo, carvão, aço e homens. A guerra em duas frentes que todos temiam tornou-se realidade. Foi uma derrota atrás da outra, uma vez que o

Führer, certo da própria genialidade, dispensou o alto-comando do Exército, interferindo em cada aspecto da guerra. Ele recusou-se repetidamente a retirar as tropas de Stalingrado, cidade nomeada em homenagem a seu temido adversário. Depois da morte de centenas de milhares de soldados alemães em uma das batalhas mais sangrentas da história, as tropas remanescentes da Wehrmacht se renderam em fevereiro de 1943.[90]

Durante anos, os alemães foram informados de que Hitler era o mestre da guerra-relâmpago, uma *Blitzkrieg* conduzida bem longe de casa. Em um discurso no Berliner Sportpalast em 18 de fevereiro de 1943, transmitido na rádio e reproduzido em todos os jornais, Goebbels disse à população que a guerra total era inevitável.[91]

Hitler desapareceu de vista. Para diminuir os rumores de saúde debilitada, ele falou brevemente em 21 de março de 1943. Foi um pronunciamento tão enfadonho, feito de forma apressada, que alguns ouvintes suspeitaram de que se tratava de um ator. Com o tempo, o tremor de suas mãos só piorou, o que, sem dúvida, contribuiu para a relutância dele em aparecer em público. Como reparou seu secretário, o Führer acreditava que uma força ferrenha prevaleceria sobre todas as coisas, ainda que ele fosse incapaz de controlar as próprias mãos.[92]

Na véspera do aniversário do Führer em 20 de abril de 1943, Goebbels explicou em seu discurso anual que os homens de grande calibre não precisavam se mostrar diante das luzes do palco mundial. Nos dias intermináveis de trabalho e noites em claro, Hitler estava se esforçando muito em nome da nação, carregando o mais pesado dos fardos e enfrentando as piores desgraças.[93]

Alguns zombaram de Goebbels; outros ficaram em estado de choque. Muitos perceberam que Stalingrado era o ponto crítico, que a Alemanha estava perdendo a guerra. Palavras duras foram ditas contra o regime, embora as pessoas soubessem como se expressar sem correr risco de ser processadas. Estava evidente para todos que, se fossem cometidos grandes erros estratégicos, apenas um homem poderia ser responsável, aquele que talvez nunca descansasse até que tudo fosse destruído.[94]

No verão de 1943, com a queda de Mussolini, as críticas ao regime passaram a ser mais abertas. As pessoas ouviam a rádio internacional, ávidas para saber sobre as tropas inimigas, que avançavam. A saudação a Hitler estava em forte declínio. "Muitos membros não usavam mais o emblema do partido", segundo informações do Serviço de Segurança da SS. "Que os ingleses cheguem a Berlim antes dos russos" passou a ser um desejo cada vez mais frequente, reparou o diplomata marginalizado Ulrich von Hassell.[95]

A guerra total veio acompanhada de um racionamento ainda mais drástico, uma vez que as pessoas comuns foram forçadas a fazer a dieta da inanição. No entanto, elas se alimentavam melhor do que outras. No momento em que a Polônia foi invadida, iniciou-se a matança sistemática de judeus e de outros "indesejáveis". Em 1941, campos de extermínio foram montados na Polônia ocupada, e logo milhões de judeus de toda a Europa foram transportados em trens de carga, enclausurados para serem aniquilados em câmaras de gás. Seus pertences foram confiscados, catalogados, etiquetados e enviados para a Alemanha a fim de auxiliar no esforço de guerra.

Papel e papelão também foram racionados, mas não os que faziam parte dos negócios de fotografia de Heinrich Hoffmann, já que as fotos do Führer eram consideradas "estrategicamente vitais". Todo mês, cerca de quatro toneladas de papel eram reservadas e destinadas para a empresa dele.[96]

Em 6 de junho de 1944, as potências aliadas pousaram na Normandia. O pesadelo do cerco se tornou realidade, uma vez que dois exércitos poderosos partiram em direção à Alemanha em um gigante movimento de pinça. Ainda convencido de sua genialidade, Hitler atormentava seus generais e se debruçava obsessivamente sobre os mapas, mas, sem vitória à vista, ele passou a suspeitar cada vez mais daqueles a seu redor. Em 20 de julho de 1944, alguns líderes militares praticaram um atentado contra ele colocando uma bomba em uma mala no Wolfsschanze, a Toca do Lobo, um posto de comando na Prússia. Hitler escapou com alguns ferimentos. O fato reforçou sua crença de que o destino o havia escolhido, já que ele continuou com o esforço de guerra, imaginando que uma arma milagrosa ou uma mudança repentina na sorte o resgataria, assim como a seu povo, no último instante.

A partir de então, ele se tornou uma pessoa diferente. Heinrich Hoffmann o descreveu como "uma sombra trêmula de seu eu anterior, um casco carbonizado de onde o fogo e a chama já tinham sumido havia muito tempo". O cabelo estava grisalho; as costas, encurvadas, e ele andava arrastando os pés. Entre o séquito, Albert Speer reparou que a disciplina começou a enfraquecer. Até mesmo os apoiadores mais devotados permaneciam sentados quando Hitler adentrava a sala em Berghof, as conversas continuavam, alguns caíam no sono nas respectivas cadeiras, outros falavam alto sem nenhuma inibição aparente.[97]

Em 24 de fevereiro de 1945, com os russos muito próximos, um pronunciamento do Führer foi lido na rádio. Hitler previa que a sorte iria virar e foi amplamente ridicularizado, até mesmo pelos membros do partido: "Outra profecia do líder!", exclamou um deles ironicamente. Os soldados falavam abertamente da "megalomania" do Führer. A distância do conflito na linha de frente fez com que as pessoas comuns começassem a retirar as suásticas dos prédios públicos, revoltadas com o fracasso do líder em se render. Outras retiraram o retrato dele da sala de estar. "Eu o cremei", disse uma senhora idosa.[98]

Nos últimos meses da guerra, Hitler se refugiou em seu *bunker*, construído debaixo da nova Chancelaria. Era "a última estação em sua viagem para se distanciar da realidade", escreveu Speer. No entanto, ele ordenou que a luta continuasse, determinado a trazer morte e destruição a uma nação que não merecia isso.[99]

Em 20 de abril de 1945, 56º aniversário de Hitler, a primeira bomba inimiga atingiu Berlim. O bombardeio foi implacável. Dois dias depois, nada além de uma fachada branca permanecia de pé entre a poeira dos escombros do que restava do Ministério da Propaganda. Velhos associados de confiança começaram a abandonar o navio que naufragava, entre eles, Heinrich Himmler e Hermann Goering. Hitler se matou com um tiro em 30 de abril. Ele soube do fim indigno de Mussolini e ordenou que seus restos mortais fossem cremados para prevenir qualquer profanação. Seu corpo, juntamente com o de Eva Braun, sua amante de longa data com quem se casara um dia antes, foi arrastado para fora do *bunker*, encharcado de petróleo e posto em chamas.

Uma onda de suicídios acometeu os nazistas mais comprometidos: a família Goebbels inteira, Heinrich Himmler, Bernhard Rust, Robert Ley, entre outros. Milhares de pessoas comuns também se mataram. Quando o Exército Vermelho chegou, um sacerdote protestante relatou que "famílias inteiras, pessoas bondosas que iam à igreja, tiraram a própria vida, afogaram-se, cortaram os pulsos ou se permitiram ser queimadas junto às casas". Mas a morte do Führer não suscitou demonstrações espontâneas de luto público nem de tristeza por parte dos fiéis atormentados. "Estranho", relatou uma mulher de Hamburgo após a rádio anunciar a morte de Hitler, "ninguém chorou nem sequer parecia triste". Um jovem que por muito tempo imaginara como seus conterrâneos reagiriam à morte do líder ficou impressionado com a "indiferença escancarada e monumental" que se seguiu ao anúncio na rádio. O Terceiro Reich, observou Victor Klemperer, sumiu da noite para o dia, como se nunca tivesse existido.[100]

Toda a resistência entrou em colapso no momento em que Hitler morreu. À espera da mesma guerrilha enfrentada em seu país, os oficiais do Exército Vermelho foram surpreendidos pela docilidade da população. Os soldados também ficaram surpresos com o número de pessoas que fizeram bandeiras comunistas a partir de bandeiras nazistas vermelhas, apenas cortando a suástica. Em Berlim, essa virada foi chamada de "*Heil* Stalin!".[101]

3
Stalin

"Em todo lugar de Moscou, só se vê Lenin", observou o jornalista francês Henri Béraud em 1924, alguns meses depois da morte do revolucionário comunista e chefe de Estado. "Pôsteres de Lenin, desenhos de Lenin, mosaicos de Lenin, Lenin em trabalhos de pirografia, Lenin em linóleo, tinteiros de Lenin, blocos de anotação de Lenin. Lojas inteiras dedicadas a vender seu busto, de todos os tamanhos, preços e materiais — de bronze, mármore, pedra, porcelana e alabastro a gesso. Isso sem contar os quadros de Lenin, de retratos formais a capturas vívidas e cinejornais." Béraud arriscou que Lenin provavelmente foi o chefe de Estado mais fotografado — depois de Mussolini.[1]

Mesmo antes da morte de Lenin, seus camaradas já o glorificavam. Em agosto de 1918, uma revolucionária desiludida chamada Fanny Kaplan se aproximou de Lenin enquanto ele saía de uma metalúrgica em Moscou. Ela disparou alguns tiros. Um projétil se alojou no pescoço dele; outro atravessou-lhe o ombro esquerdo. Contrariando todas as expectativas, ele sobreviveu. "Só aqueles marcados pelo destino conseguem escapar da morte com um ferimento desses", reiterou um médico. Elogios ao grande líder surgiram e foram impressos e distribuídos em centenas de milhares de cópias. Leon Trotski, fundador e comandante do Exército Vermelho, o enaltecia como "uma obra-prima criada pela natureza" para uma "nova era na história da humanidade", "a materialização do pensamento revolucionário". Nikolai Bukharin, editor do jornal *Pravda*, escreveu sobre "o líder genial da revolução mundial": "O homem com uma capacidade quase profética de prever algo."[2]

Lenin se recuperou e interrompeu as lamentações, mas, quando a saúde precária acabou forçando-o a interromper as aparições públicas, em 1922, o culto assumiu uma nova vida. Os bolcheviques, assim como os fascistas e os nazistas, formavam um partido que se mantinha unido não tanto pelo programa ou pela plataforma, mas pelo líder escolhido. Foram a vontade, a visão e, sobretudo, a intuição de Lenin que guiaram a revolução, e não os princípios comunistas propostos por Marx meio século antes. O líder soviético era a personificação da revolução. Se ele em pessoa não podia mais liderar, seus apoiadores tiveram que invocar seu nome ou clamar por uma inspiração direta do espírito revolucionário dele.[3]

O endeusamento de Lenin também serviu como um substituto do mandato popular. Até mesmo no ápice de sua popularidade, os bolcheviques obtiveram menos de um quarto dos votos em novembro de 1917. Eles usaram violência para tomar o poder e, quanto mais poder adquiriam, mais cruel se tornava a violência. A tentativa de Fanny Kaplan de assassinar Lenin foi seguida do Terror Vermelho, quando o regime teve como alvo grupos inteiros de pessoas, de notáveis operários a camponeses que desertaram do Exército Vermelho. Milhares de padres e freiras, declarados inimigos da classe após a revolução, foram assassinados, alguns crucificados, castrados, queimados vivos e jogados em caldeirões de piche fervente. A família imperial inteira foi fuzilada ou esfaqueada até a morte; os corpos, mutilados, queimados e jogados em um fosso. Se a violência afastou muitos cidadãos comuns, não foram nem a linguagem abstrata de uma "luta das classes", nem a "ditadura do proletariado" — palavras estrangeiras que os aldeões analfabetos mal conseguiam pronunciar — que os conquistaram. O clamor ao líder como figura sagrada, por sua vez, foi muito mais bem-sucedido, pelo menos ao criar a ilusão da existência de algum laço entre o Estado e seus 70 milhões de habitantes.[4]

Lenin não nomeou um sucessor, mas, em 1922, escolheu Stalin para o novo posto de secretário-geral como uma forma de deter Trotski, que se opunha à Nova Política Econômica encabeçada pelo líder. A política efetivamente reverteu a coletivização forçada introduzida após a revolução, quando os operários foram ordenados a produzir por decreto, tendo os bens confiscados pelo Estado. Batizado de comunismo de guerra, esse sistema arruinou a economia. A Nova Política Econômica voltou-se de novo para o mercado, permitindo que os indivíduos mantivessem pequenos negócios. As requisições forçadas de produtos agrícolas foram cessadas e substituídas por impostos sobre a produção agrícola. Trotski passou a ver a Nova Política Econômica como uma rendição aos capitalistas e camponeses ricos — por isso, exigia um papel ainda maior para o Estado na economia.

Stalin adquiriu grandes poderes como secretário-geral, apesar de ter defeitos evidentes. Ele não era um grande orador, falava com um forte sotaque georgiano e tinha voz fraca. Não tinha qualquer senso de *timing*. Nos pronunciamentos, quase não usava o gestual. E, diferentemente dos colegas, faltava-lhe a aura de um revolucionário que passara anos em exílio no exterior. Ele escrevia fluentemente, mas não era um teórico incrível que pudesse esmiuçar a doutrina comunista. Stalin fez o melhor possível dadas suas deficiências, apresentando-se como um servo devoto para promover o bem maior enquanto outros buscavam constantemente os holofotes.

Ele se descrevia como um *praktik*, um homem pragmático, de ação, em vez de um expoente da revolução. Segundo consta, Stalin tinha habilidades organizacionais excepcionais, uma enorme capacidade para o trabalho e uma grande força de vontade. Seus rivais em geral o menosprezavam e o consideravam um mero administrador, "a mediocridade proeminente do nosso partido", conforme expunha Trotski. No entanto, ele era um operador perspicaz e inescrupuloso, que explorava a fraqueza dos outros para transformá-los em cúmplices. Ele também tinha o dom de um pensador estratégico com um genuíno toque político. Assim como Hitler, preocupava-se com as pessoas ao redor, independentemente da posição na hierarquia, lembrando-se de nomes e de conversas passadas. Ele também sabia esperar o momento propício.[5]

Enquanto Lenin convalescia, Stalin era seu intermediário, usando seus novos poderes para se aproximar do líder. Mas essa era uma relação tempestuosa, e, em 1923, os dois brigaram. O líder enfermo ditou uma série de notas que passaram a ser conhecidas como o Testamento de Lenin, um documento que sugeria que Stalin tinha um temperamento bruto e deveria ser deposto do cargo de secretário-geral.

Vivo, Lenin era uma ameaça; morto, um patrimônio. Quando Lenin faleceu, em 21 de janeiro de 1924, Stalin estava determinado a posar como seu pupilo mais fiel. Ele foi o primeiro do círculo próximo a adentrar o quarto do mestre, teatralmente pegando a cabeça do homem morto e aproximando-a de seu peito, beijando-o com firmeza nas bochechas e nos lábios.[6]

Durante semanas, o corpo embalsamado de Lenin foi exibido em um mausoléu de vidro na praça Vermelha, onde o inverno muito frio manteve o corpo intacto. O partido ficou dividido quanto ao que fazer em seguida. A Rússia tinha uma longa tradição de embalsamar seus homens sagrados. No Mosteiro de Kiev, conhecido como "o mosteiro das cavernas", onde os monges reclusos rezavam antes da revolução, as catacumbas estavam dispostas com dezenas de santos, os rostos escurecidos, as mãos magras descansando sobre roupas empoeiradas e esfarrapadas. Um tratamento comparável para o líder revolucionário carregava uma conotação religiosa que entrava em conflito com a visão ateísta de alguns líderes, incluindo a esposa de Lenin. No entanto, Félix Dzerjinski, como chefe da comissão do funeral, venceu, com o apoio do secretário-geral. Tanto morto quanto vivo, Lenin serviu à causa da classe operária, uma vez que milhões foram reverenciá-lo diante do caixão.[7]

Quando a primavera chegou, alguns meses depois, uma equipe de cientistas levou o corpo do líder e começou a fazer experimentos com produtos químicos para prevenir a decomposição. Em agosto de 1924, Lenin reapareceu, com o corpo embranquecido e brilhoso exibido em um mausoléu permanente. Isso atraiu longas filas de devotos, debilitados, pobres, místicos, a mesma multidão, reparou Henri Béraud, que podia ser vista "murmurando preces na frente de ícones dourados e velas acesas com uma chama amarela".[8]

Com a preservação do corpo do revolucionário, Stalin começou a se apropriar das palavras do antigo líder. Pôs o Instituto Lenin debaixo das asas, supervisionando a publicação de todos os documentos significativos do falecido mestre. Mas os escritos coletados não definiam uma doutrina. Ao dar uma série de palestras sobre o leninismo, publicadas no *Pravda* sob o título de "Fundamentos do leninismo", Stalin reivindicou ser o guardião daquele legado. O leninismo, escreveu ele, era o marxismo da era imperial, e Lenin era o único grande herdeiro de Marx e Engels.[9]

No entanto, quando os representantes do partido se reuniram em Moscou em maio de 1924 para examinar o Testamento de Lenin, Stalin encontrou um empecilho. Após Grigory Zinoviev e Lev Kamenev, dois veteranos do partido perturbados pela ambição de Trotski, expressarem-se a favor de Stalin, o Comitê Central decidiu ler o documento apenas para selecionar os representantes, em oposição a todo o congresso reunido. Trotski, relutante em parecer desagregador em sua futura candidatura ao poder, não interveio. Stalin, pálido como um morto, humildemente pediu que fosse liberado de suas funções, na esperança de que sua contrição encenada levasse o Comitê Central a recusar seu pedido. A aposta deu certo, mas o deixou transtornado de ressentimento. Ele foi o discípulo de um homem que, ao que parecia, exigiu a exclusão dele.[10]

Após se recompor, Stalin começou a se cercar de apoiadores leais e confiáveis, incluindo Vyacheslav Molotov, Lazar Kaganovich e Sergo Ordzhonikidze. Ele usou o posto de secretário-geral para substituir os apoiadores de todos os rivais por seus homens de confiança. Passou a ter assistentes pessoais para colher informações e realizar as tarefas mais nebulosas. Lev Mekhlis, secretário pessoal de Stalin, começou a supervisionar cada aspecto da vida pública do secretário-geral, verificando as fotos que apareciam na imprensa.[11]

Em novembro de 1924, Stalin encurralou Trotski. Enquanto Stalin se apresentava como um pupilo de Lenin, Trotski cometeu o erro tático de posar como alguém à altura do antigo líder ao publicar uma coletânea dos próprios textos. Assim, não só pareceu vaidoso, como também forneceu evidência por escrito de muitas diferenças em relação a tópicos em que se opunha ao revolucionário morto. Stalin publicou um texto maldoso intitulado "Trotskismo ou leninismo?", denunciando o rival como o proponente de uma revolução permanente que o colocou como alguém em desacordo com os princípios do leninismo. Os leitores atentos compreenderam que o título significava escolher entre Trotski e Stalin.

Stalin também tinha como alvo o criticismo de Trotski em relação à Nova Política Econômica. Outros bolcheviques, entre eles Zinoviev e Kamenev, os dois líderes do Comitê Central que haviam ajudado Stalin a sobreviver ao testamento de Lenin, não gostaram do foco de atenção voltado para o mercado. Stalin começou a miná-los, retratando-os como esquerdistas doutrinários cujas ideias levariam a União Soviética à ruína. Nikolai Bukharin, um defensor incansável da economia mista, auxiliou-o. Em 1925, o próprio Stalin discursou para os representantes camponeses que se recusavam a fazer a colheita, a menos que pudessem arrendar as terras. Como em um passe de mágica, Stalin prometeu arrendamentos por vinte, quarenta anos, possivelmente para sempre. Quando questionado se isso não parecia um retorno à propriedade privada, ele respondeu: "Nós escrevemos a Constituição. Também podemos mudá-la." Relatos da reunião circularam pelo mundo. Stalin passou a impressão de ser o chefe pragmático e equilibrado do partido, o líder em sintonia com o povo.[12]

Em 1926, Trotski, Zinoviev e Kamenev foram forçados a criar uma Oposição Unificada contra Stalin, que, por sua vez, voltou-se contra eles e os denunciou, trazendo instabilidade para o partido ao formar uma facção. Como as facções haviam sido declaradas ilegais anos antes, Trotski foi expulso do Politburo. Seus apoiadores foram reduzidos a um punhado de gente. Em uma reunião do Comitê Central, em outubro de 1927, mais uma vez Trotski tentou trazer à tona o testamento de Lenin. Àquela altura, no entanto, muitos representantes do partido viam Stalin como um eficiente e modesto defensor do antigo líder, além de trabalhador, enquanto Trotski, marginalizado, parecia condescendente, barulhento e egocêntrico. Stalin o esmagou, replicando que três anos antes o partido tinha examinado o documento e recusado sua saída. Os representantes aplaudiram de forma efusiva. Um mês depois, Trotski foi expulso do partido, assim como dezenas de apoiadores. Em janeiro de 1928, ele foi enviado para o exílio no Cazaquistão. No ano seguinte, deportado da União Soviética.[13]

Assim que o principal rival foi despachado, Stalin começou a implementar as políticas de Trotski, que havia alertado contra "uma nova classe capitalista" no campo. Após o fornecimento de grãos despencar e atingir um terço da quantidade inicial no fim de 1927, ameaçando deixar a população de Moscou e Leningrado com fome, Stalin enviou esquadrões de aprovisionamento para as aldeias, ordenando-os a tomar à mão armada tudo que fosse possível. Quem resistia era perseguido como *kulak*, termo depreciativo que se referia a fazendeiros "ricos", mas que era usado para denominar qualquer um que se opusesse à coletivização. Essa foi a batalha inicial da guerra contra o campo, que culminaria em fome alguns anos mais tarde.

Os membros do partido — Bukharin incluído — que ainda eram adeptos das visões iniciais de Stalin foram fortemente criticados como direitistas. Um medo esmagador tomou conta do partido, que teve seus membros denunciados e sumariamente presos como "oposicionistas de esquerda" ou "desviantes de direita". Residências foram vasculhadas e parentes foram levados. Da noite para o dia, as pessoas desapareciam. Stalin também foi linha-dura com gerentes, engenheiros e planejadores, inclusive com estrangeiros acusados de sabotagem.[14]

Em meio ao expurgo de membros do partido, um enorme desfile foi organizado para o 1º de Maio de 1928. Desde 1886, quando a polícia de Chicago atirou nos grevistas que exigiam a jornada de trabalho de oito horas por dia, os socialistas ao redor do mundo celebravam o 1º de Maio. Marchas de trabalhadores com faixas estendidas e bandeiras vermelhas eram eventos regulares em muitas cidades ao redor do mundo, mas às vezes se transformavam em confrontos com a polícia. No início da carreira, Lenin viu o potencial dessas celebrações e escreveu que elas poderiam ser transformadas em "grandes manifestações políticas". Em 1901, o próprio Stalin se envolveu em confrontos sangrentos no 1º de Maio em Tbilisi, a capital de sua terra natal, a Geórgia.[15]

Em 1918, Lenin fez do 1º de Maio um feriado oficial. Uma década depois, em 1928, Stalin mudou a lei trabalhista e acrescentou o dia 2 de maio às festividades. As preparações para esses eventos exemplares começavam semanas antes, quando gigantescas estruturas de madeira e papelão eram erguidas nas principais esquinas de Moscou, mostrando trabalhadores, camponeses e soldados marchando em direção ao futuro. No 1º de Maio, Stalin e seus tenentes apareciam nos baluartes de madeira do mausoléu de Lenin, saudando um mar de gente que aclamava e cantava sob faixas e balões gigantes. Em seguida vinha um grande desfile de tanques estrondosos, blindados, metralhadoras e refletores, com aeronaves zunindo no alto. Era uma enorme demonstração de força organizacional, planejada meticulosamente de cima, com cada palavra roteirizada e cada slogan aprovado por decreto. Centenas de milhares de pessoas esperavam com obediência por horas até cruzar a praça e ver o líder de relance.[16]

Em 1929, Stalin já estava pronto para impor sua marca na União Soviética. Lenin havia transformado a Rússia no primeiro Estado unipartidário do mundo, conquistando o que Hitler tentaria alcançar em nome da *Gleichschaltung* após 1933: a eliminação sistemática de todas as organizações fora do partido. Partidos políticos alternativos, sindicatos, a mídia, igrejas, corporações e associações, tudo passou a ser controlado pelo Estado. As eleições livres foram banidas imediatamente após novembro de 1917, e o Estado de direito foi abolido e substituído pela justiça revolucionária e por um sistema disperso de campos de trabalho forçado ou de prisioneiros, os *gulags*.

Stalin buscou ir além e alterar permanentemente a economia do país, transformando um local agrícola em uma potência industrial em meros cinco anos. Enormes cidades industriais foram construídas do nada, fábricas prontas para entrar em operação foram importadas do exterior, usinas de engenharia se expandiram e mais minas foram abertas para atender à demanda por carvão, ferro e aço, tudo a uma velocidade rápida e perigosa. Na União Soviética, não existia turno de trabalho de oito horas e os operários davam duro sete dias por semana. A chave para a expansão industrial estava no campo, com a venda dos grãos tomados dos aldeões e vendidos para o mercado internacional no intuito de obter moeda estrangeira. Para extrair mais grãos, o campo foi coletivizado. Os aldeões foram agrupados em fazendas estatais, das quais os *kulaks* foram banidos. Stalin via a coletivização do campo como a única oportunidade de liquidar a classe inteira de *kulaks*, fazendo com que 320 mil casas fossem arrombadas, seus ocupantes fossem enviados a campos de concentração, forçados a trabalhar em minas ou transportados para regiões distantes no império.[17]

O partido, sob a liderança de Stalin, tornou-se sacrossanto, sendo a linha partidária apresentada como uma vontade mística acima de qualquer debate. Stalin virou a personificação da santidade, o *vozhd* — ou grande líder —, termo antes reservado a Lenin. Em 1º de maio de 1929, Marx foi mandado para os bastidores, enquanto Stalin passou a ter o mesmo status do antigo líder. Como observou um jornalista norte-americano, "na praça Vermelha, nos prédios opostos aos muros do

Kremlin, foram exibidos os rostos enormes de Lenin e Stalin. Os retratos gigantescos de corpo inteiro foram montados em andaimes na praça do Teatro, pairando sobre o Hotel Metropol de um lado e sobre o Grand Hotel de outro".[18]

O grande líder fez 50 anos em 1º de dezembro de 1929, uma ocasião celebrada por "inúmeros telegramas", explicava o jornal do partido, *Pravda*, e foi cumprimentado por operários do mundo todo. Pedaços de papel com felicitações foram contrabandeados até das prisões na Polônia, na Hungria e na Itália. Não se tratava da adoração a um herói, a máquina de propaganda fazia questão de explicitar, mas, sim, da expressão de devoção de milhões de trabalhadores à ideia da revolução proletária. Stalin era o partido, a personificação de tudo de melhor que existia na classe trabalhadora: "O entusiasmo exuberante era mantido e limitado por uma vontade ferrenha, uma fé inabalável na vitória com base na análise marxista revolucionária sóbria, um desdém do proletariado em relação à morte nas linhas de frente da guerra civil", a circunspecção de um líder cuja mente "iluminou o futuro como um holofote".[19]

Outras demonstrações de bajulação eram abundantes, pois os subalternos de Stalin compuseram cantos de glória ao líder, depreciando-se com entusiasmo. Lazar Kaganovich, o secretário atarracado e de bigode grosso do partido, louvava-o como "o assistente de Lenin mais próximo, fiel e ativo". Sergo Ordzhonikidze descreveu seu mestre como o discípulo verdadeiro e resoluto de Lenin, dono de uma força ferrenha para liderar o partido até a vitória final da revolução proletária mundial.[20]

Poucas pessoas, no entanto, já tinham visto Stalin, a não ser a certa distância, uma vez que ele ficava em pé na tribuna da praça Vermelha duas vezes ao ano para celebrar o 1º de Maio e a Revolução de Outubro. Até nessas ocasiões ele parecia uma escultura, uma figura robusta que adotava uma pose calma e impassível em um sobretudo militar com um quepe. Raramente aparecia nos cinejornais e nunca falava em público. Suas fotografias, estritamente controladas pelo seu secretário pessoal, eram todas padronizadas. Até nos pôsteres parecia frio e distante, a personificação de uma vontade inflexível de impor a revolução.[21]

Ao longo de uma década, Stalin passou de comissário discreto a líder incontestável do partido. No entanto, foi repetidamente forçado a lutar contra forças poderosas. Em um testamento que assombraria Stalin pelo resto da vida, Lenin, após lhe transferir o poder supremo, repensou a decisão e pediu que ele fosse removido. Trotski, um orador formidável, polemista talentoso e líder respeitado do Exército Vermelho, sempre o confrontava. O espírito vingativo e o temperamento frio e calculista faziam com que Stalin continuasse progredindo, mas, ao longo dos anos, ele também se tornou rancoroso e se via como vítima. Um vencedor ressentido, passou a permanentemente não confiar naqueles que o cercavam.[22]

A imagem de um líder austero e altivo, que estava acima de seus potenciais críticos, lhe era apropriada, mas Stalin logo começou a cultivar um aspecto mais humano. No exílio, Trotski descreveu uma figura dramática, como se o outro se parecesse com um guardião de um leão enjaulado. Logo que foi para o exterior, Trotski tentou parecer mais leninista do que Stalin. Começou a publicar *Biulleten' Oppozitsü* — o boletim da oposição —, usando seu conhecimento detalhado da política dos corredores para relatar controvérsias entre as lideranças do partido. Sua autobiografia, *Minha vida*, publicada em russo e em inglês em 1930, retrata Stalin como medíocre, invejoso e dono de um caráter tortuoso, cujas armações ocultas levaram a traição à revolução. Trotski reproduziu o testamento de

Lenin: "Stalin é rude, desleal e capaz de abusar do poder que ele obtém a partir da aparelhagem política. Stalin deveria ser afastado para evitar uma ruptura." Enquanto Stalin cunhou o termo "trotskismo", o próprio Trotski, por sua vez, popularizou a noção de stalinismo.[23]

Um ano antes, na ocasião do quinquagésimo aniversário de Stalin, seu colega georgiano Avel Enukidze introduziu alguns toques humanos, reunindo elementos do mito do líder. Filho de sapateiro, Stalin foi um aluno talentoso e maduro, mas também um jovem rebelde, expulso do seminário. Faltava-lhe vaidade. Ele era um homem do povo com a habilidade de explicar assuntos complicados de forma muito simples aos trabalhadores, que o apelidaram afetuosamente de "Soso". Ele nunca hesitou em defender o bolchevismo e se doou inteiramente ao trabalho revolucionário. "Stalin permanecerá o mesmo até o fim da vida", proclamou Enukidze.[24]

Stalin não era meramente o líder do partido. Também era o chefe de fato da Internacional Comunista, ou Comintern, o que o tornava a figura que apontava o caminho para a revolução proletária mundial. No entanto, no próprio país e no exterior, ele permanecia sendo uma figura distante e misteriosa, diferentemente de Trotski. Em novembro de 1930, convidou o correspondente Eugene Lyons, da United Press, para encontrá-lo pessoalmente em seu escritório. Lyons, um simpatizante que havia trabalhado no escritório da Tass, a agência oficial de notícias da União Soviética, em Nova York, foi cuidadosamente selecionado entre dezenas de repórteres em Moscou. Stalin o encontrou à porta e sorriu, mas sua timidez logo desarmou o correspondente. O bigode espesso, relatou Lyons, dava ao rosto um ar amigável e quase afável. Tudo remetia à simplicidade, desde o jeito relaxado, a austeridade do traje e a natureza espartana do escritório aos corredores silenciosos e ordenados da sede do Comitê Central. Stalin ouviu atentamente. "Você é um ditador?", perguntou Lyons. "Não, não sou", replicou o líder gentilmente, explicando que, no partido, todas as decisões eram coletivas e ninguém poderia ser ditador. "Gosto daquele homem", exultou Lyons ao encerrar a visita. "Stalin ri!", uma matéria bajuladora editada pelo próprio Stalin apareceu na primeira página dos principais jornais do mundo, "desvelando o ar secreto" que acompanhava o solitário do Kremlin.[25]

Stalin inserira uma nota sobre sua intimidade na entrevista, falando sobre a esposa e os três filhos. Uma semana depois, Hubert Knickerbocker entrevistou a mãe dele, uma mulher humilde com um vestido simples de lã cinza. "Soso sempre foi um bom menino!", exultou ela, contente em falar sobre seu assunto preferido.[26]

Figuras intelectuais de maior prestígio também fizeram elogios, popularizando e difundindo a imagem de um homem simples, gentil e modesto que não era ditador, apesar do grande poder exercido. Um ano depois, foram oferecidos ao autor socialista George Bernard Shaw uma guarda de honra militar em Moscou e um banquete para celebrar seu aniversário de 75 anos. Ele viajou pelo país, visitando escolas-modelo, prisões e fazendas, e os aldeões e trabalhadores foram cuidadosamente treinados para exaltar o partido e o líder. Após duas horas de um encontro privado, encenado com destreza por Stalin, o dramaturgo irlandês achou o ditador "um camarada graciosamente bem-humorado" e proclamou: "Não havia malícia nele, tampouco ingenuidade." Shaw nunca se cansou de promover o déspota e morreu em 1950 na cama, com um porta-retratos do ídolo na prateleira da lareira.[27]

Emil Ludwig, um biógrafo popular de Napoleão e Bismarck, também se encontrou com Stalin em dezembro de 1931 e ficou impressionado com a simplicidade de um homem que tinha tanto poder, mas que "não se orgulhava disso". Mas quem escreveu a biografia que foi a maior responsável por propagar a imagem de um homem simples que aceitava com relutância a adoração de milhões provavelmente foi Henri Barbusse, um escritor francês que se mudou para Moscou em 1918 e se juntou ao Partido Bolchevique. Quando se encontraram pela primeira vez, em 1927, Stalin cativou Barbusse, cujos artigos laudatórios foram traduzidos para o *Pravda*. Após outro encontro, em 1932, o Departamento de Cultura e Propaganda do Comitê Central examinou com cuidado Barbusse, que também organizou o Comitê Mundial contra a Guerra e o Fascismo, com sede em Paris. Em outubro de 1933, Barbusse recolheu 385 mil francos que Stalin enviara a Paris, o que equivale aproximadamente a 330 mil dólares norte-americanos hoje. Nas palavras de André Gide, outra figura literária francesa de quem o líder soviético se aproximou, vantagens financeiras substanciais esperavam por aqueles que escreviam "na direção correta".[28]

Stalin forneceu toda a documentação para seu biógrafo, e cada detalhe foi supervisionado pelos seus subalternos na máquina de propaganda. Em *Stalin: Um mundo novo visto através de um homem*, publicado pela primeira vez em março de 1935, Barbusse retratou o líder como um novo messias, um super-homem cujo nome milhões de pessoas ecoavam em cada desfile na praça Vermelha. No entanto, mesmo que aqueles a seu redor o adorassem, ele permanecia modesto, dando crédito a seu mestre por cada vitória. O salário de Stalin era de míseros 500 rublos e a casa em que ele morava tinha apenas três janelas. O filho mais velho dormia em um sofá na sala de estar; o mais novo, em uma alcova. Ele tinha apenas um secretário, diferentemente do ex-primeiro-ministro britânico Lloyd George, que tinha 32 funcionários. Até na vida pessoal, "o homem franco e brilhante" permanecia "um homem simples".[29]

De Henri Barbusse a George Bernard Shaw, celebridades internacionais ajudaram Stalin a contornar um paradoxo no cerne de seu culto: a União Soviética foi supostamente uma ditadura do proletariado, não a ditadura de um indivíduo. Em discussões comunistas, apenas os ditadores fascistas e nazistas, como Mussolini e Hitler, proclamavam que suas palavras estavam acima da lei, sendo o povo composto por sujeitos obedientes que deveriam se curvar à vontade deles. Portanto, embora o culto a Stalin abrangesse todos os aspectos da vida cotidiana, a ideia de que ele era um ditador passou a ser um tabu. O povo glorificava seu líder de maneira ostensiva, contra a vontade dele, e eram as pessoas que pediam para vê-lo, levando-o a se exibir relutantemente a milhões nos desfiles na praça Vermelha.[30]

Cada aspecto da imagem dele contrastava com a dos seus adversários. Hitler e Mussolini berravam e gritavam de forma agressiva diante dos apoiadores, enquanto o secretário autoeficiente ficava sentado em silêncio, atento, na fileira de trás de um palco lotado nos encontros do partido. Eles falavam para as pessoas; Stalin as escutava. Eles eram dominados pela emoção; Stalin era movido pela razão, ponderando cautelosamente cada palavra. As palavras eram poucas e, portanto, apreciadas e estudadas por todos. Como disse Emil Ludwig, até mesmo o silêncio dele era uma manifestação de poder, uma vez que havia algo ligeiramente ameaçador no "perigoso peso do silêncio".[31]

Stalin pode ter tido apenas um secretário, como afirmou Henri Barbusse, mas após seu quinquagésimo aniversário, em 1929, ele usou a máquina partidária para sustentar seu culto, e pôsteres, retratos, livros e bustos começaram a proliferar. No verão de 1930, o 16º Congresso do Partido Comunista se tornou uma demonstração de lealdade a Stalin, que discursou por sete horas. Elogios, então obrigatórios, circulavam no congresso, nos jornais e nas rádios.[32]

No campo, onde uma campanha cruel de coletivização estava sendo imposta, estátuas de Lenin e Stalin eram vistas no auge da fome soviética de 1932. Estima-se que 6 milhões de pessoas morreram de fome na Ucrânia, nos montes Urais, nas aldeias às margens do rio Volga, no Cazaquistão e em partes da Sibéria, uma vez que grandes estoques de grãos, bem como leite, ovos e carne foram vendidos para o mercado internacional a fim de financiar o Plano Quinquenal. Mesmo com uma alimentação à base de grama e casca de árvore, os aldeões eram forçados a aclamar o líder.[33]

Em 1930, o 16º Congresso foi recepcionado com "aplausos tempestuosos e prolongados que se estenderam até uma longa aclamação". Quatro anos depois, no 17º Congresso, isso não era mais considerado adequado, e as transcrições registraram uma "ovação tremenda", assim como gritos de "Vida longa ao nosso Stalin!". O encontro foi chamado de Congresso dos Vencedores, pois os representantes celebraram o sucesso da coletivização agrícola e da rápida industrialização. Todavia, nos bastidores, os membros se queixavam dos métodos do líder. Alguns tinham receio da ambição dele, mesmo que publicamente o aclamassem. Havia rumores de que ele recebera tantos votos negativos que algumas cédulas de papel tiveram que ser destruídas.[34]

Stalin não fez nada. Ele conhecia a virtude da paciência, exibindo um comedimento calculado no rosto, sem expressar nervosismo em face da adversidade. No entanto, no fim de 1934, quando Serguei Kirov, líder da seção do partido em Leningrado, foi assassinado, Stalin tomou medidas drásticas. Isso marcou o início do Grande Expurgo, quando os membros do partido que em algum momento tinham desafiado o chefe foram presos. Em agosto de 1936, Zinoviev e Kamenev, os primeiros a serem submetidos a um julgamento de fachada, foram considerados culpados e executados. Outros tiveram o mesmo destino, incluindo Bukharin e vinte réus que supostamente faziam parte do "bloco dos direitistas e trotskistas". Mais de 1,5 milhão de cidadãos comuns foram presos pela polícia secreta, interrogados, torturados e, em muitos casos, sumariamente executados. No auge da campanha, em 1937 e 1938, a taxa era de aproximadamente mil execuções por dia, com pessoas sendo acusadas de serem inimigas de classe, sabotadoras, oposicionistas, especuladoras, algumas sendo denunciadas pelos próprios vizinhos ou parentes.[35]

O culto desabrochou à medida que o terror se desvelava. Em 1934, o líder soviético não era o único glorificado pelos subalternos. No fim da década de 1920, praticamente todos os líderes, até diretores de empresas locais, obrigavam os funcionários a carregar os retratos de maneira triunfante em feriados públicos. Alguns líderes se tornaram discípulos de Stalin, copiando o mestre nos próprios feudos, imortalizando-se em retratos e estátuas, rodeados por bajuladores que os enalteciam. Um deles era Ivan Rumiantsev, ele mesmo um lisonjeador, que o aclamou como um "gênio" em 1934. Ele se via como o Stalin da região Oeste, impondo seu nome a 134 fazendas coletivas. Na primavera de 1937, Rumiantsev foi denunciado como espião e fuzilado.[36]

Às vezes, os membros do Politburo mudavam o nome de cidades inteiras em homenagem a si próprios. Existia Stalingrado, assim como Molotov e Ordzhonikidze. Quando um líder perdia popularidade, os nomes das cidades eram sumariamente alterados, como ocorreu com as cidades malfadadas de Trotsk e Zinovevsk. No entanto, em 1938, apenas um nome foi autorizado a ter o mesmo status do de Stalin — o de

Mikhail Kalinin, presidente da União das Repúblicas Socialistas Soviéticas, ou chefe de Estado, de 1919 a 1946. Seu papel era puramente simbólico, mas ele servia de forma admirável e obediente ao assinar todos os decretos do líder. Quando a esposa foi presa por chamar Stalin de "tirano e sádico", Kalinin não levantou um dedo sequer.[37]

Em junho de 1934, três meses depois do Congresso dos Vencedores, Stalin começou a supervisionar cada aspecto da máquina de propaganda do Estado. A imagem dele ficou ainda mais onipresente, e um visitante norte-americano observou retratos grandes "nos outdoors ao redor das escavações do metrô em Moscou, nas fachadas dos prédios públicos no Cazaquistão, em altares em lojas, nas paredes de salas de guarda e prisões, em lojas, no Kremlin, nas catedrais, nos cinemas, em todos os lugares".[38]

No intervalo entre a assinatura de sentenças de morte e a direção de julgamentos de fachada e execuções, Stalin se encontrava com escritores, pintores, escultores e dramaturgos. O indivíduo, em qualquer aspecto da arte, desapareceu, uma vez que o líder impôs um estilo conhecido como "realismo socialista". A arte tinha que glorificar a revolução. Os contos de fadas eram proibidos e considerados não proletários: as crianças deviam ser cativadas por livros sobre tratores e minas de carvão. No que um historiador chamou de "corredor dos espelhos", os mesmos temas eram infinitamente repetidos, e os comitês verificavam textos e imagens. Como Stalin era a personificação da revolução, ele era o mais proeminente de todos: "Não era um incidente raro os trabalhadores escreverem uma carta para Stalin durante um encontro na Casa de Cultura Stalin da Fábrica Stalin, na praça Stalin, na cidade de Stalinsk."[39]

Stalinsk era uma das cinco cidades que receberam o nome do grande líder. Havia também Stalingrado, Stalinabad, Stalino e Stalinagorsk. Grandes parques, fábricas, ferrovias e canais foram nomeados em homenagem a ele. O canal Stalin, escavado por prisioneiros do mar Branco até Leningrado, no mar Báltico, durante o primeiro Plano Quinquenal, foi aberto em 1933. Os melhores aços foram batizados de stalinites. "O nome dele grita de cada coluna impressa, cada outdoor, cada rádio", reparou Eugene Lyons: "A imagem dele é onipresente, reconhecida nas flores de jardins públicos, nos postes elétricos, nos selos dos correios; está à venda em gesso e em bustos de bronze em quase todas as lojas, em xícaras de chá com cores cruas, litografias e cartões-postais."[40]

Os pôsteres de propaganda caíram de 240, em 1934, para setenta, em 1937, mas aumentaram quando o foco se tornou o líder em si. Quando cidadãos comuns passavam rapidamente, percebia-se que tudo sempre estava relacionado a ele: olhavam para Stalin, carregavam o retrato dele nos desfiles, estudavam seus textos, saudavam-no, cantavam canções sobre ele e o seguiam em um futuro utópico.[41]

Stalin, agora permeando tudo, adquiriu um sorriso afável. Em 1934, o Congresso dos Vencedores enfim anunciou que o socialismo havia sido alcançado, e o próprio líder proclamou um ano depois que "a vida se tornara mais alegre". Havia um Stalin sorridente rodeado de multidões que o adoravam e um Stalin sorridente com crianças felizes mostrando flores. Em uma imagem de 1936, que circulou aos milhões, ele estava na recepção do Kremlin recebendo flores de uma menininha com uniforme de marinheira chamada Gelia Markizova (cujo pai foi morto posteriormente como inimigo do povo). Stalin era o Avô Gelo, *Ded Moroz*, o Papai Noel russo, que sorria com benevolência enquanto as crianças celebravam o Ano-Novo. A impressão era a de que tudo fora um presente dele. Ônibus, tratores, escolas, alojamentos, fazendas coletivas, tudo era concedido por ele, o supremo distribuidor de bens. Até os adultos pareciam crianças; Stalin fora o pai delas, "o paizinho" ou *batiushka*, um termo afetuoso usado para se referir aos czares que expressavam preocupação com o bem-estar dos súditos. A Constituição, aprovada no auge dos julgamentos de fachada, em dezembro de 1936, era a Constituição de Stalin.[42]

Toda nova expressão era arquitetada pelos detentores de poder. Em 1935, após concluir um discurso com um agradecimento à União Soviética, o jovem escritor Aleksandr Adveenko foi abordado por Lev Mekhlis, secretário pessoal de Stalin, que sugeriu que ele deveria ter agradecido ao líder. Alguns meses depois, as palavras de Adveenko no Congresso Mundial dos Escritores em Paris foram transmitidas para a União Soviética, e cada frase terminava com um "Obrigado, Stalin!" e "Estou feliz; obrigado, Stalin!", como se fosse um ritual. A carreira dele prosperou, e, nas três ocasiões subsequentes, ele recebeu o Prêmio Stalin.[43]

Escritores menos contentes eram enviados ao *gulag*, o sistema prisional composto por campos de concentração. Em 1934, Osip Mandelstam, um dos grandes poetas russos, foi preso por recitar para amigos próximos um poema sarcástico que criticava o líder e, alguns anos depois, morreu em um campo de prisioneiros. Outros, de poetas e filósofos a dramaturgos, eram simplesmente fuzilados.

Como o culto deveria refletir a adoração popular, poemas e canções compostas pelas massas trabalhadoras eram amplamente propagados. De uma mulher soviética do Daguestão apareceram as linhas adulatórias: "Acima do vale, o pico da montanha; acima do pico, o céu. Mas, Stalin, os céus não se equiparam a você em altura, apenas seus pensamentos são mais elevados. As estrelas e a Lua enfraquecem diante do Sol, que, por sua vez, enfraquece diante da sua mente brilhante." Seidik

Kvarchia, um fazendeiro coletivizado, compôs uma *Canção de Stalin*: "O homem que lutou à frente de todos os lutadores, aquele que socorreu órfãos, viúvas e idosos/ diante do qual todos os inimigos tremem."[44]

Em 1939, apesar da impressão cuidadosamente cultivada de espontaneidade, um cânone rígido foi imposto. Os jornais oficiais, oradores e poetas cantavam o mesmo hino, louvando o "gênio inigualável", "o grande e adorado Stalin", "o líder e inspirador das classes trabalhadoras do mundo inteiro", "o grande e glorioso Stalin, liderança e teórico brilhante da revolução mundial". As pessoas sabiam quando aplaudir e quando invocar o nome dele em ocasiões e encontros públicos. A repetição era fundamental, não a inovação, o que significava que a bajulação excessiva poderia ser perigosa também. Stalin, reparou Nadezhda Mandelstam, esposa do poeta assassinado, não precisava de qualquer tipo de fanatismo; ele queria que as pessoas fossem instrumentos obedientes de sua vontade, sem convicções próprias. A máquina partidária, na maioria das vezes por meio do secretário pessoal do líder soviético, Alexander Poskrebyshev, prescrevia cada palavra e foto. No entanto, o próprio Stalin era um editor compulsivo, debruçando-se sobre os editoriais, editando discursos e revisando artigos. Em 1937, ele excluiu a expressão "o maior homem da nossa era" do relatório da agência Tass no desfile de 1º de Maio. Stalin era um jardineiro que constantemente aparava o culto a si mesmo, podando aqui e ali para permitir que florescesse na estação propícia.[45]

O stalinismo entrou no vocabulário quando Stalin julgou ser o momento oportuno. Lazar Kaganovich, o primeiro verdadeiro stalinista, supostamente propôs: "Vamos substituir 'Vida longa a Lenin' por 'Vida longa a Stalin'!", em um jantar com o mestre no início da década de 1930. Modestamente, ele rejeitou o termo, que passou a ocorrer com mais frequência desde o exato momento em que a Constituição foi aprovada, em 5 de dezembro de 1936: "Nossa Constituição é marxista-leninista-stalinista." Algumas semanas depois, na véspera de Ano-Novo, Sergo Ordzhonikidze usou a expressão sob aplausos efusivos em um discurso intitulado "Nosso país é invencível", narrando como Stalin motivou um exército de 170 milhões de pessoas armadas com o "marxismo-leninismo-stalinismo".[46]

As conferências de Stalin de 1924, publicadas como *Fundamentos do leninismo*, venderam rapidamente após 1929 e, em 1934, mais de 16 milhões de exemplares dos diversos trabalhos do líder estavam em circulação. Mas o leninismo não era o stalinismo. Era necessário um texto semelhante a *Minha luta*. Isso era o mais urgente, uma vez que não existia uma biografia oficial de Stalin. Potenciais hagiógrafos achavam a tarefa hercúlea, pois o passado estava em constante mudança. Uma coisa era pintar um comissário morto a partir de uma fotografia; outra, muito diferente, era constantemente corrigir uma biografia. Até o livro de Henri Barbusse perdeu popularidade logo após a publicação, em 1935, uma vez que mencionava líderes que foram presos.[47]

O livro *História do Partido Comunista (Bolchevique) da URSS* foi a resposta. A obra apresentava uma linha direta de sucessão de Marx e Engels a Lenin e Stalin. Cada episódio da história do partido era descrito ao leitor por meio de uma narrativa clara em que a linha correta do partido, representada por Lenin e seu apoiador Stalin, sofreu a oposição de um grupo tortuoso antipartidário que foi eliminado de forma bem-sucedida ao longo do caminho até o socialismo. O livro foi comissionado em 1935 por Stalin, que exigiu algumas revisões e editou o texto em cinco ocasiões antes de autorizar a publicação, sob grande alarde, em setembro de 1938. O volume passou a ser um cânone que endeusava Stalin como uma fonte viva de sabedoria e vendeu mais de 42 milhões de exemplares apenas na Rússia, além de ser traduzido para 67 idiomas.[48]

Em 21 de dezembro de 1939, Stalin completou 60 anos. Seis meses antes, os líderes em Berlim fizeram fila na Chancelaria para cumprimentar Hitler. Em Moscou, as felicitações foram um exercício público de auto-humilhação, uma vez que os líderes dos partidos publicaram longos contos de glória em uma edição de doze páginas no *Pravda*. "O maior homem do nosso tempo", entusiasmou-se Lavrenti Beria, novo chefe da NKVD. "Stalin, o grande condutor da locomotiva da história", declarou Lazar Kaganovich. "Stalin é o Lenin de hoje", proclamou Anastas Mikoyan, membro do Politburo. "Stalin", escreveu o presidente do Soviete Supremo da União Soviética, "o homem mais adorado e querido de nosso país e de todos os trabalhadores do mundo inteiro". Sob o "Grande seguidor da missão de Lenin — camarada Stalin", eles concederam ao então líder soviético a ordem de Herói do Trabalho Socialista.[49]

Stalin exigia a subordinação de seu séquito, o entusiasmo ilimitado das massas, que enviavam presentes de todos os cantos da União Soviética. Tratava-se da oportunidade havia muito esperada de recompensar o cuidador e provedor máximo com algo que simbolizasse a gratidão eterna. Havia desenhos de crianças, fotografias de fábricas, quadros e bustos feitos por amadores, telegramas de admiradores, uma enxurrada de ofertas que exigiam um mês de agradecimentos nas páginas do *Pravda*. Itens selecionados eram exibidos no Museu da Revolução como prova da devoção do povo.[50]

Entre os muitos simpatizantes estrangeiros estava Adolf Hitler. "Por gentileza, aceite minhas felicitações mais sinceras em seu sexagésimo aniversário. Aproveito esta ocasião para cumprimentá-lo. Desejo-lhe saúde e um futuro próspero ao povo da amigável União Soviética."[51]

Durante quase uma década, Stalin e Hitler se observaram com um misto de cautela crescente e admiração relutante. "Hitler, que grande camarada!", exclamou Stalin após a Noite das Facas Longas. O alemão, por sua vez, ficou profundamente impressionado com o Grande Expurgo. No entanto, o líder soviético lera *Minha luta* com atenção, inclusive as passagens em que o autor prometia apagar a Rússia do mapa. "Nunca se esqueça", escreveu o Führer, "de que os governantes da Rússia de hoje são criminosos comuns com marcas de sangue. Estamos lidando com a escória da humanidade".[52]

Após o Acordo de Munique, firmado em setembro de 1938, Stalin interrompeu o Grande Expurgo. Seu principal executor, Nikolai Yezhov, foi eliminado em novembro e substituído por Beria. A essa altura, Stalin estava rodeado de bajuladores. Qualquer possível oponente da liderança era expurgado. Como a falta de empenho no apoio à linha do partido poderia ser considerada deslealdade, o serviço secreto se voltava até contra quem permanecia em silêncio. O líder não tinha amigos, apenas subalternos; não tinha aliados, somente bajuladores. Como resultado, ele tomava todas as decisões supremas.

Em 23 de agosto de 1939, Stalin chocou o mundo ao assinar o pacto de não agressão com Hitler, no que parecia ser um passo arriscado em um jogo de poder sem princípios. Ao livrar a Alemanha da necessidade de travar guerra em duas linhas de frente, a União Soviética pôde relaxar e assistir aos países capitalistas brigarem entre si até a exaustão. Em semanas, ficou evidente que havia cláusulas secretas no pacto, uma vez que a União Soviética invadiu metade da Polônia.

Hitler também deu liberdade de ação a Stalin na Finlândia, e, em novembro de 1939, a União Soviética atacou seu vizinho minúsculo. O que deveria ser uma vitória fácil se transformou em um impasse sangrento, com mais de 120 mil soviéticos mortos. O Grande Expurgo claramente enfraquecera o Exército Vermelho, pois 30 mil oficiais foram eliminados. Três dos cinco marechais do Exército foram executados. Um tratado de paz foi assinado em março de 1940, mas a experiência deixou o Kremlin em choque. A Finlândia expôs a fraqueza militar da União Soviética.[53]

A reputação cuidadosamente construída de uma nação de paz e amor também ficou abalada. A Liga das Nações expulsou a União Soviética. No exterior, alguns que se identificavam com os ideais do socialismo passaram a ver Josef Stalin como o equivalente de Adolf Hitler.

O líder soviético cometeu um grande erro de cálculo. Para preparar uma linha defensiva contra a Alemanha, ele invadiu os países bálticos da Estônia, da Letônia e da Lituânia e os transformou em seus protetorados. Esse plano também foi equivocado, com base na crença que tinha de que Hitler ia afundar na França. No entanto, as tropas alemãs alcançaram Paris em menos de cinco semanas. Parecia que o Führer seria capaz de assegurar um dos flancos da Alemanha bem mais cedo do que o esperado e voltar seus tanques contra a União Soviética. Em maio de 1941, uma crescente onda de evidências vindas do serviço de inteligência apontou para um acúmulo maciço de militares alemães ao longo da fronteira. Stalin, contando com sua experiência e intuição, desprezou a informação e a considerou mera provocação. Nas palavras do historiador Robert Service, o líder, em sua suprema confiança, inconscientemente preparou "as condições para o grande desastre militar do século XX".[54]

Stalin estava na cama em sua *dacha* [casa de verão], a cerca de duzentos quilômetros de Moscou, quando mais de 3 milhões de soldados alemães pululavam pela fronteira. O chefe do Estado-Maior, Georgy Zhukov, que reiteradamente alertara Stalin sobre uma invasão iminente, telefonou para seu mestre, que voltou correndo para o Kremlin. O líder ainda acreditava ser uma conspiração, até que horas depois o embaixador alemão esclareceu a situação: a Alemanha estava em guerra com a União Soviética. Stalin ficou atormentado, mas logo se recuperou, estabelecendo um Comando Supremo repleto de comissários políticos. Ele então abandonou o Kremlin e retornou para sua *dacha*, onde se refugiou por alguns dias.

Os tanques alemães se movimentaram pelas vastas planícies do oeste da Rússia, com formações separadas atropelando o caminho até Leningrado, no norte, e Kiev, no sul. Ao longo do percurso, muitos soviéticos recepcionaram as tropas alemãs como libertadoras, em especial na Ucrânia, onde houvera milhões de famintos na época da grande fome. Mas Hitler via todos como degenerados raciais, que deveriam ser escravizados.

Em 3 de julho de 1941, Stalin falou na rádio, preparando os soviéticos para a guerra e apelando para o patriotismo em vez do comunismo. Multidões se reuniram para ouvir a transmissão nas praças das cidades, "prendendo a respiração em um silêncio tão profundo que todos ouviam cada modulação da voz de Stalin", segundo um observador estrangeiro. Alguns minutos após o pronunciamento, o silêncio continuou. Da noite para o dia, em casa e no exterior, o líder passou a ser o defensor da liberdade. Alexander Werth, um jornalista baseado em Moscou, descreveu que "o povo soviético sentia que tinha um líder a ser admirado".[55]

Stalin, de volta ao controle, ordenou que cada cidade fosse defendida até o fim, o que ia muito de encontro ao conselho de seus generais. Em vez de ordenar uma retirada estratégica de Kiev, ele permitiu que a capital da Ucrânia fosse cercada e uma tropa de meio milhão de soldados caísse em uma emboscada. Mas a chegada do inverno um mês depois, combinada à forte resistência das tropas russas, interrompeu o avanço alemão sobre Moscou. Em dezembro de 1941, os Estados Unidos entraram na guerra, equilibrando a balança a favor da União Soviética. Até então, mais de 2 milhões de soldados do Exército Vermelho haviam sido mortos e 3,5 milhões, presos.

Stalin não sumiu de cena por completo depois do pronunciamento na rádio, mas aparecia apenas rapidamente nos primeiros anos da guerra. Ele não escrevia para os jornais e era raro falar em público, perdendo a oportunidade de inspirar e motivar o povo. O *Pravda* publicava fotos ocasionalmente, mostrando-o como um comandante de exército com uma boina militar e uma única estrela vermelha, o uniforme decorado com dragonas imponentes. Mas ele parecia mais um símbolo extraído do esforço de guerra do que um comandante supremo que liderava as pessoas na Grande Guerra Patriótica. Nenhuma informação sobre suas atividades ou as de sua família era divulgada. Sua reclusão tinha a vantagem, segundo um jornalista estrangeiro, de não gerar conflito entre a imagem e a realidade, uma vez que o público sabia muito pouco sobre o líder.[56]

Só depois de a Batalha de Stalingrado mudar o rumo da guerra, em fevereiro de 1943, pondo fim à ameaça aos campos de petróleo na região do Cáucaso, Stalin retornou ao palco principal. Ele promoveu muitos de seus oficiais e concedeu a si próprio o título de marechal da União Soviética. Os jornais foram apimentados com novas expressões, de "estratégia stalinista" e "escola militar do pensamento stalinista" a "genialidade militar de Stalin". As proclamações dele após cada vitória eram solenemente lidas na rádio e marcadas por uma salva de tiros, sendo 1944 celebrado como o ano dos Dez Golpes de Stalin.[57]

O líder também se apresentava como um ator-chave no palco mundial, um grande estadista com bigode e cabelo grisalhos. Ele foi visto na companhia de dignitários estrangeiros em uma sala revestida de madeira no Kremlin, em pé, ao fundo, enquanto seus subordinados assinavam tratados. Ele apareceu próximo do primeiro-ministro da Grã-Bretanha Winston Churchill e do presidente dos Estados Unidos Franklin D. Roosevelt em reuniões de cúpula em Teerã, Yalta e Potsdam, planejando o mundo pós-guerra. Stalin voltou a sorrir e sentava-se majestosamente com seu sobretudo de marechal — um dos maiores estadistas do mundo.[58]

Uma das grandes figuras mundiais que passaram pelo gabinete de Stalin disse coisas boas sobre ele. "Quanto mais o vejo, mais gosto dele", pronunciou Churchill, sem saber quanto Stalin o menosprezava e depreciava. Os norte-americanos concordavam. Ingênuo, Roosevelt percebia algo além de uma natureza revolucionária no russo — a saber, um "cavalheiro cristão". Truman, que assumiu a Presidência depois do falecimento de Roosevelt, confidenciou em seu diário: "Posso lidar com Stalin. Ele é honesto — mas esperto como o capeta." Seu secretário de Estado, James Byrnes, sustentou que "a verdade é que ele é uma pessoa muito agradável". Stalin cativou os jornalistas estrangeiros, que se referiam a ele como *Uncle Joe* (tio Joe).[59]

Até alguns membros do povo gostavam de Stalin. O terror e a propaganda avançaram lado a lado ao longo da década de 1930, com milhões de famintos, presos ou executados. Apenas um admirador estrangeiro mais apressado poderia acreditar que as próprias vítimas adoravam de fato o criminoso que causara tanta desgraça. Quando Nadezhda Mandelstam foi forçada a procurar trabalho em uma fábrica de tecidos em Strunino, uma cidade pequena nos arredores de Moscou, ela descobriu que, durante o Grande Expurgo, a comunidade local estava tão amargurada que se referia rotineiramente a Stalin como "o camarada com marcas de varíola". Mas quase todos estavam traumatizados com a guerra travada com uma selvageria sem precedentes, em que os invasores iam muito além do campo de batalha para torturar, assassinar e escravizar, determinados a exterminar quem considerassem racialmente inferiores.[60]

Cidades inteiras passaram fome por causa da submissão e milhões de pessoas morreram no cerco de 28 meses a Leningrado. Mais de 7 milhões de civis foram mortos em áreas ocupadas, sem contar mais 4 milhões que morreram de fome ou de doenças. Cerca de 25 milhões de pessoas ficaram desabrigadas, sendo que 70 mil aldeias foram apagadas do mapa. Compreensivelmente, talvez, alguns admirassem Stalin porque precisavam acreditar em alguém. A máquina de propaganda pintava Stalin e a pátria como uma coisa só. Ele era o líder de uma guerra justa, o comandante supremo de um Exército Vermelho que não só podia libertar a pátria, como também exigir uma revanche.[61]

No entanto, mesmo que a guerra tivesse feito maravilhas para melhorar a reputação dele, grande parte da população parecia indiferente. A propaganda projetava incansavelmente a imagem de um líder poderoso e sábio que fazia comício para as massas contra o inimigo comum, mas quando um jornalista britânico passou uma semana viajando de trem de Murmansk a Moscou, conversando com dezenas de soldados, ferroviários e civis de todas as classes sociais, o nome de Stalin não foi mencionado uma vez sequer.[62]

A desconfiança quanto ao Estado unipartidário afetou bastante o campo, onde os jovens eram recrutados para o Exército. Muitos recrutas novos eram aldeões religiosos que encerravam as cartas enviadas para casa com a expressão "Viva Jesus Cristo". Em 1939, alguns deles desfiguraram os bustos de Lenin e Stalin, levando os instrutores políticos ao desespero absoluto. Eram os propagandistas no Exército que mais tinham apreço por Stalin. Mas essa atitude mudou após a imposição de uma disciplina implacável em 1941. Em julho de 1942, o líder impôs a ordem nº 227, "Nenhum passo para trás", tratando desobediência ou recuo como traição. Unidades especiais foram posicionadas atrás da linha de frente para atirar nos retardatários, deixando as tropas sem dúvida alguma de quem deveriam temer mais — Stalin ou Hitler. De forma mais geral, o regime não mostrou muito apreço pela vida de seus soldados. Os feridos ou mutilados em batalha receberam um tratamento cruel, sendo muitos deles capturados e deportados para o *gulag*.[63]

O Exército Vermelho foi destruído e reconstruído pelo menos duas vezes, mas Stalin podia se permitir perder mais tanques e pessoas do que Hitler. A caminho de Berlim, a capital da Alemanha, as tropas se envolveram em amplos saques, pilhagens e estupros, quase sempre com o aval dos comandantes, inclusive de Stalin.[64]

O líder conduziu a guerra como administrava qualquer outra coisa — sozinho. Nas palavras de Isaac Deutscher, um de seus primeiros biógrafos: "Ele era, de fato, o próprio comandante em chefe, o próprio ministro da Defesa, o próprio intendente, o próprio ministro de Logística, o próprio ministro das Relações Exteriores e até o próprio chefe de protocolo." Quando a bandeira vermelha subiu em Berlim, ele foi o grande vencedor. No entanto, mais paranoico do que nunca, não confiava no Exército. O verdadeiro herói foi o chefe do Estado-Maior e vice-chefe do Comando Supremo do Exército

Vermelho, Georgy Zhukov, que liderou a marcha para oeste em direção ao *bunker* de Hitler. Em Moscou, a população o chamava de "nosso São Jorge", por causa do santo patrono da capital. Zhukov comandou o desfile da vitória na praça Vermelha em 24 de junho de 1945, embora compreendesse seu mestre bem o bastante ao se referir a ele como "o capitão da genialidade" em seu tributo. A linha do partido incansavelmente glorificou "nosso grande gênio e líder das tropas, camarada Stalin, a quem devemos nossa vitória histórica". No mesmo mês, Stalin concedeu a si mesmo a maior honraria — o título de generalíssimo.[65]

Um ano mais tarde, após os colegas terem sido torturados até fornecer evidências incriminatórias, Zhukov foi exilado nas províncias da União Soviética. Seu nome não podia mais ser mencionado. As celebrações do Dia da Vitória foram suspensas após 1946 e as biografias de soldados, oficiais e generais foram proibidas. No registro oficial da guerra, todos recuaram e ficaram ao fundo, permitindo que Stalin brilhasse sozinho. Em 1947, uma biografia curta deste, elaborada para leitores comuns, foi publicada, gerando grande alarde. Impressionantemente parecida com a hagiografia de Henri Barbusse, lançada em 1935, a biografia vendeu mais de 18 milhões de exemplares até 1953. O capítulo sobre a Grande Guerra Patriótica não mencionava nenhum dos generais de Stalin, muito menos Zhukov, e retratava o líder como o arquiteto da vitória.[66]

Durante a guerra, Stalin alimentou os rumores de que mais liberdade estava por vir, mas eles foram sepultados assim que a batalha acabou. Milhões de russos que haviam sido presos pelos alemães foram considerados maculados e potencialmente traiçoeiros. Tratados como traidores, muitos foram enviados para os campos; outros, assassinados. Stalin também tinha medo de que as ideias estrangeiras contaminassem o restante da população.

Em 1947, quando as tensões entre os três aliados culminaram na Guerra Fria, os parafusos foram ainda mais apertados. Andrei Zhdanov, em uma campanha roteirizada de perto por Stalin, impôs uma ortodoxia ideológica. Tudo que fosse de fora era atacado, tudo que fosse local era exaltado, desde a literatura, a linguística e a biologia à medicina. O líder intervinha pessoalmente em debates científicos, posando como um árbitro que agia em prol dos interesses do marxismo. Em um ensaio de 10 mil palavras no *Pravda*, o soviético deu a entender que o russo era a língua do futuro, menosprezando um linguista de renome ao se referir ao estudioso como antimarxista. Em 1948, Stalin reprovou estudos de genética, considerada uma ciência estrangeira e burguesa, fazendo com que a pesquisa em biologia fosse interrompida. Por mais de uma década, ele havia governado diante de um grupo amedrontado e servical. Mas então passou a subjugar campos inteiros da ciência, promovendo os bajuladores que adulavam sua genialidade e enviando os professores dissidentes para o *gulag*. Apenas um ramo da ciência estava isento: a pesquisa voltada para bombas atômicas, que recebeu recursos ilimitados.[67]

O culto a Stalin começou a assumir proporções industriais. Ele não só libertara a União Soviética, como também ocupava metade da Europa. Da Polônia, no norte, à Bulgária, no sul, o Exército Vermelho tomou territórios gigantescos que foram progressivamente convertidos em países-satélites. Os futuros líderes, conhecidos como "discípulos de Stalin", voavam de Moscou para supervisionar a colonização dos respectivos países — Walter Ulbricht, na Alemanha Oriental; Bolesław Bierut, na Polônia; Mátyás Rákosi, na Hungria. No início, o progresso foi lento, já que o líder havia ordenado que eles avançassem com cautela; no entanto, em 1947, os serviços secretos encarceravam inimigos verdadeiros e imaginários ou os enviava para os campos. Os comunistas também começaram a nacionalizar as escolas, desmantelar organizações independentes e minar a Igreja. A demanda de pôsteres, retratos, bustos e estátuas de Stalin cresceu absurdamente, já que os novos súditos eram solicitados a cultuar o mestre distante no Kremlin, celebrado em Varsóvia como "o amigo poderoso da Polônia"; em Berlim Oriental, como "o melhor amigo do povo alemão".[68]

Também na União Soviética estátuas e monumentos erguidos para glorificar Stalin se multiplicaram, embora ele, cada vez mais frágil e exausto, tivesse se retirado da vida pública. O auge do culto à imagem do líder ocorreu quando ele completou 70 anos, em 1949. Na comemoração do aniversário no Teatro Bolshoi, em Moscou, refletores focaram uma representação gigante de Stalin com o uniforme militar completo, suspensa por balões no alto da praça Vermelha. Milhões de pequenas bandeiras vermelhas foram agitadas em Moscou no dia seguinte, com faixas proclamando a mesma mensagem: "Glória ao grande Stalin." As autoridades distribuíram cerca de 2 milhões de pôsteres, além de milhares de retratos, muitos dos quais iluminados à noite. Bustos monumentais, anunciava com orgulho o *Pravda*, haviam então sido colocados em 38 montanhas da Ásia Central. O primeiro apareceu em 1937, quando alpinistas carregaram a estátua até o cume mais alto da União Soviética, chamado de pico de Stalin.[69]

Presentes eram enviados a Moscou em trens especiais decorados com bandeiras vermelhas. No entanto, diferentemente das ocasiões anteriores, o aniversário de Stalin tornou-se um evento mundial. Os socialistas competiam nas demonstrações de amor pelo líder no Kremlin, o chefe do movimento comunista internacional. Mais de 1 milhão de cartas e telegramas chegavam de todos os cantos do mundo. O coro de saudações só diminuiu no verão de 1951, quando o *Pravda* publicava algumas centenas deles diariamente. Na Tchecoslováquia, cerca de 9 milhões de pessoas assinaram seus nomes, coletados em 356 volumes, em uma mensagem de parabéns. A Coreia do Norte superou a Tchecoslováquia com facilidade, enviando precisamente 16.767.680 de assinaturas, que preenchiam quatrocentos tomos pesados.[70]

Os presentes chegavam aos montes, com os trabalhadores do Leste Europeu enviando um avião, alguns carros, uma locomotiva e uma motocicleta. Da China veio a estátua magnífica de Hua Mulan, uma guerreira lendária do século VI, e também um retrato de Stalin gravado em um grão de arroz. Muitos dos presentes, meticulosamente inventariados, foram exibidos no Museu Pushkin de Belas-Artes, incluindo cerca de 250 estátuas e quinhentos bustos. Havia muitas peças espetaculares, mas nenhuma tão impressionante quanto o tapete de setenta metros quadrados que mostrava o líder em seu gabinete.[71]

Stalin apareceu em seu aniversário ao lado dos líderes do Leste Europeu e de Mao Tsé-tung, que em outubro havia triunfantemente proclamado a República Popular da China (RPC). Alguns meses antes, a primeira bomba atômica soviética tinha sido testada com sucesso, fazendo de Stalin o líder de uma superpotência mundial. Foi um espetáculo de força, e o lado socialista se refugiou atrás de uma cortina de ferro, marcando o ponto de inflexão da Guerra Fria.

Stalin continuou o expurgo até o fim. É difícil medir a paranoia, mas a idade parecia deixá-lo ainda menos piedoso. A família não era exceção, já que ele queria pairar sobre todos como uma divindade distante, misteriosa e descolada da própria história pessoal, muito bem conhecida pelos parentes.

Em 1948, sua cunhada Anna Alliluyeva foi exilada por dez anos após publicar uma biografia que fornecia aspectos aparentemente inofensivos da juventude do líder. Com exceção dos filhos, nenhum parente estava a salvo. Seu séquito estava aterrorizado, reduzido a adular a sabedoria do mestre e a competir para lhe fazer favores, ainda que ele os provocasse e humilhasse, brincando com o medo deles e colocando-os uns contra os outros. De forma constante e inexorável, novos expurgos aconteciam, uma vez que a população no *gulag* mais que dobrou, chegando a 2,5 milhões entre 1944 e 1950. Entre os expurgos, Stalin aprovou monumentos ainda mais extravagantes para se glorificar. Em 2 de julho de 1951, mandou instalar uma estátua de si mesmo no canal Volga-Don usando 33 toneladas de bronze. O endeusamento próprio começou quando ele sentiu o início do fim.[72]

Em 1º de março de 1953, Stalin foi encontrado deitado no chão, molhado com a própria urina. Um vaso sanguíneo havia se rompido no cérebro, mas ninguém se atreveu a perturbá-lo no quarto. O auxílio médico também foi postergado, uma vez que o séquito do mestre estava petrificado com a possibilidade de fazer uma ligação errada. Stalin morreu três dias depois. Seu corpo foi embalsamado e exibido, mas multidões de enlutados determinados a ver o líder pela última vez saíram do controle. Centenas de pessoas foram pisoteadas até a morte no pânico que se instalou. Após um funeral de Estado sofisticado, em 9 de março, o corpo de Stalin foi colocado ao lado do de Lenin. Sinos tocaram nas torres e uma salva de tiros foi disparada. Todos os trens, ônibus, bondes, caminhões e carros do país pararam. A praça Vermelha foi tomada por um silêncio abismal. "Um pardal solitário desceu até o mausoléu", observou um correspondente estrangeiro. Fez-se um pronunciamento oficial, e então uma bandeira foi hasteada lentamente até o topo do mastro. Os discursos fúnebres vieram dos beneficiários do regime, nenhum deles mais eloquente do que os escritos por Boris Polevoi e Nikolai Tikhonov, ganhadores do Prêmio Stalin. Milhões sofriam. Um mês após o funeral, o nome do líder desapareceu dos jornais.[73]

4
Mao Tsé-tung

Quando apareceu no Teatro Bolshoi a fim de se exibir para as câmeras no baile de seu septuagésimo aniversário, Stalin ficou de pé entre Mao Tsé-tung e Nikita Kruschev. Mao parecia sério, intimidado por seu colega do Kremlin, mas ressentido com a forma como estava sendo tratado. Ele esperava ser recepcionado como o líder de uma grande revolução que havia atraído um quarto da população mundial para a órbita comunista, mas foi recebido na estação Yaroslavsky por dois subalternos de Stalin que nem sequer o acompanharam até a residência onde ficaria. O líder soviético concedeu a Mao uma breve audiência, elogiando-o pelo sucesso na Ásia; no entanto, por alguns meses, uma cortina de silêncio encobriu a União Soviética em relação ao Partido Comunista da China.

Após as celebrações, Mao foi levado rapidamente para uma *dacha* nos arredores da capital e ficou semanas esperando uma reunião formal. Os encontros eram cancelados, as ligações telefônicas nunca eram retornadas. O líder chinês perdeu a paciência e reclamou, enfurecido, que não estava em Moscou só para "comer e cagar". Com o passar dos dias, ele teve que aprender a se colocar em seu humilde lugar em uma irmandade comunista que girava inteiramente ao redor de Stalin.[1]

Ao longo dos 28 anos anteriores, o Partido Comunista da China dependera do apoio financeiro vindo de Moscou. Mao, um jovem de 27 anos alto, magro e bonito, recebeu seu primeiro pagamento em dinheiro — 200 iuanes —, concedido por um agente da Comintern, em 1921, a fim de cobrir o custo da viagem para a reunião da fundação do partido em Xangai. No entanto, o dinheiro veio com contrapartidas. Lenin percebeu que os princípios do bolchevismo tinham pouco apelo popular além da Europa e exigiu que os partidos comunistas se juntassem a seus congêneres nacionalistas em uma frente unida para derrubar as potências estrangeiras. Ele tinha um motivo. Após alguns anos, o partido foi reduzido a algumas poucas centenas de membros em um país com mais de 480 milhões de habitantes.

Em 1924, o Partido Comunista da China se juntou ao Partido Nacionalista, que também recebeu ajuda militar de Moscou. Foi uma aliança perturbadora, mas, dois anos depois, os nacionalistas, sob o comando de Chiang Kai-shek, lançaram uma campanha militar da base no sul do país, na tentativa de tomar o poder dos chefes locais e unificar o país. Na província de origem de Mao, Hunan, os nacionalistas seguiram instruções de conselheiros russos e fundaram associações de camponeses, na esperança de fomentar uma revolução. A ordem social desandou no campo, e os aldeões pobres aproveitaram a oportunidade para virar o mundo de cabeça para baixo. Eles se tornaram os mestres, atacando os ricos e poderosos e criando um reino de terror. Algumas vítimas foram esfaqueadas; outras, até decapitadas. Os pastores locais foram obrigados a desfilar pelas ruas como "cachorros do imperialismo", com as mãos amarradas para trás e uma corda em volta do pescoço. As igrejas foram saqueadas.[2]

Foi uma revelação para Mao, que era fascinado pela violência. "Eles colocam os ricos no chão", escreveu, admirado, em um relatório sobre o movimento dos camponeses. Mao fez uma previsão ousada ao dizer que "centenas de milhões de camponeses surgirão como uma grande tempestade (...). Eles desatarão todas as amarras e correrão rumo à estrada da libertação. Varrerão todos os imperialistas, senhores da guerra, oficiais corruptos, tiranos locais e ricos perversos direto para o túmulo".[3]

Durante anos, Mao tentou achar seu caminho. Quando jovem, lia vorazmente, vendo-se como um intelectual que escrevia ensaios nacionalistas. Trabalhou como bibliotecário, professor, editor e ativista trabalhista. No campo, enfim encontrou seu chamado: embora fosse uma figura de menor envergadura no partido, ele seria o líder dos camponeses rumo à libertação.

A violência no campo repeliu os nacionalistas, que, por sua vez, se afastaram do modelo soviético. Um ano depois, após a entrada das tropas em Xangai, em abril de 1927, Chiang Kai-shek deu início a um expurgo sangrento em que centenas de comunistas foram executados. O Partido Comunista passou para a clandestinidade. Mao liderou um exército heterogêneo com 1.300 homens em uma região montanhosa, em busca de camponeses que o levassem ao poder.

Mao virou a ideologia de ponta-cabeça, abandonando os operários urbanos para apoiar os camponeses menosprezados pelo marxismo ortodoxo. Relegados a regiões montanhosas remotas, ele e seus apoiadores passaram anos aprendendo a mobilizar o poder cru dos camponeses pobres para derrubar os postos do governo, saquear os recursos locais e cada vez mais controlar grandes extensões de terra. Eles se tornaram especialistas em operações de guerrilha, usando emboscadas e incursões para perseguir as tropas nacionalistas, seus arqui-inimigos, que tinham menos mobilidade.

Sempre houve embates ideológicos com o Comitê Central, que permaneceu clandestino em Xangai, próximo aos operários de fábrica. Alguns não aprovaram a tática heterodoxa de Mao. Zhou Enlai, um jovem polido e educado, responsável pelos assuntos militares do partido, descreveu as tropas de Mao como "apenas bandidos que perambulam por aí". No entanto, em 1930, o líder começou a atrair a atenção de Stalin. Mao sabia como lidar com "a escória do *kulak*" no campo e como lutar contra seus concorrentes. Ele tinha um único pensamento na busca pelo poder, tomado por uma ambição cruel que era bem servida por uma personalidade manipuladora e ótimas habilidades políticas. Também era implacável. Em um incidente na cidade de Futian, centenas de oficiais de um batalhão que haviam se amotinado contra a liderança de Mao foram confinados em jaulas de bambu, despidos e torturados, muitos deles eliminados com baionetas.[4]

Em 7 de novembro de 1931, aniversário da Revolução de Outubro, Mao proclamou uma república soviética em uma região montanhosa da província de Jiangxi, financiada por Moscou. Era um Estado dentro de um Estado, que emitia a própria moeda, papel-moeda e selos. Mao era o governante de cerca de 3 milhões de súditos. Mas logo membros do Comitê Central vindos de Xangai se juntaram e foram fundamentais para a guerra de guerrilha. Eles tiraram Mao de sua posição e deram o comando da frente de batalha a Zhou Enlai. O resultado foi um desastre, pois Chiang Kai-shek arrasou com o Exército Vermelho, forçando os comunistas a fugirem em outubro de 1934. O que posteriormente ficou conhecido como a Longa Marcha foi uma árdua jornada de 9 mil quilômetros através dos terrenos mais hostis do país.

Mao usou a Longa Marcha para recuperar o poder. A caminho de Yan'an, uma área montanhosa isolada e remota em um planalto de loess na província de Xianxim, ele explorou a derrota da Jiangxi soviética para isolar seus rivais, depondo Zhou Enlai e retomando o controle do Exército Vermelho.

As tropas chegaram em outubro de 1935, reduzidas de 86 mil soldados a meros 8 mil. Mas eles eram seguidores leais e dedicados. Sempre demagogo, Mao transformou a Longa Marcha em um manifesto: "A Longa Marcha anunciou para cerca de 200 milhões de pessoas em onze províncias que a estrada do Exército Vermelho é o único caminho até a libertação", escreveu ele.[5]

Nem tudo foi bravata. Mao contava com uma guerra mundial, na esperança de que desse início a uma revolução global. E ele sabia que tinha a atenção de Stalin. Meses antes, Moscou mudara a política estrangeira, cada vez mais apreensiva com a possibilidade de um ataque da Alemanha ou do Japão. Em 1931, o Japão invadiu a Manchúria, uma vasta região rica em recursos naturais que se estendia da Grande Muralha, no norte de Pequim, até a Sibéria. Houve disputas intermináveis na fronteira da União Soviética, incluindo invasões aéreas. Em julho de 1935, a Comintern se referiu abertamente a Tóquio como um "inimigo fascista".[6]

Stalin, assim como seu mestre Lenin fizera uma década antes, encorajava os comunistas do exterior a buscar uma frente unida com os que estavam no poder em vez de tentar depô-los. Entretanto, essa estratégia demandava maior autoridade por parte dos líderes comunistas. Teve início, então, uma grande campanha de exaltação a Mao. A Comintern o aclamou como um dos "porta-bandeiras" do movimento comunista mundial. Mais tarde naquele ano, o *Pravda* publicou um longo tributo intitulado "Mao Tsé-tung: líder dos operários chineses", seguido do panfleto "Líderes e heróis do povo chinês". Mao era o *vozhd*, o grande líder, um título reservado apenas para Lenin e Stalin.[7]

Mao pegou a deixa. Alguns meses depois, após uma análise cuidadosa, ele convidou Edgar Snow, um jovem repórter idealista do Missouri, nos Estados Unidos, para ir até Yan'an. Todos os detalhes sobre o tratamento que o jornalista deveria receber foram prescritos: "segurança, sigilo, cordialidade, tapete vermelho." Snow passou meses na base comunista, enquanto Mao oferecia uma versão mítica da própria vida, falando sobre a infância, a adolescência e a carreira como revolucionário. Ele verificava e corrigia cada detalhe do que Snow escrevia.[8]

Red Star over China [Estrela vermelha sobre a China], publicado em inglês em 1937, foi um sucesso instantâneo. A obra apresentou para o restante do mundo um líder misterioso do Partido Comunista, descrevendo-o como "exímio intelectual chinês clássico, leitor voraz, grande estudioso de filosofia e história, bom orador, homem com uma memória incomum e um poder extraordinário de concentração, escritor hábil, descuidado em seus hábitos pessoais e com a aparência, mas impressionantemente meticuloso com relação aos detalhes de seus deveres, homem de energia incansável, além de estrategista militar e político de genialidade considerável".[9]

Mao era um interiorano pobre que subira na vida com muita força de vontade e orgulho, determinado a lutar pelos seus compatriotas humilhados. Era um homem de hábitos simples, que morava em uma caverna de loess e plantava o próprio tabaco. Era pé no chão, um rebelde com um senso de humor rústico e vívido. Trabalhava incansavelmente. Era um poeta. Um filósofo. Um grande estrategista. Mas, acima de tudo, era um homem do destino, que recebeu um chamado de forças históricas profundas para regenerar seu país. "Ele pode muito bem", observou Edgar Snow, "tornar-se um grande homem".[10]

O livro foi uma sensação, vendendo mais de 12 mil exemplares nos Estados Unidos no primeiro mês de publicação.

Foi imediatamente traduzido para o chinês, tornando Mao um nome familiar. A fotografia da capa, que mostrava Mao usando um boné militar com uma estrela vermelha, tornou-se icônica.[11]

Stalin pedira uma aliança entre os comunistas e os nacionalistas. Mao sabia muito bem que Chiang Kai-shek não tinha intenção de colaborar com ele e logo expressou a vontade de formar "uma frente ampla, unida, nacional e revolucionária" contra o Japão. Ele também pediu a Stalin mais 2 milhões de rublos, a título de ajuda militar.[12]

A oferta de Mao o fez parecer um líder mais preocupado com o destino da nação, conforme a ameaça de guerra com o Japão aproximava-se cada vez mais. Em 12 de dezembro de 1936, Chiang foi sequestrado por membros da própria aliança e forçado a cessar todas as hostilidades contra os comunistas. A trégua foi uma bênção, dando a Mao o tempo de somar forças em uma nova frente unida.

A sorte aumentou ainda mais em julho de 1937, quando o Japão cruzou a fronteira da Manchúria, conquistando Pequim em semanas. Nos anos seguintes, o Exército japonês faria o que os comunistas jamais foram capazes de fazer, ou seja, atacar, destruir ou deslocar as tropas nacionalistas de todas as cidades principais ao longo da costa. Foi uma batalha horripilante atrás da outra, com a melhor das divisões de Chiang em Xangai sustentando três meses de ataque de tanques inimigos, artilharia naval e aeronaves. Centenas de milhares de pessoas morreram na Batalha de Xangai. O destino de Nanjing foi ainda pior, uma vez que os japoneses sistematicamente assassinaram e estupraram civis na capital nacionalista durante o inverno de 1937-1938.

Durante todo esse tempo, os comunistas permaneceram seguros e protegidos no interior. Em janeiro de 1940, de acordo com um relato de Zhou Enlai, mais de 1 milhão de soldados foram mortos ou feridos, embora esse número incluísse não mais do que 31 mil baixas no Exército Vermelho. Chiang Kai-shek e seu governo foram forçados a recuar para a capital provisória de Chongqing, em Sichuan. Cerca de 3 mil toneladas de bombas foram jogadas na cidade em centenas de ataques aéreos, até os Estados Unidos entrarem na guerra após Pearl Harbor.[13]

Nem um tiro sequer foi disparado em Yan'an. A estratégia de Mao de usar tática de guerrilha bem distante das linhas inimigas recebeu algumas críticas diretas, mas Stalin ficou do lado dele. No verão de 1938, Moscou exigiu que os membros do partido se unissem em prol do líder, aniquilando aqueles que tinham esperança de vencê-lo. Alguns meses depois, o Kremlin descreveu o líder chinês como um "tático inteligente" e um "teórico brilhante". Uma versão resumida do livro de Snow foi publicada às pressas.[14]

Pela primeira vez, Mao estava sem um rival de fato. Ele aproveitou a oportunidade para reescrever o passado. Em uma plenária que ocorreu no outono de 1938, o primeiro item na pauta foi o relatório de Mao sobre a história do partido desde a fundação, dezessete anos antes. Com 150 páginas, a reunião durou três dias. Mao escrutinou todos os que haviam entrado em embate com ele no passado, descrevendo-os como "oportunistas de direita" ou "oportunistas de esquerda". Alguns foram acusados de serem trotskistas. Foi a primeira versão canônica da história do partido, aquela que descrevia uma longa série de erros contra a linha correta do partido até Mao Tsé-tung finalmente triunfar, liderando o Exército Vermelho até Yan'an com a Longa Marcha.[15]

O próximo passo de Mao foi estabelecer-se como teórico. Nessa empreitada, recebeu auxílio de Chen Boda, um jovem estudioso e ambicioso que se qualificou em Moscou e se tornaria o *ghost-writer* do líder. Juntos, escreveram *On New Democracy* [Sobre a nova democracia], um panfleto publicado em janeiro de 1940 que retratava o Partido Comunista como uma ampla frente que se esforçava para unir todas as "classes revolucionárias", inclusive a burguesia nacional. Mao prometeu um sistema multipartidário, liberdades democráticas e proteção da propriedade privada. Era um programa totalmente fictício, mas angariou grande apoio popular.[16]

Milhares e milhares de alunos, professores, artistas, escritores e jornalistas invadiram Yan'an nos anos seguintes, atraídos pela promessa de um futuro mais democrático. No entanto, Mao suspeitava desses pensadores livres e exigiu lealdade absoluta. Em 1942, ele lançou uma Campanha de Retificação. Nas palavras do historiador Gao Hua, o objetivo era "intimidar o partido inteiro com violência e terror para extirpar qualquer pensamento individual independente, sujeitando todo o partido à única e extrema autoridade de Mao".[17]

Mao orquestrou a campanha inteira, supervisionando tudo até o último detalhe, mas permitiu que seu braço direito, Kang Sheng, assumisse o palco principal. Um homem sinistro, com um bigode fino tipo lápis e óculos de lentes grossas, sempre vestido de preto, ele foi treinado em Moscou, onde ajudou a polícia secreta a perseguir centenas de alunos chineses durante o Grande Expurgo. Sob sua supervisão, a infindável caça às bruxas foi conduzida em Yan'an, quando as pessoas foram forçadas a denunciar umas às outras. Milhares de suspeitos foram presos, investigados, torturados, expurgados e, às vezes, executados. Os gritos horripilantes dos presos em cavernas podiam ser ouvidos à noite.[18]

Quando a campanha se encerrou, mais de 15 mil supostos agentes inimigos e espiões foram desmascarados. Mao permitiu que o terror fosse usado ao máximo, assumindo o papel de um líder autossuficiente, distante, mas benevolente. Em seguida, ele interveio para conter a violência, deixando que Kang Sheng assumisse a culpa. Aqueles que sobreviveram ao horror viram Mao como um salvador.[19]

O líder também organizou um Comitê Central de Estudos Gerais, em que alocou aliados próximos, como Liu Shaoqi, membro austero e puritano do partido que se destacaria como o Número Dois. O Comitê Central controlava tudo em Yan'an, na prática convertendo o Partido Comunista em uma ditadura pessoal de Mao. Os principais membros que haviam cruzado o caminho dele no passado foram humilhados, forçados a escrever confissões e a pedir desculpas publicamente pelos erros. Zhou Enlai foi um deles, e tentou se redimir ao proclamar apoio eterno a Mao. Isso não bastou, e ele foi testado em uma série de sessões de denúncias, em que foi obrigado a se declarar "trapaceiro político" que carecia de princípios. Foi um exercício duro de autodepreciação, mas Zhou conseguiu emergir do martírio como o assistente fiel de Mao, determinado a nunca se opor a ele de novo. Diferentemente de Stalin, era raro o líder chinês atirar contra seus rivais. Preferia transformá-los em cúmplices sob provação eterna, que tinham que trabalhar de forma incansável para mostrar seu valor.[20]

Em 1º de julho de 1943, no 22º aniversário da fundação do partido, Mao anunciou que a Campanha de Retificação havia "garantido a unidade ideológica e política do partido". Foi o sinal verde para o culto ilimitado à personalidade. Todos tinham que aclamar Mao Tsé-tung e estudar o Pensamento de Mao Tsé-tung, termo cunhado quatro dias depois por Wang Jiaxiang, um ideólogo que estudara na União Soviética. Em primeiro lugar entre seus hagiógrafos estava Liu Shaoqi, que saudou Mao como "um grande líder revolucionário" e "mestre do marxismo-leninismo". A aclamação de Liu era o sinal para os demais se reunirem ao redor do líder, referindo-se a ele como "grande timoneiro revolucionário", "estrela salvadora", "estrategista genial" e "político genial". Os elogios eram "repugnantemente subservientes", observaram Theodore White e Annalee Jacoby, dois jornalistas norte-americanos. Quando Mao falava, os homens endurecidos pelos anos de guerrilha anotavam tudo com muita atenção, "como se estivessem bebendo da fonte do conhecimento".[21]

O veículo de comunicação do partido, o *Diário da Libertação*, supervisionado pelo líder, usou manchetes gigantescas para proclamar que o "camarada Mao Tsé-tung é o salvador do povo chinês!". No fim de 1943, retratos do mestre estavam em todos os lugares, proeminentemente exibidos perto dos de Marx, Engels, Lenin e Stalin. Insígnias com o rosto de Mao circulavam entre a elite do partido, enquanto o perfil dele aparecia em relevo dourado na fachada de um auditório enorme. O povo cantava para glorificá-lo: "O Leste é Vermelho, é lá que nasce o sol/ a China trouxe Mao Tsé-tung/ ele busca a felicidade do povo."[22]

Em abril de 1945, após um intervalo de dezessete anos, finalmente foi convocado um congresso do partido. Centenas de representantes haviam sido perseguidos durante a Campanha de Retificação, alguns deles substituídos por homens leais a Mao. Todos saudaram o líder, que foi eleito presidente dos principais órgãos do partido. O Pensamento de Mao Tsé-tung foi consagrado na constituição do partido. Em seu discurso de abertura, Liu Shaoqi mencionou o nome do presidente mais de cem vezes, referindo-se a ele como "o maior revolucionário e estadista", bem como "o grande teórico e cientista de toda a história da China". Mao, enfim, havia transformado o partido em um instrumento da própria vontade.[23]

***

Quando o Japão se rendeu, em 15 de agosto de 1945, Mao controlava uma tropa de 900 mil homens nas áreas rurais no norte da China. Alguns dias antes, Stalin declarara guerra ao Japão, enviando uma tropa de aproximadamente 1 milhão de soldados até a fronteira da Sibéria para ocupar a Manchúria e o norte da Coreia, onde esperavam pelos Aliados para se juntar à tropa no paralelo 38. Mao tinha planos grandiosos para incitar uma rebelião distante dali, em Xangai, mas a preocupação imediata do líder soviético era garantir a saída das tropas norte-americanas da China e da Coreia. Para atingir esse objetivo, ele reconheceu Chiang Kai-shek como o líder de uma China unida por um tratado sino-soviético.

As tropas soviéticas na Manchúria, no entanto, silenciosamente entregaram o campo para os comunistas, que começaram a chegar à região vindos de Yan'an. Os soviéticos ajudaram Mao a transformar seu exército desorganizado de guerrilheiros em uma máquina de combate formidável, e para isso abriram dezesseis instituições militares, entre elas Força Aérea, artilharia e escolas de engenharia. Alguns oficiais chineses foram à União Soviética para obter treinamento avançado. O apoio logístico também chegou de avião e trem. Apenas para a Coreia do Norte, 2 mil vagões lotados foram alocados com essa função.[24]

Os norte-americanos, por sua vez, em setembro de 1946, impuseram um embargo de armas contra o aliado de guerra Chiang Kai-shek. Convencido de que a China nunca seria capaz de se defender sem o controle sobre a Manchúria — potência industrial e portão de entrada do país —, ele continuou enviando suas melhores tropas para a região. Mao nunca deu trégua, determinado a acabar com o inimigo em uma impiedosa guerra de atrito, a qualquer preço.

Em 1948, os comunistas começaram a cercar as cidades da Manchúria, obrigando-as a se render. Changchun caiu quando 160 mil civis morreram de fome. Para não ter o mesmo destino, Pequim se rendeu logo depois. Em efeito dominó, outras cidades foram se rendendo uma atrás da outra, incapazes de resistir à máquina de guerra construída pelos comunistas. Chiang Kai-shek e suas tropas fugiram para Taiwan. No fim de 1949, após uma conquista militar longa e sangrenta, foi proclamada a República Popular da China.[25]

Assim que a bandeira vermelha foi hasteada em Pequim, um retrato de Mao Tsé-tung rascunhado às pressas foi pendurado no portão principal da Cidade Proibida. Nos meses seguintes, retratos do presidente apareceram em escolas, fábricas e gabinetes, muitas vezes com instruções precisas sobre como deveriam ser exibidas. A verruga peculiar logo passou a ser uma marca registrada, sempre tocada de forma afetuosa, como a figura de um buda. O estudo do Pensamento de Mao Tsé-tung passou a ser obrigatório, e os adultos de todas as classes sociais tiveram que voltar para a sala de aula e debruçar-se sobre livros para aprender a nova ortodoxia. As canções revolucionárias, incluindo "Mao Tsé-tung é o nosso sol" ou "Hino ao presidente Mao", eram vociferadas diariamente por crianças na escola, soldados, prisioneiros e burocratas. Essas canções também eram ouvidas por meio de alto-falantes instalados nas esquinas, nas estações de trem, nos alojamentos, nas cantinas e em todas as principais instituições. Desfiles cuidadosamente coreografados ocorriam duas vezes por ano, com a presença de soldados marchando em perfeita sincronia, cavalaria montada, tanques e blindados, tudo inspecionado pelo presidente do topo de uma tribuna na praça da Paz Celestial.[26]

Com o culto à personalidade, veio um regime duro que teve como modelo a União Soviética. "A União Soviética de hoje é o nosso amanhã" era o slogan da época. Mao imitava Stalin, vendo a coletivização da agricultura, a eliminação da propriedade privada, o controle total da vida dos cidadãos comuns e os gastos exorbitantes na defesa nacional como as chaves para a riqueza e o poder.[27]

As promessas feitas em *On New Democracy* foram quebradas uma a uma. O primeiro ato do regime foi derrubar a antiga ordem no campo. Isso foi feito sob o disfarce de reforma agrária, sendo os aldeões forçados a destituir de poder os próprios líderes em sessões de denúncia coletiva, acusando-os de serem "proprietários de terra", "tiranos" e "traidores". Quase 2 milhões de indivíduos foram liquidados, muitos mais foram estigmatizados como "exploradores" e "inimigos de classe". Seus bens foram distribuídos entre os perpetradores, criando um pacto de sangue entre os pobres e o partido.[28]

Nas cidades, cada indivíduo recebia uma classificação (*chengfen*) com base na lealdade à revolução: havia pessoas "boas", "hesitantes" e "hostis". A classificação determinava se a pessoa tinha acesso a comida, educação, saúde e emprego. Aquelas marcadas como "hostis" foram estigmatizadas ao longo da vida e além, uma vez que a classificação passava para os filhos.[29]

Um Grande Expurgo ocorreu de outubro de 1950 a outubro de 1951, quando o regime perseguiu "contrarrevolucionários", "espiões", "bandidos" e quaisquer outros que estivessem no caminho da revolução. Mao fixou uma cota de um alvo a cada mil habitantes, mas em algumas regiões esse número dobrou ou até triplicou, com pessoas sendo assassinadas muitas vezes aleatoriamente. No ano seguinte, os servidores do governo também foram submetidos a um expurgo em massa, enquanto a comunidade empresarial teve que entrar na linha. Todas as organizações que operavam fora do partido — comunidades religiosas, sociedades filantrópicas, câmaras de comércio independentes, associações civis — foram eliminadas até 1953.[30]

Uma inquisição literária garantiu que artistas e escritores se conformassem às imposições do partido. Toneladas de livros considerados indesejáveis foram queimadas em fogueiras ou destruídas. A Imprensa Comercial, uma das maiores do país, tinha aproximadamente 8 mil títulos no prelo no verão de 1950. Um ano depois, apenas 1.234 deles foram considerados aceitáveis para "as massas". Em cada domínio das artes visuais e literárias, foi imposto o realismo socialista aconselhado por Stalin. O tema mais proeminente era Mao, não o líder soviético. Seus trabalhos, ensaios, poemas, palestras, reflexões e lemas apareciam aos milhões, de jornais baratos a edições douradas caras. Foi publicada uma grande quantidade de peças de propaganda que contavam a história de opressão e o caminho até a libertação, às vezes nas próprias palavras e letra de Mao. Jornais e revistas também disseminavam a sabedoria dele por toda parte. Fotografias do presidente dominavam as primeiras páginas.[31]

Em 1949, o presidente escolheu a dedo uma fotógrafa chamada Hou Bo. Ela havia se juntado ao partido aos 14 anos, e suas fotos logo foram impressas aos milhões. "A fundação da RPC" (1949), "Mao Tsé-tung nadando no rio Yangtsé" (1955) e "Presidente Mao à vontade com as massas" (1959), algumas bastante retocadas, estavam entre as imagens mais amplamente distribuídas do século XX.[32]

Nenhum parque, rua ou cidade recebeu o nome de Mao. Ainda assim, o presidente criou um monumento a si mesmo, como o rei-filósofo do Oriente. No cerne, estava a ideia de que ele havia combinado a teoria do marxismo-leninismo à prática concreta da Revolução Chinesa. Em vez de aplicar o marxismo de forma dogmática a condições muito diferentes das que eram encontradas na Rússia, Mao supervisionou a sinificação da doutrina, ou seja, uma adaptação do marxismo às condições chinesas. Em dezembro de 1950, o presidente publicou um artigo intitulado "Sobre a prática", seguido de "Sobre a contradição", em abril de 1952. Ambos os textos foram saudados como desenvolvimentos filosóficos do materialismo dialético de Marx, Engels, Lenin e Stalin. Embora esses ensaios fossem pouco originais, a ideia de sinificação do marxismo cativou a imaginação de admiradores no país e no exterior.[33]

Mao também posou como um homem polivalente: filósofo, sábio e poeta ao mesmo tempo, um calígrafo imerso nas tradições literárias da China. Apesar de a poesia tradicional ter desaparecido das prateleiras, os versos do presidente eram amplamente distribuídos. O ponto alto foi a publicação de *Mao Tse-Tung: Nineteen Poems* [Os dezenove poemas do presidente Mao]. O compêndio, na verdade, continha 21 poemas, mas Mao estava ávido por imitar uma antologia clássica bem conhecida, *The Nineteen Ancient Poems* [Dezenove poemas antigos]. Isso imediatamente incitou os estudos da obra de Mao, e professores eruditos e secretários do partido disputavam entre si para elogiar o "progresso notável da história da literatura".[34]

Embora a poesia de Mao fosse apenas marginalmente melhor do que a de Stalin, que também gostava de arriscar algumas rimas, ele de fato tinha um dom com as palavras. Seus slogans incisivos penetravam em cada lar, quer fosse "As mulheres detêm metade do céu", "A revolução não é um convite para jantar", "O poder nasce da ponta do cano de um fuzil", quer fosse "O imperialismo é um tigre de papel". Seu lema, "Servir ao povo", era proclamado em pôsteres e cartazes em todos os lugares, com caracteres brancos extravagantes contrastando com um fundo vermelho. A caligrafia de Mao era usada para identificar nomes de prédios do governo, embelezar monumentos públicos e adornar xícaras, vasos e calendários. Até hoje ela domina o cabeçalho do jornal chinês *Diário do Povo*.[35]

Assim como Stalin, Mao era uma figura distante, como um deus. Raramente visto ou ouvido, ficava bem escondido na Cidade Proibida, uma vez ocupada por imperadores. No entanto, sobressaía na política dos corredores, encontrando-se constantemente com os membros de todos os níveis da hierarquia do partido. Sua aparência física enganava. Ele dava a impressão de ser gentil, humilde e de se preocupar com os outros como um pai. Embora fosse um orador fraco — seu forte sotaque hunanês era um empecilho —, era um bom interlocutor, que sabia como deixar o público à vontade. Andava e falava devagar, sempre com grande compostura. Sorria com frequência e de forma benevolente. "Ele parece tão gentil que poucas pessoas notam o olhar frio e calculista ou têm consciência da mente que nunca para de maquinar algo." Quando ele entrava em uma sala para participar de uma reunião, todos os presentes deviam levantar-se e aplaudi-lo.[36]

Mao imitava Stalin, mas seu mentor temia o surgimento de um vizinho poderoso a ponto de ameaçar seu domínio sobre o campo socialista. Em 1950, o líder soviético o fez esperar por semanas seguidas antes de assinar o Tratado de Amizade, Aliança e Assistência Mútua Sino-Soviético. Também reduziu drasticamente os fundos para o primeiro ano do Plano Quinquenal da China, advertindo Mao de que ele estava avançando rápido demais na coletivização da economia.

A morte de Stalin, em 1953, foi uma libertação para Mao. O presidente pôde finalmente apressar o passo da coletivização, ao impor, no fim do ano, um monopólio sobre os grãos que acabou obrigando os fazendeiros a vender a produção a preços estabelecidos pelo governo. Dois anos depois, foram introduzidos coletivos semelhantes às fazendas estatais da União Soviética. As terras dos fazendeiros foram tomadas e os aldeões, transformados em servos à disposição do Estado. Nas cidades, todos os comércios e as indústrias passaram a ser órgãos estatais, pois o governo expropriou pequenas lojas, empreendimentos privados e grandes indústrias. Mas a Maré Alta Socialista, como ficou conhecida a campanha de coletivização acelerada, teve efeitos devastadores na economia, causando uma insatisfação popular generalizada.[37]

Em 1956, Mao sofreu um revés. Em 25 de fevereiro, último dia do 20º Congresso do Partido Comunista Soviético, no grande palácio do Kremlin, Nikita Kruschev apresentou uma sessão secreta, que estava fora da programação. Em um discurso de quatro horas ininterruptas, ele denunciou a suspeita, o temor e o terror gerados por Stalin. Em um ataque devastador contra seu antigo mestre, Kruschev acusou-o de ser pessoalmente responsável por expurgos brutais, deportações em massa, execuções sem julgamento e tortura de partidários leais e inocentes. Kruschev ainda atacou Stalin por sua "mania de grandeza" e pelo culto à personalidade que havia fomentado durante seu reinado. A plateia ouviu perplexa e em silêncio. Não houve aplausos no fim, já que muitos representantes estavam estupefatos, saindo do local em estado de choque.[38]

Cópias do discurso foram enviadas para os partidos comunistas estrangeiros, provocando uma reação em cadeia. Em Pequim, o presidente foi forçado a ficar na defensiva. Mao era o Stalin da China, o grande líder da República Popular. O discurso secreto só poderia suscitar questionamentos de sua própria liderança, em particular a bajulação que recebia. A desestalinização era nada menos do que um desafio à própria autoridade de Mao. Assim que Kruschev implorou para que seu país voltasse ao Politburo, Liu Shaoqi, Deng Xiaoping, Zhou Enlai e outros em Pequim manifestaram-se a favor dos princípios da liderança coletiva. Eles também usaram a crítica de Kruschev em relação às fazendas estatais para desacelerar o passo da coletivização. Parecia que o presidente estava sendo jogado para escanteio.[39]

No 8º Congresso do Partido, em setembro de 1956, o Pensamento de Mao Tsé-tung foi removido da constituição do partido e o culto à personalidade foi menosprezado. Cercado por Kruschev, Mao teve pouca escolha a não ser disfarçar a insatisfação com essas medidas, a ponto até de ter que contribuir com elas nos meses anteriores ao encontro. Entretanto, na intimidade, o presidente estava em ebulição, acusando Liu Shaoqi e Deng Xiaoping de tomar o controle da agenda política e relegá-lo a segundo plano.[40]

A revolta húngara deu a Mao a oportunidade de restabelecer a supremacia. Em novembro de 1956, quando as tropas soviéticas massacraram os rebeldes em Budapeste, o presidente acusou o Partido Comunista Húngaro de ter trazido infortúnio ao não prestar atenção ao sofrimento da população, o que permitiu que as pessoas se enfurecessem e perdessem o controle. O líder chinês posava de democrata, advogando em favor das pessoas comuns e exigindo que aqueles que não eram membros do partido pudessem manifestar seu descontentamento. Em fevereiro de 1957, ele pediu que o partido autorizasse uma campanha para "deixar as cem flores desabrocharem e as cem escolas rivalizarem", encorajando as pessoas comuns a superar suas hesitações e se manifestarem.

O erro de cálculo de Mao foi grande. Ele esperava ser parabenizado por seus admiradores, os quais poderiam punir um grupo que havia retirado o Pensamento de Mao Tsé-tung da constituição do partido. Entretanto, as pessoas escreveram slogans incisivos a favor da democracia e dos direitos humanos. Dezenas de milhares de estudantes e trabalhadores tomaram as ruas, clamando por democracia e liberdade de expressão. O líder levou um baque com a insatisfação popular. Ele pôs Deng Xiaoping a cargo de uma campanha que denunciou meio milhão de estudantes e intelectuais como "direitistas" inclinados a destruir o partido, enviando muitos deles para campos de trabalho forçado em áreas remotas do império.[41]

O tiro de Mao saiu pela culatra, mas pelo menos ele e seus camaradas de guerra se uniram novamente, determinados a oprimir o povo. De volta à direção do partido, estava disposto a levar a cabo a coletivização radical no campo. Em novembro de 1957, em Moscou, onde Mao e outros líderes dos partidos comunistas do mundo inteiro se encontraram como convidados para celebrar o quadragésimo aniversário da Revolução de Outubro, ele exemplarmente jurou lealdade a Kruschev, reconhecendo-o como o líder socialista.

Lá no fundo, Mao acreditava que era ele quem deveria assumir o manto de liderança sobre todos os países socialistas. Mesmo enquanto Stalin ainda estava vivo, o mestre chinês se via como um revolucionário mais determinado. Foi ele, afinal de contas, quem liderou um quarto da humanidade rumo à liberdade. Ele era o Lenin e o Stalin da China. Quando Kruschev anunciou que a União Soviética alcançaria os Estados Unidos na produção *per capita* de carne, leite e manteiga, Mao aceitou o desafio e proclamou que, em quinze anos, a China superaria a Grã-Bretanha — ainda considerada uma grande potência industrial na época — na produção de aço. Ele estava determinado a sobrepujar Kruschev, insistindo no Grande Salto Adiante para o comunismo, que faria sombra à União Soviética.

O Grande Salto Adiante foi a primeira tentativa do presidente de ofuscar a União Soviética, fazendo com que os camponeses fossem arrebanhados em coletivos gigantes chamados de comunas populares. Ao tornar todos os homens e mulheres do campo soldados de infantaria de um exército gigante, a ser explorado dia e noite para transformar a economia, Mao pensou que poderia projetar seu país e deixar a União Soviética para trás. Estava convencido de que achara o caminho dourado até o comunismo para se tornar o messias que lideraria a humanidade até um mundo de abundância para todos.

Mao usou a campanha para relançar o culto à personalidade, derrubando os rivais e os subjugando em uma série de encontros do partido nos primeiros meses de 1958. "O que há de errado em cultuar?", perguntou retoricamente. "A verdade está em nossas mãos, por que não deveríamos cultuá-la?" "Cada grupo deve cultuar seu líder, não se pode fazer nada além de cultuá-lo", observou, explicando que esse era "o correto culto à personalidade".[42]

Sua mensagem foi imediatamente compreendida pelos apoiadores leais. Ke Qingshi, prefeito de Xangai, vibrou com entusiasmo: "Temos que confiar cegamente no presidente! Devemos obedecer ao presidente com entrega total!"[43] Todos os líderes do grupo, de uma forma ou de outra, tiveram que fazer uma autocrítica. Zhou Enlai foi repetidamente depreciado e humilhado, forçado a confessar seus erros em três ocasiões diante dos líderes partidários reunidos. Por fim, ele disse ao público que Mao era "a personificação da verdade" e que os erros ocorreram apenas quando o partido se divorciou da grande liderança.[44]

Zhou Enlai foi autorizado a permanecer no partido, mas muitos do séquito tiveram menos sorte. As lideranças de províncias inteiras foram derrubadas e panelinhas antipartido foram massacradas em quase todos os lugares. Apenas na província de Yunnan, uma inquisição expurgou centenas de membros, inclusive um dos quinze que ocupavam o alto escalão do partido.[45]

Mao insistia na lealdade absoluta, transformando todos em bajuladores. Como resultado, as decisões eram tomadas com base nos caprichos do presidente, em geral sem preocupação alguma com os impactos causados. Já no verão de 1959, ficou claro que o Grande Salto Adiante fora um desastre. Entretanto, até uma carta com uma leve crítica escrita pelo ministro da Defesa, Peng Dehuai, em um encontro do partido em Lushan foi interpretada pelo presidente como uma punhalada pelas costas. Peng foi descrito como o líder de uma "panelinha antipartido" e removido de todas as posições de influência. Liu Shaoqi interveio e cobriu o presidente de elogios. "A liderança do presidente Mao Tsé-tung não é de forma alguma inferior à liderança de Marx e Lenin. Estou convencido de que, se Marx e Lenin morassem na China, teriam conduzido a Revolução Chinesa da mesma maneira", observou. Como disse o médico de Mao, o presidente "ansiava por afeição e saudações. A desgraça de Mao no partido aumentava, assim como sua fome por aprovação".[46]

Sobretudo Lin Biao se uniu à defesa do presidente, acusando, com sua voz fraca e estridente, Peng Dehuai de ser "ambicioso, conspirador e hipócrita". Lin era considerado um dos estrategistas mais brilhantes da guerra civil e havia pessoalmente ordenado o cerco a Changchun em 1948. Esquelético e com uma pele muito pálida, ele tinha fobia de água, vento e frio. O simples som de água corrente lhe provocava diarreia. "Apenas Mao é o grande herói, um papel que ninguém ousaria almejar", exultou ele, acrescentando que "estamos todos muito aquém dele, então nem tente!".[47]

Na vida privada, Lin era muito mais crítico do que Peng, confidenciando em seu diário pessoal que o Grande Salto Adiante era "baseado em uma fantasia e uma verdadeira bagunça". Mas ele sabia que a melhor maneira de se manter no poder era encher o presidente de elogios. Lin percebera muito tempo antes que era crucial exaltar Mao: "Ele cultua a si mesmo, confia em si cegamente, adora a si mesmo; assumirá toda e qualquer conquista, mas culpará os outros pelas falhas dele."[48]

Qualquer um que expressasse ressalvas em relação ao Grande Salto Adiante era perseguido, e cerca de 3,6 milhões de membros do partido foram expurgados como "direitistas" ou "discípulos de Peng Dehuai". Eles foram substituídos por elementos duros e inescrupulosos que se adaptaram para se beneficiar dos ventos radicais que sopravam de Pequim, usando todos os meios à disposição para extrair grãos do campo.[49]

Em vez de guiar a economia chinesa para ultrapassar a soviética, o Grande Salto Adiante se transformou em uma das maiores catástrofes do século XX, uma vez que dezenas de milhões de pessoas foram exploradas, passaram fome ou foram espancadas até a morte. Em outubro de 1960, Mao foi forçado a abandonar seu plano grandioso, embora a economia tenha levado mais de um ano para começar a se recuperar.[50]

Em janeiro de 1962, quando cerca de 7 mil quadros do partido vindos de todas as partes do país se reuniram para falar sobre o fracasso do programa, a estrela de Mao estava quase apagada. Boatos acusavam o presidente de estar iludido, ser perigoso e incapaz de compreender números. Alguns dos representantes o responsabilizaram pela fome em massa dos cidadãos comuns. O próprio Liu Shaoqi ficou genuinamente chocado com o estado desastroso do campo. Durante a reunião, ele até falou em "desastre provocado pelo homem", abalando a plateia. Lin Biao novamente apareceu em defesa, aclamando o Grande Salto Adiante como uma conquista sem precedentes na história chinesa: "Os pensamentos do presidente Mao estão corretos. Ele nunca está fora da realidade." Zhou Enlai interferiu e assumiu a culpa por tudo que tinha dado errado.[51]

O presidente estava satisfeito com Lin, mas suspeitava de quem quer que fosse. Seu legado inteiro estava ameaçado. Mao temia ter o mesmo destino de Stalin, denunciado por Kruschev após a morte.

Já em agosto de 1962, o presidente partiu para o contra-ataque, estabelecendo a base para a Revolução Cultural. As forças contrarrevolucionárias, explicou, estavam por toda parte e tentavam levar o país de volta para a estrada rumo ao capitalismo. Mao lançou uma Campanha de Educação Socialista com o lema "Nunca se esqueça da luta de classes". Um ano depois, ele exortou a nação a aprender com Lei Feng, um soldado jovem que havia dedicado a vida a servir às pessoas. Seu diário, um registro de seu progresso ideológico, foi publicado postumamente e estudado no país inteiro. Lei Feng explicou como "o sangue que o partido e o presidente Mao deram havia penetrado em cada célula de seu corpo". O líder até apareceu para ele em uma visão: "Ontem tive um sonho. Sonhei que vi o presidente Mao. Como um pai compassivo, ele acariciou minha cabeça. Com um sorriso, disse-me: 'Estude bem; seja sempre leal ao partido, leal ao povo!' Minha alegria foi avassaladora; tentei falar, mas não consegui."[52]

Testemunhos inflamados de operários e aldeões foram publicados em cartas a jornais por toda a China. Dezenas de milhares de encontros aconteceram, exaltando Lei Feng como comunista-modelo. Peças e filmes foram produzidos e canções foram compostas, algumas delas com dezenas de versos. Os contadores de história perambulavam pelas aldeias para cativar aldeões analfabetos com o amor de Lei Feng pelo presidente. Uma exposição de Lei Feng foi aberta no Museu do Exército de Pequim, onde uma enorme tela na entrada, escrita com a caligrafia de Mao Tsé-tung, exortava os visitantes a "aprender com o camarada Lei Feng!". O soldado era o Mao pobre, um

Mao simplificado para as massas. Ele serviu para tirar as pessoas da apatia causada pela Grande Fome de Mao e aumentou o ódio delas pelos inimigos de classe.[53]

Lin Biao, que havia sido premiado por seu desempenho em Lushan, com Peng Dehuai como ministro da Defesa, promoveu o estudo do Pensamento de Mao Tsé-tung nas Forças Armadas. Os soldados deviam decorar passagens curtas da coletânea de obras de Mao. Em janeiro de 1964, um compêndio mimeografado dessas citações foi publicado e uma versão mais completa foi distribuída para o Exército de Libertação Popular ainda naquele ano. O exemplar era encadernado em plástico vermelho berrante e cabia na palma da mão, encaixando-se facilmente no bolso de um uniforme militar. Lin Biao fez uma dedicatória, retirada do diário de Lei Feng: "Leia o livro do presidente Mao, ouça as palavras do presidente Mao, aja de acordo com as instruções do presidente Mao e seja um bom combatente para o presidente Mao." Quando uma nova edição foi publicada, em agosto de 1965, milhões de exemplares de *Citações do presidente Mao Tsé-Tung*, também conhecidas como *O pequeno livro vermelho*, foram distribuídos para muito além das fileiras do Exército.[54]

Mao se deleitou com a bajulação e ordenou que o país imitasse Lin Biao e o Exército de Libertação Popular. "O mérito do Exército de Libertação Popular", disse ele, "é que a ideologia política está correta". Em resposta, o Exército começou a assumir um papel mais proeminente na vida civil, organizando departamentos políticos em unidades governamentais para promover o Pensamento de Mao Tsé-tung. Além disso, adotou uma atmosfera mais marcial, em sintonia com a Campanha de Educação Socialista. Os "acampamentos de verão" militares para alunos e trabalhadores eram organizados no interior. Nas escolas de ensino fundamental, as crianças eram ensinadas a usar armas de ar comprimido atirando em retratos de Chiang Kai-shek e imperialistas norte-americanos. Campos de treinamento militar recebiam estudantes mais velhos com um histórico confiável, para aprender a jogar granadas e atirar com balas de verdade. No verão de 1965, mais de 10 mil universitários e 50 mil alunos do ensino médio de Xangai passaram uma semana no campo.[55]

Em 1º de outubro de 1964, para celebrar o Dia Nacional, o Exército organizou um espetáculo monumental na praça da Paz Celestial com diversos corais e bailarinos em uniformes militares. Uma figura colossal do presidente Mao abriu a procissão, que avançou lentamente ao som de "Presidente Mao, o sol em nosso coração". "Armado com o Pensamento de Mao Tsé-tung", foi dito à nação, o povo seria capaz de superar "as tentativas de restauração capitalista e feudal, bem como os ataques de nossos inimigos no país e no exterior". Duas semanas depois, a China detonou sua primeira bomba atômica, juntando-se às superpotências mundiais.[56]

Na primavera de 1966, Mao estava pronto para lançar a Revolução Cultural. Foi a segunda tentativa de se tornar o eixo principal ao redor do qual o universo socialista girava. Em vez de tentar transformar a economia, o que havia resultado no desastre do Grande Salto Adiante, ele se concentrou na cultura. Mao deve ter se perguntado como um homem, Nikita Kruschev, podia ter maquinado sozinho uma reviravolta da política na poderosa União Soviética, atacando Stalin em 1956 e propondo uma "coexistência pacífica" com o campo imperialista. A resposta foi a negligência da cultura. Os capitalistas tinham ido embora; as propriedades foram confiscadas, mas a cultura capitalista ainda dominava, possibilitando que pessoas do topo corroessem e, por fim, subvertessem o sistema inteiro.

Com a Grande Revolução Socialista de Outubro, Lenin estabeleceu um precedente para o proletariado do mundo inteiro. Mas os revisionistas modernos como Kruschev usurparam a liderança do partido, colocando a União Soviética na estrada rumo à restauração capitalista. A Grande Revolução Cultural Proletária seria o segundo estágio na história do movimento comunista internacional, salvaguardando a ditadura do proletariado contra o revisionismo. Os fundamentos do futuro comunista estavam sendo direcionados pela China, cujo presidente guiou o povo oprimido e humilhado no mundo em direção à liberdade. Mao foi quem herdou, defendeu e desenvolveu o marxismo-leninismo em um novo estágio, o do Pensamento de Mao Tsé-tung marxista-leninista. Não havia menção a Stalin.[57]

As ideias eram grandiosas, mas Mao usou a Revolução Cultural para se livrar dos inimigos reais e imaginários, em particular os representantes que haviam discutido o Grande Salto Adiante em janeiro de 1962.

Dez anos antes, Mao fez um cálculo errado ao permitir que os intelectuais expressassem seus pensamentos durante a Campanha das Cem Flores. Dessa vez, ele estava mais bem preparado. Em primeiro lugar, pôs o país em alerta ao prender quatro líderes do partido em maio de 1966, acusando-os de serem parte de um "complô antipartido" que tramava o retorno do capitalismo. Em seguida, em 1º de junho, as aulas foram suspensas no país, uma vez que os alunos se voltaram contra os professores.

Os estudantes de todos os níveis haviam sido doutrinados durante a Campanha de Educação Socialista. Estimulados pela máquina partidária, eles perseguiram, denunciaram, humilharam e até torturaram os inimigos de classe suspeitos. No entanto, alguns foram longe demais, criticando membros importantes do partido. Eles foram punidos por equipes de trabalho enviadas por Deng Xiaoping e Liu Shaoqi, que eram responsáveis pela Revolução Cultural quando o presidente não estava em Pequim. Em meados de julho, Mao retornou à capital. Em vez de apoiar os dois colegas, acusou-os de oprimir os alunos e "liderar uma ditadura". Ambos foram colocados de lado, e Lin Biao assumiu o posto de Número Dois no lugar de Liu Shaoqi.

"Rebelar-se é justificado" passou a ser o grito de guerra de Mao, e foi o que os alunos rebeldes fizeram. A Guarda Vermelha apareceu em agosto de 1966 de uniforme militar improvisado e com *O pequeno livro vermelho*. Juraram defender o presidente e conduzir a Revolução Cultural. Nas primeiras horas do dia 18 de agosto, quase 1 milhão deles compareceram à praça da Paz Celestial, à espera do presidente. Quando o sol começou a surgir na extremidade leste da praça, Mao desceu da tribuna, usando um uniforme militar largo. A multidão explodiu de emoção, empunhando *O pequeno livro vermelho*.[58]

Entre agosto e novembro de 1966, Mao analisou cerca de 12 milhões de membros da Guarda Vermelha em oito comícios massivos. No fim, quando nem a praça gigantesca em frente à Cidade Proibida os comportava mais, ele passou a rodar pela cidade em um jipe aberto, sendo visto por 2 milhões de alunos de uma só vez. Cada comício era meticulosamente preparado, com a Guarda Vermelha marchando em grupos ou transportada por uma frota de caminhões até a praça no meio da noite, sempre sem aviso prévio por questões de segurança. A tropa recebia ordens de sentar-se em fileiras e esperava horas a fio. Quando o presidente finalmente aparecia, eles pulavam, erguendo o pescoço, avançando e saudando: "Longa vida ao presidente Mao!"[59]

Muitos ficavam extasiados ao verem o presidente; outros, desapontados. Poucos ficavam amedrontados. Mas todos sabiam precisamente o que fazer e falar, pois a frase-chave fora transmitida repetidas vezes na imprensa, na rádio e na televisão após cada comício massivo em Pequim: "Hoje sou a pessoa mais feliz do mundo. Eu vi o grande líder presidente Mao!"[60]

No fim do primeiro comício, em 18 de setembro, Lin Biao fez um longo discurso incitando os jovens empolgados a destruírem "todas as ideias, a cultura, os costumes e os hábitos antigos das classes exploradoras".

Isso os estudantes fizeram com gosto: queimaram livros, destruíram lápides nos cemitérios, derrubaram templos, vandalizaram igrejas e, de forma geral, atacaram todos os sinais do passado, incluindo nomes de rua e letreiros de lojas. Também saquearam casas. Apenas em Xangai, 250 mil casas foram visitadas, e tudo que restava do passado foi tomado: livros comuns, fotografias de família, antiguidades de bronze e pergaminhos raros.[61]

Enquanto o velho mundo ia sendo atacado, uma nova cultura proletária seria inventada, proclamou Mao. Todos entenderam que a única alternativa aceitável seria o culto ao presidente. O aspecto mais visível disso foi o surto de slogans, que se espalharam por toda parte. Como notou um observador próximo, "sempre houve muitos deles no passado, mas todos os recordes anteriores foram quebrados. Qualquer extensão de muro em branco deve ter uma citação de Mao ou um tributo a ele". Alguns dos slogans mais comuns eram "Nosso grande professor, grande líder, grande comandante, grande timoneiro" ou "Longa vida ao presidente Mao!". Lojas, fábricas e escolas foram cobertas de slogans, alguns se estendendo até o topo de prédios inteiros. As citações foram pintadas do lado de fora de ônibus, caminhões, carros e vans.[62]

Nesse novo mundo pintado de vermelho, todos os sentidos eram bombardeados. De plataformas temporárias, as Guardas Vermelhas apelavam ao povo em voz estridente para se juntarem à revolução. Os espectadores eram arengados em uma retórica inflamada e temperada com citações do presidente. No céu, aeromoças em voos domésticos liam para os passageiros trechos de *O pequeno livro vermelho*. Mas a arma mais temível era o alto-falante. Os alto-falantes havia muito eram usados em campanhas de propaganda, porém passaram a ficar ligados permanentemente, repetindo as mesmas citações — sempre no volume máximo. A Guarda Vermelha lia *O pequeno livro vermelho* nas guaritas da polícia conectadas aos alto-falantes nas ruas. As gangues de jovens revolucionários desfilavam pelas cidades bradando canções revolucionárias que aclamavam o presidente e seu pensamento. As mesmas canções eram transmitidas na rádio, que, por sua vez, estava conectada a alto-falantes em quintais, escolas, fábricas e gabinetes do governo. Uma das favoritas era "Quando velejamos os mares, dependemos do timoneiro"; outra era "O Pensamento de Mao Tsé-tung brilha em luz dourada".[63]

Ninguém queria ficar para trás no culto ao líder. Como a lista de objetos condenados por serem "feudais" e "burgueses" aumentava, os cidadãos comuns cada vez mais recorriam apenas a *commodities* politicamente seguras. Fotos, insígnias, pôsteres e livros de Mao se alastraram, e segmentos inteiros da indústria foram convertidos para fabricar objetos de culto.

Apenas em Xangai sete novas fábricas foram construídas com uma superfície total de 16.400 metros quadrados, o tamanho de cerca de três campos de futebol, para atender à demanda de fotos, retratos, pôsteres e livros. Na província de Jiangsu, as usinas foram reequipadas para imprimir *O pequeno livro vermelho*. As fábricas que produziam tinta vermelha funcionavam 24 horas por dia e mesmo assim não davam conta da demanda.⁶⁴

Os livros precisavam de capas — brilhantes, chamativas e vermelhas. Em 1968, a quantidade de plástico necessária apenas para *O pequeno livro vermelho* foi de 4 mil toneladas. Em agosto de 1966, o Ministério do Comércio freou a produção de calçados e brinquedos de plástico, enquanto fábricas ao redor do país se preparavam para contribuir com o Pensamento de Mao Tsé-tung.⁶⁵

A economia planejada sofreu para atender à demanda popular. No que se refere às insígnias de Mao, por exemplo, em 1968 a demanda nacional era de mais de 50 milhões de itens por mês, mas esse número ainda não era suficiente. Um próspero mercado ilegal surgiu para competir com o Estado. Algumas organizações governamentais produziam insígnias para seus membros, mas também expandiam as operações para uma zona cinzenta, que ainda era legal, atraídas pelo lucro. Surgiram fábricas clandestinas só para abastecer o mercado ilegal. Elas competiam com as empresas estatais por recursos raros, roubando baldes, chaleiras, potes e panelas de alumínio. Em algumas fábricas, a demanda era tão grande que até a camada de proteção de alumínio nas máquinas caras era arrancada para atender ao frenesi pelas insígnias.⁶⁶

Havia milhares de insígnias diferentes, algumas confeccionadas grosseiramente com acrílico, plástico ou até bambu, outras feitas com cuidado em porcelana pintada a mão, a maioria com uma base de alumínio e um perfil de Mao invariavelmente olhando para a esquerda em bronze ou ouro. Assim como *O pequeno livro vermelho de Mao*, as insígnias se tornaram um símbolo de lealdade ao presidente e eram usadas logo acima do coração. Elas foram as peças de propriedade privada mais comercializadas durante os primeiros anos da Revolução Cultural, abertas a qualquer forma de especulação capitalista. A quantidade de alumínio desviado de outras atividades industriais era tão grande que, em 1969, Mao ordenou que houvesse uma interrupção: "Devolvam-me meus aviões." A moda foi passando rápido e praticamente se encerrou após a morte de Lin Biao, em 1971.[67]

A primeira fase da Revolução Cultural foi marcada por uma batalha cruel entre facções, ao passo que cidadãos comuns, núcleos do partido e líderes militares ficaram divididos entre os verdadeiros objetivos dessa revolução. Como as diferentes facções eram opostas, todas igualmente certas de que representavam a verdadeira voz de Mao Tsé-tung, o país se envolveu em uma guerra civil. As pessoas passaram a brigar entre si na rua com metralhadoras e artilharia antiaérea. E assim o presidente prevalecia. Ele improvisou, destruindo milhões de vidas pelo caminho. Periodicamente, intervinha para resgatar um apoiador leal ou jogar um amigo próximo na cova dos leões. Uma mera declaração do líder decidia o destino de inúmeras pessoas, se ele dissesse que uma ou outra facção era "contrarrevolucionária". Seu veredito poderia mudar da noite para o dia, alimentando um ciclo de violência aparentemente infindável, em que as pessoas lutavam para provar lealdade ao presidente.

Como a violência saiu do controle no verão de 1967, o presidente interveio. Ele viajou pelo país, clamando por uma Grande Aliança. Em 1º de outubro, em um grande espetáculo coordenado, meio milhão de soldados marcharam sobre a praça da Paz Celestial, guiados por uma enorme figura de plástico prateado de Mao apontando o caminho. Eles foram seguidos por centenas de milhares de cidadãos comuns, forçados a marchar juntos, muitos deles associados a membros de facções opostas.[68]

Em todos os lugares, eram ministradas aulas sobre o Pensamento de Mao Tsé-tung. O Exército de Libertação Popular, que nos anos iniciais apoiava Mao, passou a usar o culto ao líder para impor ordem e disciplina. O culto à personalidade, como disse Lin Biao, uniria "o partido inteiro, o Exército inteiro e o povo inteiro". Em março de 1968, uma nova campanha chamada "As três lealdades e os quatro amores sem limites" foi lançada, levando o culto a Mao a um novo patamar ao exigir lealdade absoluta ao presidente, a seus pensamentos e à "linha revolucionária do proletariado". Nas escolas, nos escritórios e nas fábricas, altares foram montados para o presidente. Grandes caracteres com os dizeres "O sol vermelho está em nosso coração!" foram cortados em papel brilhante vermelho-vivo, formando um arco sobre um retrato do Grande Timoneiro. Raios de sol emanavam da cabeça dele. Em todos os lugares, as pessoas se deparavam com o olhar de Mao desde quando acordavam até quando iam dormir, curvando-se diante do retrato.[69]

Havia até uma dança da lealdade, que consistia em alguns movimentos simples com os braços estendidos do coração até o retrato do presidente. A coreografia era acompanhada da canção "Amado presidente Mao". Na rede de televisão estatal, noites inteiras eram dedicadas a músicas e danças rituais. Um busto gigantesco ocupava o centro do palco, produzindo raios que incidiam e brilhavam, como se a luz e a energia emanassem do ente supremo.[70]

Bustos e estátuas de Mao brotaram como cogumelos após a chuva. Mais de 600 mil deles apareceram apenas em Xangai, a maioria feita de gesso; outros eram de concreto reforçado, alumínio e estanho. Alguns assomavam sobre os pedestres a impressionantes quinze metros do chão, outros tinham apenas três metros de altura. Na concorrência informal, poucos recursos foram gastos e, em 1968, apenas essa cidade usou novecentas toneladas de estanho. O Instituto do Aço recorreu ao aço inoxidável para erguer seu monumento a um custo de 100 mil iuanes.[71]

No verão de 1968, a primeira fase da Revolução Cultural chegou ao fim, quando os novos "comitês partidários revolucionários" assumiram o controle do partido e do Estado. Eles eram fortemente dominados por oficiais militares, concentrando o poder real nas mãos do Exército. Nos três anos seguintes, transformaram o país em uma fortaleza, com soldados supervisionando escolas, fábricas e unidades governamentais. Também organizaram uma série de expurgos, punindo todos que se expressaram no auge da Revolução Cultural, em 1966--1967. No primeiro momento, milhões de elementos indesejáveis, incluindo alunos e outros que tinham acreditado piamente nas palavras de Mao, foram enviados ao campo para "serem reeducados pelos camponeses". Em seguida, houve uma caça a "espiões", "traidores" e "renegados", em que a organização de comitês especiais examinava as ligações dos supostos inimigos dos cidadãos comuns e dos membros do partido. Uma campanha contra a corrupção intimidou e subjugou as pessoas, e quase todo ato e pronunciamento — rasgar inadvertidamente o pôster do presidente, questionar a economia planejada — passou a ser um potencial ato criminoso.[72]

Em todo o país, as pessoas foram forçadas a provar sua devoção ao presidente, denunciando colegas, amigos, vizinhos e parentes. Em um expurgo sem sentido e imprevisível atrás do outro, comunidades inteiras foram separadas, gerando indivíduos pulverizados, dóceis e leais apenas ao presidente. Em todos os lugares, os elementos recalcitrantes eram forçados a ser reeducados, fosse em aulas sobre o Pensamento de Mao

Tsé-tung para pessoas comuns, fosse nas escolas do quadro militar para os membros do partido.

Em abril de 1969, o 9º Congresso do Partido aprovou uma nova constituição, estabelecendo que o "Pensamento de Mao Tsé-tung marxista-leninista" deveria ser a base teórica do partido. A doutrina foi reafirmada como uma ideologia que guiava o país. Enfim, o presidente conseguiu reverter as decisões tomadas no 8º Congresso do Partido, em setembro de 1956. Naquele momento, Liu Shaoqi havia sido expulso e denunciado, tal como dezenas de outros líderes antigos do partido, como "renegado, traidor e infiltrado, além de um covarde que fugia do imperialismo, do revisionismo moderno e de reacionários nacionalistas e que cometeu inúmeros crimes". Ele morreu na solitária seis meses depois, coberto de escaras, com o cabelo comprido e despenteado. Um novo Comitê Central foi eleito, e menos de um a cada cinco membros esteve presente em 1956.[73]

Mao, no entanto, suspeitava dos militares, em particular de Lin Biao, pioneiro dos estudos sobre o Pensamento de Mao Tsé-tung no Exército. O presidente usara Lin Biao para lançar e manter a Revolução Cultural, mas o marechal, por sua vez, explorou o tumulto para expandir sua base de poder, colocando seus apoiadores em posições-chave no Exército. Em setembro de 1971, ele morreu em um misterioso acidente aéreo, o que findou o domínio militar sobre a vida civil, uma vez que o Exército foi expurgado e acabou sendo vítima da Revolução Cultural.

O culto a Mao, bastante associado a Lin Biao e ao Exército de Libertação Popular, foi reduzido da noite para o dia. A China se distanciou ainda mais da União Soviética, voltando-se para os Estados Unidos em 1972. Cidades foram enfeitadas para a visita de Nixon, pôsteres foram removidos e slogans anti-imperialistas, abrandados. Xangai foi repaginada. Um pequeno exército de mulheres foi levado até a frente do Hotel da Paz para apagar o slogan "Vida longa aos pensamentos invencíveis do presidente Mao". Novos slogans apareceram dando boas-vindas à "grande união dos povos do mundo". Todos os vestígios do presidente foram removidos das vitrines. Milhares de estátuas foram desmanteladas e discretamente enviadas para a reciclagem.[74]

Mao também foi enfeitado e maquiado. O encontro com Nixon foi um grande golpe de propaganda. As notícias chocaram o mundo, uma vez que o equilíbrio da Guerra Fria havia sido desviado da União Soviética. Em Pequim, Mao regozijou-se dizendo que os Estados Unidos estavam "evoluindo de macaco para homem, não completamente um homem ainda, porque a cauda ainda está lá". Ele reduziu Nixon, o líder do país mais poderoso do planeta, a um mero emissário em busca de um público imperial. Líderes de países da Europa, da América Latina, da África e da Ásia logo se dirigiram a Pequim, todos atrás de reconhecimento.[75]

Nos anos finais no poder, o presidente continuava a jogar uma facção contra a outra. Quando Zhou Enlai foi diagnosticado com câncer, o ditador se recusou a aprovar o tratamento, deixando que ele morresse no início de 1976. A morte de Mao se deu no dia 9 de setembro de 1976, alguns minutos depois da meia-noite. Nas escolas, nas fábricas e nos escritórios, as pessoas se reuniram para ouvir o anúncio oficial. Aqueles que sentiram alívio tiveram que esconder os sentimentos. Foi o caso de Chang Jung, uma estudante de Sichuan que, por um momento, ficou entorpecida com absoluta euforia. Todos ao redor choravam. Tendo que demonstrar a emoção correta ou arriscar ser excluída, ela então enterrou a cabeça no ombro de uma mulher em sua frente, soluçando de tanto chorar.[76]

Ela dificilmente estava sozinha nessa atuação. Segundo a tradição chinesa, chorar pelos parentes mortos e até se jogar no chão em frente ao caixão era uma demonstração necessária de piedade. A ausência de lágrimas era uma desgraça para a família. Às vezes, atores eram contratados para fazer uma cena de luto nos funerais de signatários importantes, encorajando, portanto, outros enlutados a se juntarem sem se sentirem envergonhados. E, assim como as pessoas dominaram a arte de demonstrar raiva proletária em sessões de denúncia, muitos sabiam chorar quando solicitados.

As pessoas mostravam menos contrição na vida privada. Em Kunming, capital da província de Yunnan, todas as bebidas alcoólicas foram vendidas da noite para o dia. Uma jovem lembra que o pai convidou o melhor amigo, trancou a porta de casa e abriu a única garrafa de vinho que tinham. No dia seguinte, foram a um funeral em que as pessoas choravam como se estivessem de coração partido. "Como eu era pequena, fiquei confusa com a atitude dos adultos — todos pareciam tão tristes em público, embora meu pai estivesse tão feliz na noite anterior."[77]

Algumas pessoas se sentiram genuinamente tristes, em especial as que se beneficiaram da Revolução Cultural. Além disso, muitos ainda eram adeptos da revolução, principalmente os jovens. Ai Xiaoming, uma jovem de 22 anos que desejava entrar no partido e contribuir para o socialismo, ficou tão consternada que chorou até quase desmaiar.[78]

No campo, no entanto, aparentemente poucas pessoas choraram. Como lembra um pobre aldeão de Anhui, "nem sequer uma pessoa chorou naquela época".[79]

Mao foi para um mausoléu, assim como Stalin. Diferentemente do líder soviético, ele permaneceu lá. Seu retrato ainda está pendurado em Pequim e seu rosto aparece em todas as cédulas de dinheiro da República Popular da China. Mao usou o culto à sua imagem para transformar os outros em bajuladores que reforçaram cada capricho seu. Ele fez de líderes partidários cúmplices de seus crimes. E, ao se tornarem cúmplices, eles e seus sucessores se tornaram guardiões da imagem de Mao, determinados a não repetir o erro que Kruschev cometeu em seu discurso secreto.

5
Kim Il-sung

Em 14 de outubro de 1945, houve uma concentração popular em um campo esportivo em Pyongyang para dar boas-vindas ao Exército Vermelho. Seis meses antes, quando Stalin reuniu-se com Roosevelt em Yalta, as potências aliadas negociavam o destino da Coreia, colônia japonesa desde 1910. Concordaram em ocupar em conjunto a península, decidindo no último minuto dividir o país no paralelo 38. Pyongyang passou a ser a capital provisória do norte da Coreia, que ficaria sob controle soviético.

Ladeado por oficiais da União Soviética, Kim Il-sung fez seu primeiro discurso público naquele dia. A plateia se alvoroçou quando ele foi apresentado pelo general Lebedev, pois as pessoas associavam seu nome a um lendário guerrilheiro, um grande patriota que havia perambulado à vontade pela Manchúria dez anos antes, acossando o inimigo japonês. No entanto, Kim não parecia apropriado para o posto. Ele tinha apenas 33 anos de idade e parecia inexperiente, agarrando com força o papel com seu discurso. Nas palavras de uma testemunha, ele parecia "um entregador de restaurante chinês", com um corte de cabelo bem rente e um terno azul que era muito pequeno para seu corpo rechonchudo. Ele titubeou ao proferir um discurso salpicado com jargões marxistas em uma voz monótona, tecendo elogios extravagantes a Stalin. Rumores se espalharam pela multidão, que o acusou de ser falso, um fantoche imposto pela União Soviética. Era um começo infausto para um homem que dominaria a Coreia do Norte.[1]

Kim nasceu cristão, uma vez que o pai foi educado por missionários. Em 1919, quando o menino tinha apenas 7 anos de idade, a família seguiu centenas de outros coreanos na travessia da fronteira da Manchúria para escapar da opressão colonial. Em 1931, o Japão os alcançou, tornando a região um Estado fantoche. Kim, então com 19 anos, juntou-se ao Partido Comunista da China. No entanto, partidários coreanos eram suspeitos de espionar a serviço dos japoneses, e mais de mil deles foram interrogados e torturados em uma série de expurgos brutais. Centenas foram mortos. Kim também foi preso, embora tenha sido solto em 1934.[2]

Até então Kim era um dos poucos comunistas coreanos que restavam. Ele logo passou a comandar centenas de guerrilheiros em incursões na Manchúria e na fronteira com a Coreia. Em junho de 1937, ele e seus homens atacaram uma guarnição policial em uma aldeia chamada Pochonbo, localizada cerca de quarenta quilômetros do monte Paektu, uma montanha sagrada que se acreditava ser o local de nascimento do fundador do primeiro reinado. Foi uma operação insignificante do ponto de vista estratégico, mas atraiu uma ampla cobertura da imprensa, pois era a primeira vez que os comunistas foram capazes de preparar um ataque na Coreia. Os japoneses puseram Kim em uma lista dos bandidos mais procurados, transformando-o em um nome popular entre os milhões que odiavam os colonizadores.[3]

Em 1940, Kim era o rebelde mais procurado da Manchúria, tendo sido forçado a atravessar a fronteira com a União

Soviética. Lá, ele e seus apoiadores foram abrigados, treinados e doutrinados pelo Exército Vermelho. Em 1942, foi promovido a capitão, mas três anos depois teve negada a chance de melhorar ainda mais sua reputação ao promover uma marcha vitoriosa sobre Pyongyang. Desconfiado, Stalin atribuiu esse papel a "coreanos soviéticos" mais confiáveis, que mantinham laços de longa data com Moscou. Mas Kim e sessenta combatentes partidários percorreram um caminho próprio até o norte da Coreia, desembarcando no porto de Wonsan um mês depois da rendição do Japão. Foi um retorno humilhante para Kim, que marchou não como libertador de seu país, mas como um modesto capitão em uniforme estrangeiro. Ele insistiu em que a volta para casa fosse mantida no anonimato.[4]

Em Pyongyang, passou um tempo transitando entre os oficiais soviéticos, fornecendo-lhes comida e mulheres, usando seus contatos para pôr os apoiadores em postos-chave nos órgãos de segurança pública. Os russos precisavam de uma autoridade simbólica para o governo provisório, mas escolheram Cho Man-sik para a posição. Conhecido como "Gandhi da Coreia", Cho era um nacionalista cristão que, por décadas, promoveu um caminho de não violência para conquistar a independência. Ele era altamente respeitado, mas logo ficou claro que apenas colaboraria com os soviéticos de acordo com os termos. Quando Cho recusou uma administração de cinco anos sob o controle da União Soviética, foi a gota d'água. Ele foi posto em prisão domiciliar em janeiro de 1946. Kim passou à frente quando Stalin destacou seu nome em uma lista restrita de potenciais candidatos. O único outro candidato era Pak Hon-yong, um ativista pela independência que havia organizado o Partido Comunista da Coreia no sul após a libertação.[5]

Em outubro de 1945, a impressão passada por Kim foi fraca, mas os soviéticos ajudaram a promover a imagem dele.

Pyongyang foi enfeitada com retratos de Kim pendurados junto aos de Stalin. Sua juventude era elogiada; o passado mítico, exaltado. O novo líder treinou o sorriso para parecer mais gentil e alegre. Tornou-se a modéstia em pessoa, dizendo ao povo: "Não sou general, mas amigo de vocês." Um entrevistador contou ter ficado impressionado com a "luz da genialidade" que brilhava nos olhos dele. Um momento-chave aconteceu em agosto de 1946, quando Kim foi aclamado como "grande líder", "herói da nação" e "líder de todo o povo coreano" no congresso de fundação do Partido dos Trabalhadores da Coreia do Norte. O romancista Han Sorya, que logo se tornaria o engenheiro-chefe do culto à personalidade de Kim, referiu-se a ele como "nosso sol", diferentemente do sol japonês diante do qual os súditos coloniais eram forçados a fazer saudações no passado.[6]

Assim que Kim foi aprovado por Moscou, o modelo soviético foi imposto em todos os níveis da sociedade. A indústria foi nacionalizada, uma drástica reforma agrária foi implementada. Kim estava no centro de todas as ações, atravessando o país de cabo a rabo para distribuir conselhos aos súditos sobre tudo, desde o cultivo em terras íngremes a formas de elevar os padrões de vida. Foi ele quem propiciou uma colheita abundante em 1946 e controlou as enchentes de inverno naquele ano. Comícios foram realizados no campo, com os aldeões expressando gratidão ao general em canções, discursos e cartas. Nesse meio-tempo, cerca de 1 milhão de pessoas, aproximadamente de 7% a 8% da população, deram as costas e foram embora, juntando-se a um êxodo de riqueza e talento rumo ao sul da Coreia.[7]

As credenciais revolucionárias de Kim foram elogiadas. Uma curta biografia traduzida do *Komsomolskaya Pravda* em 1946 referia-se reiteradamente aos poderes sobrenaturais que os aldeões comuns atribuíram ao guerrilheiro que, por muitos anos, esquivou-se da captura dos japoneses: ele conseguia voar, passar por túneis construídos nas montanhas. Seus pais foram apresentados à população por Gitovich e Bursov, dois russos que entrevistaram Kim e seus combatentes partidários. O pai do general era um professor dedicado e revolucionário de carreira que havia sido preso duas vezes. A mãe era uma cúmplice talentosa, que fornecia ao filho armas escondidas ao redor da casa. Mas foi um escritor coreano chamado Han Chae-tok quem saudou o primeiro "retorno triunfal" de Kim à terra natal, retratando-o como um "herói de toda a Coreia", que esteve na vanguarda do movimento de liberação desde os 17 anos de idade. O relato do escritor virou livro em 1948.[8]

A incursão a Pochonbo elevou-se ao status de lenda, sobretudo em uma epopeia publicada por Cho Gi-cheon, um poeta às vezes chamado de "Maiakovski da Coreia". O livro *Mount Paektu*, publicado em 1947, retratou a região como uma área mística repleta de contos fantásticos, com histórias de guerreiros adormecidos à espera de despertar e libertar a terra e líderes revolucionários pulando de uma montanha para outra.[9]

Em 1948, uma cortina de ferro dividiu o mundo em dois campos. Na Coreia, dois governos muito diferentes surgiram em cada lado do paralelo 38. Uma reunificação pacífica parecia cada vez mais improvável. No Sul, Syngman Rhee, um opositor do comunismo, venceu as primeiras eleições presidenciais em maio, com o apoio dos Estados Unidos. Alguns meses depois, em 15 de agosto de 1948, exatamente três anos após a liberação do país do domínio do Japão, a República da Coreia foi declarada em Seul. No Norte, Kim Il-sung proclamou a República Democrática da Coreia do Norte em 9 de setembro.

De general, Kim passou a ser primeiro-ministro, reinando supremo. Outro título que surgiu após o estabelecimento da

República Democrática foi o de *surong*, o equivalente ao termo *vozhd*, usado para Stalin. A fotografia de Kim começou a aparecer no frontispício de livros e jornais. Seus discursos, que eram muitos, saíam nos jornais. No Dia do Trabalhador, dezenas de milhares de pessoas se juntavam para saudar Stalin e Kim. Como a máquina de propaganda nunca se cansou de entoar, o povo estava unido atrás do líder.[10]

A Coreia do Norte era um país altamente militarizado, mas, em fevereiro de 1948, à medida que o conflito com o Sul se tornava cada vez mais provável, o Exército Popular da Coreia estabeleceu-se, equipado e aconselhado por Moscou. As tropas soviéticas retiraram-se no fim do ano. Duzentos tanques foram entregues, além de caminhões, artilharia e armamento leve.

Como em todos os Estados unipartidários, o Exército pertencia ao partido, não ao povo. O comandante supremo era Kim Il-sung, e ele estava inclinado a estender a revolução, libertando o Sul de Syngman Rhee e sua "facção de reacionários dos Estados Unidos" para unir o país. Em março de 1949, ele abordou Stalin, mas o mestre se opôs. Frustrado, Kim foi obrigado a ver Mao tomar o controle na China, trazendo um quarto da população mundial para o campo socialista, enquanto seu país permanecia dividido.

Repetidamente, Kim atazanava Stalin, que não estava com pressa de entrar em um conflito aberto envolvendo os Estados Unidos. Mas, no fim de 1949, ele começou a ceder. Os norte-americanos não haviam intervindo na guerra civil da China até então e tinham abandonado Chiang Kai-shek em Taiwan. Em janeiro de 1950, após os Estados Unidos indicarem que a Coreia não estava em seu perímetro de defesa no Pacífico, Stalin deu o sinal verde, mas se recusou a comprometer qualquer tropa. "Caso levem uma surra, não vou mover um dedo sequer. Terão que pedir toda a ajuda para Mao." O líder chinês concordou, pois precisava de Stalin para conquistar o poder aéreo e marítimo necessário para invadir Taiwan.[11]

Em 25 de junho de 1950, o Norte lançou-se em uma grande invasão por terra e ar. O Sul não estava bem preparado, tinha menos de 100 mil soldados, e os norte-americanos deliberadamente negaram a Syngman Rhee equipamentos, armas antitanque e artilharia mais pesada do que 105 mm. As tropas sul-coreanas desmoronaram em semanas. Por um breve momento, Kim Il-sung pareceu um gênio militar. Seu retrato foi exibido em todos os lugares nas áreas liberadas.[12]

Kim, no entanto, calculou extremamente mal. Ele e seus conselheiros tinham de início contado com o apoio popular, mas a maioria sulista permaneceu neutra. Não havia multidões aclamando e agitando bandeiras vermelhas. Os Estados Unidos não ficaram alheios, com receio de um conflito maior com a União Soviética. Então, reuniram as Nações Unidas, proclamaram que a paz tinha sido interrompida e enviaram tropas para apoiar a Coreia do Sul. Eles viraram a maré em agosto de 1950. Dois meses depois, o general Douglas MacArthur alcançou o paralelo 38. Ele poderia ter parado ali, mas, em vez disso, decidiu ir até a fronteira com a China, ignorando as questões mais básicas de segurança da República Popular.

Foi um desastre para Kim. Em outubro, Mao veio em socorro, enviando centenas de milhares de tropas para a fronteira na calada da noite. Eles pegaram o inimigo de surpresa. Mas, após uma série de vitórias rápidas, as linhas de suprimento logo se exauriram. Então, no verão de 1951, surgiu um impasse sangrento no paralelo 38.

Kim teve que ir atrás de um bode expiatório para a derrota, e o encontrou no Número Dois do partido, um coreano criado na União Soviética chamado Ho Kai. Ho era um exímio administrador que havia montado a máquina partidária do zero. Ele também se tornara o aliado mais próximo de Kim, agindo como patrono e guardião. Isso, por si só, já teria sido razão suficiente para se livrar dele, mas Ho também era o homem de Moscou em Pyongyang. Uma vez que a presença chinesa estava em equilíbrio com a soviética, Kim se sentiu livre para atacar. Primeiro, pediu que Ho expurgasse o partido, depois mudou de opinião e o acusou de ter ido longe demais. Ho foi humilhado na presença de outros líderes, privado de sua posição e expulso do partido. Kim reintegrou centenas de milhares de membros que haviam sido expulsos. Muitos eram aldeões que mal sabiam ler, e todos abraçaram Kim como o salvador.[13]

A guerra exigia união e obediência ao líder, e seu culto melhorou em 1952, mesmo após a intensificação dos bombardeios. No quadragésimo aniversário de Kim, celebrado em 15 de abril, foi publicada uma curta biografia cuja leitura se tornou obrigatória para todos. Locais de estudo foram aparecendo pelo país, e as pessoas nas fábricas e nas escolas marcaram a data ao "serem entusiasticamente doutrinadas" pelos pensamentos dele. Memoriais em homenagem a Kim foram fundados em Pochonbo e Mangyongdae, onde ele nasceu, em uma montanha nos arredores de Pyongyang.[14]

O entusiasmo ilimitado das massas passou de mão em mão com a humilhação habitual dos potenciais rivais. Três dos mais proeminentes líderes do partido publicaram cantos de glória a Kim Il-sung, aclamando-o como o Grande Líder junto a Lenin e Stalin. O elogio menos efusivo veio de Pak Hon-yong, fundador do Partido Comunista da Coreia em Seul, que se mudara para a Coreia do Norte em 1948 com o propósito de se tornar ministro das Relações Exteriores.[15]

Um cessar-fogo finalmente foi proclamado em julho de 1953, alguns meses depois da morte de Stalin. O líder soviético havia prolongado a guerra por dois anos, satisfeito com as perdas sofridas no campo imperialista. Kim era apenas um peão no grande jogo de xadrez geopolítico.

A fronteira permanecia a mesma, mas cerca de 3 milhões de pessoas perderam a vida em uma das guerras mais cruéis e mortais dos tempos modernos. A maior parte da península foi reduzida a escombros, e pouca coisa se manteve de pé no Norte.

Kim declarou vitória. Desde o início, a máquina de propaganda apresentou a Guerra de Libertação da Pátria como uma guerra de defesa, em que os Estados Unidos eram o invasor. O plano imperialista de colonizar a península inteira foi frustrado graças à visão do grande líder. Era uma grande mentira, mas aquilo se tornou crível por conta de uma doutrinação interminável e um completo isolamento do mundo externo. Durante uma década, o Estado unipartidário expandiu o controle sobre o que o povo lia, o que podia falar, onde podia morar e para onde se podia viajar. Os agentes de segurança começaram a manter todos sob vigilância constante, enviando os dissidentes para campos de trabalho forçado em montanhas inóspitas e remotas na parte setentrional.[16]

A Coreia do Norte não só se tornou um reino eremita, mas também uma sociedade com a mentalidade permanente de cerceamento, vivendo sob constante ameaça de invasão de forças hostis de todos os lugares. Era essa a mensagem repetida incessantemente pela máquina de propaganda e sempre compartilhada pelos cidadãos comuns que haviam suportado anos de devastação nas mãos do inimigo.

A Coreia do Norte estava traumatizada pela guerra. A propaganda apresentava o grande líder como uma figura paternal ao redor da qual as pessoas, abaladas pela guerra, poderiam se reunir para achar um rumo na vida. No entanto, os rivais no partido foram fortalecidos pela guerra fracassada. Kim estava desconfiado de Pak Hon-yong, o ministro das Relações Exteriores que economizara em seus elogios um ano antes. Pak mantinha muitos apoiadores entre os membros da resistência na Coreia antes de 1945. Kim os prendeu em março de 1953. Sempre um ávido aluno de Stalin, o líder norte-coreano orquestrou um julgamento de fachada, e doze dos acusados confessaram obedientemente os mais excêntricos dos crimes diante da imprensa internacional. Eles foram considerados culpados e condenados à morte. Foi uma forma de desviar a atenção quanto à destruição provocada pela guerra.[17]

Kim também seguiu Stalin na reconstrução do próprio país. A Coreia do Norte passou a receber grande parte da ajuda vinda do mundo socialista, investindo tudo na rápida industrialização e coletivização do campo. No entanto, Kim estava sempre muito ocupado, e já em 1955 surgiram evidências de disseminação da fome, com crianças sendo frequentemente vistas pedindo esmola descalças na neve. Aldeias inteiras da parte setentrional aninhavam-se juntas na tentativa de hibernar nos meses de inverno. Novamente, a União Soviética e a China intervieram, enviando 200 mil toneladas de grãos como ajuda de emergência.[18]

Embora a Coreia do Norte dependesse da União Soviética, retratos de Marx, Lenin e Stalin vieram abaixo. Não havia um deles sequer no desfile organizado em 15 de agosto de 1954 para celebrar o Dia Nacional. Por sua vez, um embaixador russo reclamou: "Em todas as estações de trem, em todos os ministérios, em todos os hotéis, há imagens enormes de Kim Il-sung." Sua sabedoria era celebrada em canções e poemas. Os slogans apareciam em letras garrafais inscritas em faixas penduradas em escolas, fábricas e prédios comerciais. Filmes celebravam não só os locais que Kim visitara, mas até a pedra onde repousara.[19]

Kim era onipresente. Era um líder enérgico, incansável, que se preocupava com cada detalhe. Havia inspeções de escolas, turnês de cooperativas, visitas a fábricas e até aparições improvisadas em reuniões locais que ele presidia, todas relatadas nos mínimos detalhes e com diversas fotografias nos jornais. A expressão "orientação prática" começou a despontar, uma vez que Kim dava conselhos sobre apicultura, manejo de pomares, técnicas de irrigação, produção de aço e construção civil. Segundo estimativas, ele fez mais de 1.300 viagens entre 1954 e 1961. Seus ensinamentos foram publicados e estudados de perto pela nação. A Fábrica de Celulose de Sinuiju organizou reuniões diárias sobre os ensinamentos do grande líder após a visita dele no início de 1956.[20]

Ele apareceu para um número incontável de operários e aldeões, tornando-se uma lenda viva. Ouvia todos, sempre atento ao bem-estar do povo, questionando-o de perto sobre a vida, anotando detalhes nas visitas à casa das pessoas e conhecendo as famílias. Concedia benefícios. Os operários lhe escreviam para agradecer a liderança. Ele, por sua vez, escrevia para parabenizá-los pelas conquistas.[21]

Por baixo dos panos cintilantes da propaganda, no entanto, o medo acompanhava o culto, pois o menor sinal de desrespeito ao grande líder era duramente punido. Uma vítima recebeu uma sentença de cinco anos por embrulhar um livro com um jornal que tinha a foto de Kim Il-sung. Outra foi para um campo de trabalho forçado por cinco anos por retocar um pôster mal desenhado. Um aldeão que reclamou da necessidade dos grãos apontando o dedo para um retrato do líder e gritando "Você está atormentando as pessoas em vão" ficou exilado por sete anos. Centenas de pessoas foram sentenciadas por crimes parecidos.[22]

Quanto mais visível se tornara o líder, mais seus colegas eram forçados a viver à sombra dele. A bajulação constante desviava as potenciais críticas de seus rivais no partido. Mas em 1956, quando Kruschev denunciou o culto à personalidade, eles viram uma oportunidade para abaixar a bola de Kim. Yi Sang-jo, o embaixador da Coreia do Norte em Moscou, reclamou a oficiais no Ministério das Relações Exteriores que o líder estava rodeado de bajuladores, acumulando ainda mais poder, enquanto a imprensa oficial o exaltava como um gênio que havia liderado a luta revolucionária desde os 12 anos de idade. Em visita a Moscou um mês depois, o líder foi repreendido por Kruschev, que exigiu dele a implementação de reformas. Kim humildemente aceitou as recomendações.[23]

Fortalecidos, os críticos do ditador o confrontaram em um encontro do Comitê Central em agosto de 1956. Eles barbarizaram o histórico econômico de Kim, zombaram da incompetência de seu séquito e o acusaram de concentrar muito poder nas próprias mãos. Acima de tudo, criticaram o culto à personalidade e convocaram o 20º Congresso para defender uma reforma. Entretanto, ao longo dos anos, Kim havia abarrotado o Comitê Central com adeptos leais e jovens. Eles interromperam os oponentes, gritando e assoviando durante os discursos, depois derrubaram as propostas.

Kim virou o confronto a seu favor. Ele denunciou os rivais como "membros de facções", afastando-os dos cargos que ocupavam ou expulsando-os do partido. Muitos deles tinham nascido na União Soviética ou na China. Temendo pela vida, diversos fugiram do país e buscaram refúgio nas respectivas terras natais. A perseguição amedrontou Moscou e Pequim, que perceberam que a influência que exerciam sobre Pyongyang estava minguando. A União Soviética e a China enviaram uma delegação conjunta para a Coreia, de modo a aumentar a pressão. Kim, de novo, aceitou humildemente o conselho dos dois países, convocando outra reunião do Comitê Central em setembro. Ele limpou o nome dos rivais e fez um gesto simbólico rumo à desestalinização.

Kim foi salvo pelo levante em Budapeste um mês depois, em outubro de 1956. Quando os tanques soviéticos acabaram com a tentativa de libertação da Hungria, a reforma no mundo socialista foi interrompida. Kim se sentiu no direito de eliminar cada um de seus críticos nos dois anos seguintes, e assim o fez. As famílias daqueles que fugiram para o exterior desapareceram, provavelmente executadas.[24]

Em outubro de 1957, quando os líderes socialistas se encontraram para celebrar o quadragésimo aniversário da Revolução de Outubro, Mao chamou Kim em um canto para expressar arrependimento por ter enviado uma delegação conjunta à Coreia do Norte. Ambos os líderes se opunham à desestalinização. Sem nunca perder uma boa oportunidade, Kim pediu que Mao retirasse suas tropas. Cerca de 400 mil soldados chineses tinham ficado na Coreia do Norte após o fim da guerra e pareciam uma força de ocupação em meio a uma população de 10 milhões de habitantes. As tropas chinesas se retiraram em outubro de 1958. Kim, afinal, era o mestre de seu país, esquivando-se dos dois apoiadores mais poderosos: a União Soviética e a República Popular da China.

Em uma caça às bruxas por todo o país, semelhante ao expurgo que se seguiu à Campanha das Cem Flores na China, dezenas de milhares de "membros de facção" e "conspiradores" de todo tipo foram confrontados em sessões de denúncia pública, acusados, humilhados, agredidos e, às vezes, executados em público. Na Academia de Ciências, um suspeito foi denunciado pelos colegas por doze dias por insistir, após o 20º Congresso em Moscou, que a frase "Nosso amado líder Kim Il-sung" fosse retirada de publicações oficiais. Inúmeros outros acabaram na prisão ou em campos de trabalho forçado.[25]

Em 1957, toda a população ficou dividida em três grupos de acordo com o grau de lealdade ao partido. O sistema era chamado de *songbun*, derivado do termo *chengfen*, usado na República Popular da China, onde foi desenvolvido em 1950. Abaixo da "classe central" e da "classe indecisa" estava a "classe hostil", que compreendia cerca de 20% da população. O status de classe determinava tudo, desde a quantidade de alimentos a que uma família tinha direito até o acesso a educação e emprego. Na Coreia do Norte, assim como na China, essa classificação passava de pai para filho. Pessoas cujo único crime foi ter se mudado para a Coreia do Sul foram levadas das cidades para o interior. A lealdade ao partido logo passou a significar lealdade ao grande líder.[26]

O presidente Mao tinha seu Grande Salto Adiante, o grande líder Kim tinha o Cavalo de Mil Milhas. No verão de 1958, foi lançado o Movimento Chollima, que recebeu esse nome em homenagem a um cavalo alado mítico que galopava mil milhas — um pouco mais de 1.600 quilômetros — em um dia. O objetivo era projetar a Coreia do Norte para o futuro, mas sem a assistência econômica da União Soviética ou da República Popular da China. Incentivos ideológicos em vez de recompensas materiais, acreditava Kim, motivariam o povo a trabalhar mais e alcançar autossuficiência econômica. "Avancemos com a velocidade do Chollima" era o slogan, e o país alcançaria e ultrapassaria o Japão na produção industrial em menos de dois anos. Como na União Soviética e na China, os trabalhadores que não atenderam às exigências foram denunciados como "sabotadores". Com o Movimento Chollima surgiu uma nova onda de repressão, sendo 100 mil pessoas expostas como "elementos hostis e reacionários" entre outubro de 1958 e maio de 1959.[27]

Como os rivais de Kim desapareceram, o passado foi reescrito. Já em março de 1955, a máquina de propaganda começou a ignorar a União Soviética e a República Popular da China, concentrando-se na contribuição das "massas revolucionárias" para a libertação do país. Em 1956, um museu da revolução abriu as portas em Pyongyang, com somente uma seção — 5 mil metros quadrados dedicados às atividades antijaponesas de Kim Il-sung. Em 1960, o museu já tinha mais que dobrado de tamanho, mas entre as muitas salas apenas alguns mostruários eram dedicados à União Soviética. Doze estátuas grandes de Kim, proclamado "emancipador nacional", recebiam os visitantes do museu.[28]

No ano seguinte, em setembro de 1961, o 4º Congresso do Partido foi um divisor de águas para Kim Il-sung. Ele eliminou com sucesso todos os opositores e entrincheirou seus apoiadores no partido. Alguns meses antes, Kim explorou o racha entre a China e a União Soviética para cortejar os dois países, assinando dois tratados seguidos que ofereciam maior proteção contra a Coreia do Sul e os Estados Unidos. A luta de Kim para consolidar o poder parecia ter chegado ao fim.[29]

Durante muitos anos, ele raramente apareceu em público, delegando a maior parte das tarefas a seu séquito. Mas era onipresente. Suas citações estavam em todos os jornais. Cada publicação em cada domínio, da engenharia civil à biologia molecular, vinha com uma referência obrigatória ao trabalho dele. Os discursos foram transformados em antologia e publicados como obras completas. As obras selecionadas foram traduzidas. Sob seu olhar benevolente, os súditos estudaram suas palavras em cada escritório e sala de aula no país. Marx, Engels e Lenin, no entanto, eram raramente vistos ou lidos.[30]

Em 9 de setembro de 1963, a Coreia do Norte organizou um grande desfile para celebrar seu 15º aniversário. Não foi feita uma única menção à União Soviética nos discursos de abertura. O slogan era "Tudo por meio do nosso próprio esforço", e uma enorme efígie de Kim Il-sung foi carregada pelas ruas de Pyongyang.[31]

Como todo bom ditador, no entanto, ele precisava se estabelecer como fundador de uma ideologia. Seus textos eram amplamente estudados, mas Kim precisava de uma filosofia, preferencialmente uma que tivesse o sufixo "-ismo" acrescentado a seu nome. Em dezembro de 1955, mesmo com a União Soviética e a China enviando alimentos de emergência para a Coreia do Norte, Kim Il-sung apresentou a ideologia *Juche*. A tradução literal da palavra significa "autossuficiência". Por trás do jargão, uma ideia simples: as pessoas são mestres dos respectivos destinos e, ao se tornarem autossuficientes, precisam alcançar o verdadeiro socialismo. O marxismo-leninismo, que insistia em que as condições materiais eram a força primária da mudança histórica, foi virado de ponta-cabeça.[32]

Passaram-se anos em que a ideologia *Juche* mal foi mencionada, embora a noção de autossuficiência econômica tivesse aparecido no Movimento Chollima e a independência e a autoconfiança tivessem sempre sido os slogans mais proeminentes na Coreia do Norte. No entanto, em abril de 1965, quando o racha sino-soviético estava a pleno vapor, Kim viajou para a Indonésia por ocasião do décimo aniversário da Conferência de Bandung entre países africanos e asiáticos. Foi sua primeira viagem para fora do terreno socialista, e ele usou isso para testar seu papel como líder em países não alinhados do Terceiro Mundo. Em Jacarta, falou longamente sobre os princípios básicos da *Juche*. Além disso, mal disfarçou sua defesa da independência da União Soviética e da República Popular da China como uma luta anti-imperialista.[33]

Na Coreia do Norte, a ideologia *Juche* servia a um propósito diferente. Em outubro de 1966, após quinze anos de desenvolvimento precipitado na indústria pesada, até alguns dos adeptos de Kim começaram a questionar a melhoria nos padrões de moradia das pessoas comuns. O país estava novamente prestes a passar fome. A capital, Pyongyang, não via óleo de cozinha ou carne havia meses.[34]

Kim enxergava essas demandas como uma ameaça e ordenou que sua doutrina fosse consagrada como a ideologia oficial da Coreia do Norte. Ele queria nada menos do que um sistema ideológico monolítico, "a unidade da ideologia e da vontade", para liderar a revolução. Para isso, exigia obediência incondicional de cada membro do partido. Em 1967, os críticos foram expurgados.[35]

Como a palavra de Kim se tornou absoluta, os epítetos usados para descrevê-lo tornaram-se ainda mais extravagantes. Ele era saudado como "líder genial de uma nação de 40 milhões de pessoas" e "líder proeminente do movimento comunista internacional e dos trabalhadores". Foi Kim quem libertou a terra natal da escravidão do governo colonial em agosto de 1945 e impôs uma retaliação "100 mil vezes maior" contra os imperialistas norte-americanos, forçando-os a se ajoelharem na Guerra da Coreia. O ditador era o alerta vermelho para os oprimidos na África, na América Latina e na Ásia. "Kim Il-sung é o sol vermelho", escreveu um poeta nigeriano no *Pyongyang Times*.[36]

O culto a Kim se estendeu à sua família. Uma trupe de teatro do Ministério da Segurança atuou em uma peça amplamente disseminada sobre os "feitos heroicos" da mãe dele, descrita como "a mãe de Kim Il-sung e nossa mãe". O pai foi canonizado como santo da revolução, enquanto o círculo revolucionário da família se estendeu ao avô, à avó e a um dos bisavós.[37]

Em 1967, o Dia do Trabalhador, celebrado pela primeira vez após quatro anos, ocorreu sob a ideologia *Juche*. Não havia bandeiras estrangeiras. As flâmulas vinham em amarelo, verde e azul, as cores da bandeira nacional, mas não havia uma bandeira vermelha sequer. "Tudo por meio do nosso esforço" ou "Unidade por meio da autossuficiência" estampavam as faixas no desfile, que foi aberto por cavalos alados gigantescos seguidos de infinitos retratos e efígies do grande líder. O evento foi encerrado com os participantes cantando em tom cerimonial uma canção de Kim Il-sung e em seguida louvando o nome dele por alguns minutos.[38]

Não houve Revolução Cultural. Assim como outros ditadores, Kim Il-sung ficou desnorteado pelo caos que a revolução provocou na China. Mas, com o estabelecimento da ideologia *Juche*, veio um ataque contra tudo que parecia burguês. Cerca de 300 mil pessoas que tinham um parente considerado "politicamente não confiável" foram expulsas da capital, Pyongyang. Canções e histórias de amor foram banidas. O teatro popular, com cantores e músicos recontando histórias folclóricas, tornou-se um tabu. A música clássica, incluída a obra de Beethoven, foi proibida. Até mesmo o romance realista socialista *Assim foi temperado o aço*, de Nicolai Ostrovski, publicado em 1936, sofreu censura. Uma abordagem mais radical foi adotada em maio de 1968, quando todos os livros estrangeiros foram confiscados e o estudo das obras originais de Marx e Engels era considerado "indesejável". Em locais de encontro, salões de palestras e salas de estudo, ambientes às vezes descritos como "salas do culto" pelos estrangeiros, o público cativo estudava e decorava as obras de Kim Il-sung para comprovar uma lealdade fervorosa.[39]

A tensão aumentou, fomentando uma atmosfera marcial. O desfile de maio de 1967 também foi uma exibição de poder militar, com longas formações de armas antitanque, artilharia antiaérea e lançadores de granada roncando pela capital. "Vamos libertar a Coreia do Sul!" e "Vamos armar o povo inteiro" eram os slogans que deram o tom do momento. Em uma atmosfera de guerra iminente, exercícios de defesa antiaérea eram realizados regularmente em cidades e aldeias, forçando até os idosos e os doentes a marchar por quilômetros em busca de abrigo em túneis subterrâneos.[40]

Não há nada como uma ameaça de guerra para focar a atenção no líder, com reuniões e comícios, mas a alta tensão também era resultado das mudanças dos membros do partido que ocorreram em 1962. Com todos os oponentes expurgados, Kim promoveu seus jovens generais a posições-chave. Até certo ponto, foi uma reação ao golpe militar que ocorreu na Coreia do Sul em maio de 1961. Também foi parte de um desejo renovado de reunificar a península por meio da conquista militar. Por alguns anos, os generais fortaleceram os militares e armaram o povo, tornando o país uma "fortaleza impenetrável".

Todavia, em janeiro de 1968, eles foram longe demais. Primeiro, enviaram uma tropa de guerrilha a Seul em uma missão para assassinar o presidente sul-coreano, Park Chung-hee. Os norte-coreanos fracassaram, e alguns dos soldados foram mortos no local. Dias depois, em um impulso, cercaram uma embarcação espiã dos Estados Unidos chamada *Pueblo*. A tripulação de 83 pessoas sofreu abusos e ficou presa por onze meses, levando o país à iminência de guerra.[41]

Em público, Kim parabenizou os oficiais responsáveis pela captura da *Pueblo*, mas, depois de resolver a crise em longas negociações, silenciosamente removeu doze dos generais de alto escalão de seu grupo partidário. Nenhum ditador se sente seguro com um grupo militar poderoso no comando, mesmo que mostrem ter sido sempre leais. O fato marcou o fim da política militante da década de 1960.

Em 1969, jovens simpatizantes dedicados ao desenvolvimento econômico foram promovidos para o lugar dos antigos membros. Integrantes da família de Kim começaram a preencher algumas das posições mais elevadas, até então vagas. O irmão mais novo avançou para o posto Número Quatro. A esposa assumiu como presidente da União Democrática das Mulheres da Coreia. Em maio de 1972, os alemães-orientais e os soviéticos compilaram uma lista de parentes de Kim que tinham cargos no poder e contabilizaram uma dúzia de pessoas.[42]

Em 15 de abril de 1972, Kim completou 60 anos. As preparações para o evento começaram meses antes. Em outubro de 1971, a máquina de propaganda anunciou que estavam sendo construídos monumentos pelo país em homenagem ao grande líder. Foram criados santuários para imortalizar campos de batalhas revolucionários, bem como poemas foram inscritos em pedras para marcar o chão que ele pisara. Novas estradas, pontes e aterros foram construídos. Como sinal de gratidão pela orientação prática do ditador, monumentos marcaram todas as províncias e cidades grandes, fábricas, minas e cooperativas agrícolas. Ninguém queria atrasos, e as pessoas se voluntariavam para trabalhar sem parar, muitas vezes sob luz artificial durante a noite. O sacrifício pessoal era uma demonstração de amor genuíno pelo grande líder, um presente para aquele que ofereceu muito a seu povo.[43]

O local de nascimento de Kim em Mangyongdae, que já havia sido visitado por 1,3 milhão de alunos e operários em peregrinações anuais, foi reconstruído com marcos para celebrar momentos históricos da vida dele: o lugar onde se sentava com o pai, o monte de onde descia de trenó, a área em que praticava luta, o local favorito para uma pescaria, o balanço e até a árvore debaixo da qual se acomodava. Em exibição estavam os arados de madeira e ancinhos usados pela família, assim como a tigela amarela em que ele comia arroz. Ao norte, em Pochonbo e Musan, dois locais históricos em que o grande líder lutou contra os japoneses, foram erguidos 23 monumentos.[44]

A escala da obra pública era faraônica. Vastos recursos foram desviados para projetos do aniversário, que exigiram tanto cimento que, apesar das obrigações contratuais, todas as exportações para a União Soviética foram interrompidas. Mineradores foram convocados para atender ao prazo, deixando cidades inteiras no escuro porque o carvão necessário para abastecer as usinas havia acabado.[45]

Pyongyang estava transformada. A capital tinha sido reduzida a ruínas durante a Guerra da Coreia, mas os urbanistas usaram a oportunidade para transformar a cidade em um monumento ao grande líder. Ao longo dos anos, alamedas largas e arborizadas foram abertas, entremeadas por parques, chafarizes e canteiros. As obras de uma nova praça Kim Il-sung começaram em 1954 e foram finalizadas a tempo para as celebrações de seu sexagésimo aniversário. Em um espaço amplo pavimentado com granito foi erguida uma estátua de bronze de Kim Il-sung.

O tributo mais imponente, no entanto, apareceu na colina Mansudae, com uma vista panorâmica da cidade. Lá, um museu revolucionário que cerca de quinze anos antes ostentava meros 5 mil metros quadrados foi totalmente remodelado e transformado em um monumento colossal que ocupa majestosos 50 mil metros quadrados, com mais de noventa salas de exibição. Na frente do museu, foi colocada uma estátua do grande líder, com uma das mãos no quadril e a outra esticada com os dedos abertos, como se estivesse apresentando o futuro. Erguida a uma altura de vinte metros, era a maior estátua já construída no país, iluminada por holofotes à noite e visível a muitos quilômetros de distância da cidade.[46]

Semanas antes do evento, foi lançada uma campanha chamada de "Presentes de lealdade". Era uma oportunidade para que todo mundo demonstrasse o amor pelo líder ao cumprir voluntariosamente cotas de produção ainda maiores do que as usuais. Presentes grandiosos também chegaram à capital antes do aniversário, em navios enviados por coreanos que moravam no Japão. Eles estavam repletos de centenas de veículos importados, incluindo carros Mercedes-Benz, assim como caminhões, buldôzeres e escavadeiras, além de aparelhos de TV em cores, joias, seda e outros artigos de luxo.[47]

Em 15 de agosto, o museu foi inaugurado com grande pompa, uma vez que 300 mil visitantes arrastavam os pés nas diversas salas em silêncio respeitoso. Sete seções permitiam que os visitantes acompanhassem a história do grande líder — da luta contra os japoneses até suas façanhas no campo internacional. Milhares de itens foram postos em exibição: luvas, sapatos, cintos, bonés, suéteres e canetas de Kim, mapas e panfletos, dioramas de batalhas conhecidas, maquetes de reuniões famosas, quadros de cenas célebres. Havia estátuas em todos os lugares, cada uma delas aprovada pelo próprio Kim Il-sung.[48]

As insígnias, surgidas dois anos antes e já amplamente distribuídas, foram introduzidas. Um primeiro lote com 20 mil peças chegou da China a tempo para as celebrações: mostravam um líder de aparência austera em um fundo vermelho. Um sorriso mais benevolente só apareceria muito tempo depois. No início, eram conhecidas como "insígnias do partido", ostentadas por oficiais do alto escalão, mas não demorou para que cada súdito tivesse que usar uma, sempre no bolso esquerdo da camisa.[49]

Seis meses depois, em dezembro de 1972, foi aprovada uma nova Constituição, que consagrava a ideologia *Juche*, substituindo, portanto, o marxismo-leninismo pelo pensamento do grande líder. Uma nova posição também foi criada. Além de presidente do partido, Kim foi nomeado presidente da República. Como tal, ele se tornava simultaneamente chefe de Estado e comandante das Forças Armadas, com o poder de publicar decretos, conceder anistia e revogar tratados. A Constituição não só protegeu Kim Il-sung em todos os níveis do governo, como também marcou uma sutil mudança do poder, que se distanciou do partido em favor do Estado.[50]

A Coreia do Norte era um país hermeticamente isolado, com poucos estrangeiros visíveis além do corpo diplomático do mundo socialista, que permanecia sob vigilância. Mas o aniversário de 60 anos do líder também foi uma festa de abertura, com a presença de delegações vindas de trinta países.[51]

Pela primeira vez, um correspondente norte-americano foi convidado a visitar a Coreia do Norte. Ele foi cuidadosamente selecionado, tendo sido correspondente por muitos anos na União Soviética e na Albânia. Na manhã seguinte à sua chegada, Harrison Salisbury foi conduzido pela cidade de Pyongyang em um Mercedes-Benz novinho e levado para conhecer escolas-modelo, fábricas e fazendas. Tudo o impressionou, desde os aldeões trabalhando felizes no campo até as crianças orgulhosas no jardim de infância que cantavam para a glória do grande líder: "Nada no mundo inteiro nos causa inveja."[52]

Salisbury conheceu o marechal paternal, que lhe deu boas-vindas com as mãos esticadas. Assim como Stalin e Mao, Kim andava devagar, projetando uma aura imponente. E, como eles, sabia como sorrir e deixar seus convidados à vontade, rindo e até gargalhando em alguns momentos, ocasionalmente se virando para os colegas em busca de apoio às suas declarações. Salisbury concluiu que Kim Il-sung era um estadista "monumentalmente astuto e visionário".

Câmeras registraram fotos do encontro entre Salisbury e Kim, coreografado com cautela. Nos jornais do dia seguinte, no entanto, o intérprete que se sentou entre os dois desapareceu, sendo cortado do registro. Uma semana depois, chegou outro jornalista norte-americano, seguido, por sua vez, por mais visitantes, e a Coreia do Norte abriu as portas com prudência.[53]

Em Jacarta, em 1965, Kim se apresentou como defensor das nações não alinhadas, cortejando o Terceiro Mundo, enquanto a União Soviética e a República Popular estavam em desacordo. No verão de 1968, após uma tropa de 250 mil soldados liderados pela União Soviética invadir a Tchecoslováquia para suprimir a campanha por reforma democrática que ocorria no país, a Coreia do Norte se recusou a comparecer ao Encontro Internacional dos Partidos Comunistas e dos Trabalhadores em Moscou. Kim Il-sung invocou a ideologia *Juche* abertamente para confrontar os soviéticos, proclamando que a revolução nacional prevaleceria sobre a revolução internacional. Artigos de jornais, panfletos e biografias resumidas do grande líder foram publicados no exterior, com propagandas que ocupavam uma página inteira nos principais jornais da Suécia, da Grã-Bretanha e dos Estados Unidos. O objetivo principal do esforço propagandístico era apresentar Kim Il-sung como um gênio, um líder de envergadura internacional que desenvolveu de forma criativa o marxismo-leninismo em uma obra inspiradora para os povos revolucionários do mundo inteiro.[54]

Nos anos seguintes, a Coreia do Norte explorou cada oportunidade de estabelecer relações com países que haviam expressado reservas com relação à União Soviética, da Iugoslávia, em setembro de 1971, à República das Seychelles, em agosto de 1976. O isolamento da China durante a Revolução Cultural também foi explorado, uma vez que dezenas de milhares de pessoas regularmente enchiam as ruas para dar boas-vindas aos dignitários de Pyongyang. O próprio Kim foi para o exterior, embarcando em uma viagem internacional com a mesma energia com que fizera uma turnê em seu país. Em 1975, ele fez duas grandes viagens, dando entrevistas generosas a correspondentes estrangeiros em uma dezena de países. Estava tentando fazer amigos no exterior.[55]

Muito dessa ofensiva sedutora tinha a ver com as Nações Unidas, que finalmente admitiram a Coreia do Norte em 1975. Contudo, ao longo dos anos 1970, Kim continuou a se projetar como um líder do Terceiro Mundo. Sua nação financiou mais de duzentas organizações em cerca de cinquenta países para que estudassem a ideologia *Juche*. Um Fórum Internacional sobre a *Juche* ocorreu em Tóquio, em 1974, inaugurando, por fim, o termo "Kim Il-sungismo". O maior evento ocorreu em setembro de 1977, quando representantes de 73 países foram convidados a comparecer a Pyongyang para uma série de seminários sobre a doutrina presidida pelo próprio grande líder. Os participantes ouviram com respeito, e nenhum deles fez sequer uma única pergunta.[56]

Em 1978, Kim Il-sung percebeu que seus esforços em promover a ideologia *Juche* no exterior provocaram escárnio em vez de respeito. A campanha foi interrompida. Fundos para centros de estudos no exterior cessaram, entrevistas com jornalistas estrangeiros diminuíram drasticamente. O breve apoio da Coreia do Norte ao Terceiro Mundo chegara ao fim.[57]

No próprio país, Kim Il-sung era apresentado como um ator-chave no palco mundial, um grande chefe de Estado influente, com uma opinião sobre cada assunto internacional. Em 1978, a Exposição Internacional da Amizade foi aberta em Myohyangsan, um monte sagrado cerca de duas horas ao norte de Pyongyang. Construído como um templo tradicional, o complexo colocava à mostra inúmeros sinais de apreço recebidos pelo grande líder ao longo dos anos. Havia blindados enviados por Stalin e Mao, limusines pretas do ex-primeiro-

-ministro soviético Georgy Malenkov, uma pasta de couro de crocodilo de Fidel Castro, de Cuba, uma pele de urso de Ceaușescu, marfim de elefante, uma cafeteira, cinzeiros, vasos, lâmpadas, canetas, tapetes, objetos infindáveis em salas infinitas — uma prova tangível de imenso respeito a Kim Il-sung por parte dos líderes no mundo todo. Em 1981, cerca de 90% das notícias internacionais transmitidas pela televisão toda noite consistiam em reportagens sobre seminários, conferências ou publicações estrangeiras a respeito do grande líder. O mundo o venerava.[58]

Juramentos de lealdade absoluta ao líder se tornaram comuns após seu aniversário de 60 anos. Quando Kim fez 63 anos, a rádio e a televisão mostraram trabalhadores no início do dia jurando lealdade e reverenciando seu retrato, com o livro de citações dele em uma das mãos. No fim do turno, reverenciavam de novo. Os membros do partido também começaram a jurar lealdade ao filho, Kim Jong-il, um jovem rechonchudo de pouco mais de 30 anos responsável pela secretaria do partido.[59]

Fotografias ampliadas de Kim Jong-il, que sempre assumiu as mesmas poses do pai, começaram a surgir. Em 16 de fevereiro de 1976, cerca de 15 mil crianças e jovens celebraram o 34º aniversário de Kim Jong-il no estádio de Pyongyang. O mais revelador talvez tenha sido a ausência evidente, nos anos seguintes, de alguns principais líderes dos cargos públicos. Diversos deles foram expurgados em dezembro de 1977. Kim removeu aqueles que ele suspeitava de se oporem à indicação do filho como seu herdeiro aparente. Em outubro de 1980, Kim Jong-il foi eleito o Quarto no alto escalão do partido.[60]

A primeira tarefa do filho foi demonstrar lealdade ao pai. Ele coordenou a construção de alguns monumentos para marcar o septuagésimo aniversário do grande líder, em abril de

1982. Em frente à praça Kim Il-sung, do outro lado do rio, foi erguida uma pedra de granito de 170 metros de altura. No topo da torre Juche havia uma escultura de chama vermelha de 45 toneladas que brilhava à noite. Mais ao norte de Pyongyang, foi inaugurado um Arco do Triunfo, cujo modelo foi o de Paris, com cada um dos 25.550 blocos de granito representando um dia diferente na vida daquele que havia libertado o país. O termo Kim-Il-sungismo, sob sua liderança, substituiu a ideologia *Juche*.

O grande líder foi gradualmente se retirando de cena. O número de turnês com orientações práticas diminuiu, os discursos se tornaram mais escassos, assim como as entrevistas. Ele ainda viajava, fazendo visitas de boa vontade à União Soviética e à China para restabelecer relações amigáveis. O culto tomou uma nova dimensão. Em 1958, foram descobertas dezenove árvores com inscrições gravadas por combatentes revolucionários durante a guerra de resistência contra o Japão. No entanto, em meados da década de 1980, mais 9 mil árvores propagandísticas surgiram, todas fabricadas. Cada árvore foi transformada em santuário, exibindo fotos das inscrições: "Vida longa a Kim Il-sung, presidente da Coreia independente", "O grande homem enviado pelos céus", "Kim Il-sung é o líder de uma revolução mundial". Os membros do partido e as unidades militares passaram a fazer peregrinações até esses santuários. Algumas centenas de árvores elogiavam um bebê: "A Coreia se alegra! O grande sol nasceu!" Quando Kim Jong-il, então conhecido como o querido líder, celebrou seu aniversário em 1990, um arco-íris misterioso foi observado na montanha Paektu, a terra sagrada no Norte.[61]

O grande líder morreu de ataque cardíaco em 8 de julho de 1994, aos 82 anos. Trinta e cinco horas depois, a população nos prédios comerciais, nas escolas e nas fábricas ouviu um longo obituário declamado por um porta-voz vestido de preto. Todos choraram, mas não era possível saber quem era sincero e quem não era. Equipes médicas estavam a postos para ajudar quem desmaiasse. Nos dias seguintes, muitos dos enlutados visitaram a estátua de Kim Il-sung na colina Mansudae. Eles competiam na demonstração de tristeza, batendo na própria cabeça, desmaiando de modo teatral, arrancando a roupa ou agitando os punhos em direção ao céu com uma raiva simulada. Foram incentivados a fazer isso pelas declarações intermináveis de camaradas consternados que eram transmitidas pela televisão: havia imagens de pilotos chorando no *cockpit*, marinheiros batendo a cabeça nos mastros dos navios. Foi declarado um período de luto de dez dias, e a polícia secreta vigiou todos, tentando medir a sinceridade das pessoas a partir de sua expressão facial e seu tom de voz. Uma menina de 5 anos cuspiu na mão para molhar o rosto com saliva, a fim de dar a impressão de que estava chorando. Sob os olhos vigilantes do querido líder, o corpo do grande líder entrou em um mausoléu gigantesco. Mas na vida, assim como na morte, Kim Il-sung manteve o título de presidente. Como proclamaram os novos monumentos conhecidos como "torres da vida eterna", erguidos nas principais cidades, "ele vive para sempre".[62]

6
Duvalier

Como a proa de um grande navio de pedra sobressaindo da floresta em uma montanha, a Cidadela Laferrière é a maior fortaleza das Américas, projetada para abrigar até 5 mil pessoas. Foi construída entre 1806 e 1820 por um ex-escravizado e principal líder da rebelião haitiana. Por anos, Henri Christophe lutou sob o comando de Toussaint Louverture, uma figura negra lendária que transformou uma rebelião de escravizados na colônia francesa em um movimento popular pela independência. Toussaint Louverture morreu em 1802, mas, dois anos depois, seu exército, grande e disciplinado, obteve sucesso ao aniquilar os colonizadores e estabelecer a primeira república negra do mundo. Logo depois, seu tenente Jean-Jacques Dessalines tornou-se imperador. Mas o reinado não durou, uma vez que ele foi assassinado em 1806.[1]

Uma luta pelo poder se sucedeu, resultando na divisão do país em duas partes. O Sul era dominado pelas *gens de couleur*, termo usado para se referir às pessoas mestiças que tinham se libertado antes da abolição da escravatura. Os antigos escravizados foram para o Norte, onde Henri Christophe estabeleceu um reinado em 1811. Nos anos seguintes, ele se proclamou Henri I, rei do Haiti, e usou o trabalho forçado para construir palácios e fortalezas extravagantes. Christophe criou a própria nobreza, desenhando um brasão de armas para seus duques, condes e barões. Eles, por sua vez, respeitosamente nomearam o filho de Henri, Jacques-Victor Henri, príncipe e herdeiro. Mas Henri I aos poucos se tornou paranoico, vendo tramas e conspirações em todo lugar. Em vez de arriscar sofrer um golpe, ele atirou contra si mesmo com uma bala de prata aos 53 anos. O filho foi assassinado dez dias depois.

O Norte e o Sul foram reunificados, mas as divisões sociais permaneceram. A elite orgulhava-se das ligações com a França e menosprezava a maioria da população, aldeões pobres descendentes dos escravizados africanos. Por mais de um século, monarcas e imperadores autoproclamados de ambas as sociedades sucederam uns aos outros, a maior parte governando por meio da violência política. A economia pouco progrediu, atrasada, em grande medida, por uma indenização debilitante forçada pela França em 1825, em troca do reconhecimento da independência. A dívida só foi paga em 1947.

Os Estados Unidos ocuparam a ilha em 1915 e ficaram por duas décadas, aprofundando ainda mais a divisão racial. Entre os que reagiram contra a ocupação estava Jean Price-Mars, um professor, diplomata e etnógrafo respeitado que defendia as origens africanas da ilha. Ele via o vodu, uma mistura dos rituais da Igreja Católica Romana e das crenças africanas que haviam sido bem-sucedidas nas plantações com os escravizados, como uma religião indígena do mesmo nível da cristandade. Após a saída dos norte-americanos, alguns de seus apoiadores foram além, desenvolvendo uma ideologia nacionalista que defendia derrubar a elite e passar o controle do Estado para os representantes da maioria da população. Eles chamaram isso de noirismo, termo derivado da palavra francesa *noir*, "negro", e argumentaram que as diferenças sociais que haviam dividido o Haiti por muito tempo foram determinadas por profundas leis evolucionistas.

Um dos apoiadores dessas leis era François Duvalier. Em um artigo publicado em 1939, "Uma questão de antropossociologia: Determinismo racial", o jovem autor insistiu que a biologia determinava a psicologia, uma vez que cada grupo racial tinha sua "personalidade coletiva". A verdadeira alma haitiana era negra, a religião era o vodu. Os noiristas defendiam um Estado autoritário e exclusivo, no qual o poder ficaria nas mãos de um autêntico líder negro.[2]

Quando criança, François Duvalier era tímido e estudioso. Ele teve dois professores influentes no ensino médio. Um deles era Jean Price-Mars, um etnógrafo famoso, e outro era Dumarsais Estimé, um oponente declarado dos Estados Unidos. Os dois o inspiraram a ter orgulho da herança africana de seu país. Duvalier tentou ser jornalista, criticando a elite, defendendo a causa dos pobres aldeões. Ele também já havia feito a correspondência entre negritude e opressão.[3]

Depois de se formar em medicina na Universidade do Haiti em 1934, o jovem de 27 anos trabalhou em alguns hospitais locais, ocupando seu tempo livre com pesquisas sobre o vodu e escrevendo sobre o noirismo tal qual Price-Mars. Ele ficou amigo de Lorimer Denis, um jovem de 24 anos sem graça que usava chapéu e bengala, assumindo o ar de um sacerdote do vodu. Duvalier adotou o estilo, estabelecendo uma rede de contatos com sacerdotes (*houngans*) e sacerdotisas (*mambos*), vendo a religião como o coração e a alma dos camponeses haitianos. Com Denis, ele trabalhou para o Bureau de Etnologia, fundado pelo professor Price-Mars em 1941 para enfrentar uma campanha brutal contra o vodu orquestrada pelo Estado, sendo os objetos de culto destruídos e os sacerdotes forçados a renunciar às suas crenças.[4]

No fim da Segunda Guerra Mundial, Duvalier passou dois semestres nos Estados Unidos estudando saúde pública. Em 1945, ele voltou para o campo a fim de ajudar a combater doenças tropicais. Lá ele se projetou como um homem desprendido, devoto aos camponeses pobres, com um kit médico pendurado em um ombro e uma seringa na mão. "Ele sofre a dor deles, fica de luto pela falta de sorte deles", escreveu sobre si mesmo em terceira pessoa.[5]

Em 1946, o antigo mestre Dumarsais Estimé, um servidor civil habilidoso que havia subido de escalão e se tornado ministro da Educação, foi eleito presidente e se instalou no Palácio Nacional, um edifício amplo e bonito com uma cúpula parecida com a da Casa Branca construída pelos norte-americanos em 1920. Duvalier foi indicado para ser o diretor-geral do Serviço Nacional de Saúde Pública, tornando-se ministro da Saúde e do Trabalho três anos depois. No entanto, Estimé logo mostrou ser radical para a elite: expandiu a representação de negros no serviço civil, introduziu o imposto de renda e promoveu o vodu como a religião indígena da maioria da população. Em maio de 1950, uma junta militar sob o comando de Paul Magloire, um oficial militar robusto responsável pela polícia de Porto Príncipe, destituiu-o do poder. Duvalier perdeu o emprego, enfurecendo-se com o domínio da elite. Ele aprendeu uma lição dura: nunca confiar no Exército.

Duvalier voltou a praticar a medicina no campo, mas logo se juntou ao grupo de oposição. Após o governo pôr a cabeça dele a prêmio em 1954, o jovem foi forçado a subir as montanhas com um de seus amigos mais confiáveis, chamado Clément Barbot. Eles foram procurados por um relações-públicas norte-americano, que foi guiado de olhos vendados até o esconderijo. Herbert Morrison encontrou os dois homens disfarçados de mulher, e Barbot portava uma arma escondida na barra da saia.

Era o começo do mito de Duvalier, o combatente da resistência indo de um esconderijo a outro para evitar a captura.[6]

Em setembro de 1956, após Paul Magloire anistiar todos os oponentes políticos, Duvalier saiu do esconderijo. Alguns meses depois, Magloire perdeu o apoio do Exército e fugiu do país com a família, deixando para trás os cofres vazios. A essa altura havia um desejo político crescente de romper com o passado, um desejo que se espalhou o suficiente para pressionar a junta militar a orquestrar eleições de fachada. Antonio Kébreau, presidente do Conselho Militar, exigiu que candidaturas fossem apresentadas.[7]

Duvalier declarou sua candidatura, assim como uma dezena de outros concorrentes. Seguiram-se dez meses de caos político, com greves gerais, violência disseminada e a queda de cinco governos provisórios. Em agosto de 1957, apenas dois dos principais candidatos permaneceram: François Duvalier e Louis Déjoie, um plantador de cana-de-açúcar e industrial abastado. Ao longo da campanha, Duvalier convocou o respeitadíssimo Dumarsais Estimé, prometendo consolidar e expandir a revolução que seu antigo mestre iniciara em 1946. Ele fez promessas a trabalhadores e a camponeses. Usou apelos à unidade nacional e à reconstrução econômica. No entanto, acima de tudo, adotou um comportamento moderado, uma imagem modesta, irradiando a ideia de um médico preocupado com os outros. Ele e a família eram muito pobres para ter uma casa própria, uma vez que esse homem gentil se dedicava aos pacientes, trabalhando incansavelmente noite adentro. Era adorado pelo povo. "Os camponeses adoram o médico, e eu sou o Papa Doc deles", apontou em tom gentil. Ele apareceu como um homem inofensivo.[8]

O médico tranquilo parecia fácil de controlar. Após ter concordado em indicar Kébreau como chefe do Estado-Maior do Exército, a junta militar resolveu tomar providências para enfraquecer os principais oponentes. Os oficiais do Exército que apoiavam Déjoie foram dispensados e os apoiadores foram atacados. Por fim, fazer campanha a favor de Déjoie passou a ser proibido.[9]

Duvalier foi eleito presidente em 22 de setembro de 1957. Vinte e dois era seu número da sorte. "Meu governo irá proteger meticulosamente a honra e os direitos civis que constituem a alegria de todos os povos livres. Meu governo irá garantir a liberdade para o povo haitiano", declarou ele de forma solene durante o discurso de posse, um mês depois.[10]

O primeiro ato de Duvalier foi acabar com seus rivais políticos, que desafiaram o resultado da eleição. Em semanas, os membros do serviço público civil foram dispensados. Duvalier indicou seus apoiadores, independentemente de conhecimento ou experiência. Dois meses depois, os aliados dominaram o Executivo e o Judiciário do governo, enquanto o Legislativo estava sob seu domínio.[11]

Duvalier recrutou Herbert Morrison como diretor de relações públicas. Durante a campanha presidencial, Morrison comprou uma câmera usada e tirou centenas de fotos para promover Duvalier no exterior. Fotos com a legenda "Defensor dos Pobres" apareceram com o presidente eleito posando próximo a um camponês humilde. O relações-públicas passou a viajar pela ilha com sua câmera, tirando fotos para retratar o Haiti como um exemplo de democracia. Na rádio em Nova York, um ano depois, ele descreveu Duvalier como um "médico humilde do campo, um indivíduo honesto e dedicado que está tentando ajudar seu povo". "É a primeira vez na história do Haiti", explicou ao público norte-americano, "que a classe média, a massa suburbana e a massa rural elegem em eleições livres o homem que queriam".[12]

A organização da polícia secreta ficou a cargo de Clément Barbot. Com ordens para atacar os oponentes do regime, seus agentes agiram com tanta brutalidade que o fato causou indignação geral. Semanas após a eleição, meninos de 11 anos foram arrastados para a mata e espancados com varas de nogueira. Famílias inteiras foram parar na prisão.[13]

Antonio Kébreau, chefe do Estado-Maior do Exército, intimidou, prendeu e deportou os oponentes do regime. Os sindicatos dos trabalhadores foram trucidados; os jornais, silenciados, com as instalações ocasionalmente incendiadas. Uma estação de rádio foi arruinada. Os suspeitos foram acusados de ser comunistas e centenas deles foram presos. O toque de recolher imposto pela junta antes das eleições foi mantido por tempo indeterminado.[14]

A base do poder, no entanto, continuou a ser o Exército. A aliança entre Duvalier e Kébreau era incômoda, nascida de uma necessidade mútua. Mas quando a junta o ajudou a massacrar seus oponentes, os militares foram longe demais, espancando até a morte um cidadão norte-americano apoiador ativo de Louis Déjoie. Em dezembro, o embaixador norte-americano foi chamado de volta em sinal de protesto. Duvalier explorou o caso, culpando os militares pela violência. Kébreau foi dispensado dois meses depois.[15]

Nos meses seguintes, o Exército foi reduzido, uma vez que muitos oficiais foram dispensados, transferidos ou reformados precocemente, sobretudo os do alto escalão. Outra oportunidade de expurgar os membros surgiu no verão, quando cinco mercenários norte-americanos acompanhados por dois oficiais militares aterrissaram perto da capital, na esperança de reunir a população e sitiar o palácio presidencial em 28 de julho de 1958. Todos os insurgentes foram mortos pelas tropas leais ao presidente.

A tentativa de golpe foi uma bênção disfarçada. Uma semana depois, Duvalier se dirigiu à nação na rádio: "Conquistei a nação. Eu detenho o poder. Eu sou o novo Haiti. Aqueles que tentam me destruir estão tentando destruir o Haiti. É através de mim que o Haiti respira; é através do país que eu existo (...). Deus e o destino me escolheram." Foram suspensas todas as garantias constitucionais e concedidos plenos poderes ao presidente para tomar todas as medidas necessárias a fim de manter a segurança nacional. Menos de um ano após chegar ao poder, Duvalier reinava como um monarca absoluto, com poucos limites impostos a seu poder.[16]

Em nome da segurança nacional, ele parou de financiar o Exército, criando a própria milícia para contrabalançar deliberadamente as forças militares. Como a polícia secreta, os milicianos eram supervisionados por Clément Barbot. No início, a milícia era chamada de *cagoulards*, em referência aos fascistas encapuzados que aterrorizaram a França na década de 1930. Mas logo ficaram conhecidos como *tonton macoutes*, um termo crioulo para bicho-papão. Em um ano, Barbot afirmou ter uma força de 25 mil milicianos sob seu comando, embora provavelmente o número nunca tenha ultrapassado 10 mil, sendo 2 mil só na capital. Os *macoutes* se vestiam como gângsteres, com roupas azuis brilhantes, óculos escuros com armação de aço e chapéus de feltro cinza. Portavam uma arma enfiada no cinto ou no coldre axilar. Apenas Duvalier podia alistar um *macoute*, concedendo-lhe a posse de arma. Eles, por sua vez, davam satisfações ao chefe. Nas palavras do *New Republic*, um *macoute* era "um informante, chefe de bairro, chantagista, valentão e pilar do regime". Eles eram os olhos e os ouvidos de Duvalier. Poucos eram pagos, e todos usavam o poder de extorquir, intimidar, assediar, estuprar e matar.[17]

Os *macoutes* subjugavam ou interferiam em todas as liberdades, com exceção de uma. Em abril de 1958, a nova Constituição proclamou a liberdade religiosa. Com uma canetada, a posição dominante da Igreja Católica foi destituída. O vodu não era mais banido. Por mais de duas décadas, Duvalier estudou a religião, estabelecendo sistematicamente ligações com os *houngans*. Ele fazia bom uso do conhecimento que tinha, recrutando os *houngans* para líderes dos *macoutes* no campo. Eles foram amplamente consultados, convidados para o palácio e solicitados a realizar cerimônias religiosas.[18]

Duvalier se projetou como um espírito vodu. Desde sua antiga amizade com Lorimer Denis, ele influenciou os hábitos dos *houngans*, que muitas vezes se vestiam de preto, carregavam uma bengala e adotavam uma conduta taciturna. O modelo de Duvalier era Baron Samedi, o espírito dos mortos e guardião dos cemitérios. Na cultura popular, este muitas vezes era retratado de cartola e fraque preto, óculos escuros e algodão nas narinas, o que lembrava um corpo sendo preparado para o enterro no campo.

Duvalier usava óculos escuros de lente grossa e ocasionalmente aparecia em público de cartola e fraque. Murmurava misteriosamente em um tom nasalado profundo, como se estivesse fazendo feitiçaria contra seus inimigos, e acabou incitando rumores sobre suas ligações com o mundo oculto. Em 1958, o antropólogo Harold Courlander foi prestar-lhe homenagem no palácio. Ele conhecia Duvalier desde os primeiros anos no Departamento de Etnologia. O visitante arregalou os olhos quando o guarda o guiou até uma sala muito escura com cortinas pretas. Duvalier, com um terno de lã preto, sentou-se a uma mesa comprida com dezenas de velas pretas, rodeado de seus *macoutes* de óculos escuros.[19]

Um dos boatos mais persistentes começou a circular depois que os *macoutes* intervieram no enterro de um antigo rival em abril de 1959. Eles tiraram o caixão do carro fúnebre preto, colocaram-no em outro veículo e saíram dirigindo, deixando para trás uma multidão de enlutados paralisados. A explicação oficial foi a de que o corpo havia sido removido para prevenir uma aglomeração pública no túmulo, mas logo se espalhou o boato de que o presidente queria usar o coração do morto em uma magia para fortalecer o próprio poder.[20]

Havia diversas outras histórias. O presidente buscava conselho dos espíritos enquanto estava em sua banheira, usando a cartola do Baron Samedi. Ele examinava tripas de bode no Salon Jaune do Palácio Nacional. Mas Duvalier não se valia de boatos apenas. Assim como expurgou os membros do governo e do Exército, também eliminou os *houngans* que se recusavam a cooperar. "Nunca se esqueçam de que eu sou a autoridade suprema do Estado. Logo, eu, sozinho, sou seu único mestre", disse ele para os *houngans* em 1959.[21]

O Haiti divide a ilha de São Domingos com a República Dominicana, que ocupa a porção leste. A oeste, a menos cinquenta quilômetros do canal de Barlavento, fica a ilha de Cuba. Em janeiro de 1959, Fidel Castro e seus guerrilheiros entraram em Havana. Foi outro golpe de sorte para Duvalier, uma vez que os Estados Unidos começaram a cortejá-lo com auxílio financeiro e conselho militar. No mês seguinte, 6 milhões de dólares foram concedidos como ajuda financeira, inflando novamente um regime que passava por uma grave crise financeira. Em entrevista a Peter Kihss para o *New York Times*, Duvalier proclamou não ser um ditador, mas meramente um médico preocupado com a reconstrução de seu país.[22]

No entanto, os espíritos do vodu podem ser instáveis. Em 24 de maio de 1959, Duvalier sofreu um ataque cardíaco. A doença implicava fraqueza, e boatos sobre o declínio de seu poder começaram a se espalhar. O túmulo de seu pai foi profanado; o caixão, destruído; e os restos mortais, espalhados. Os inimigos se fortaleceram. Bombas explodiram na capital. Alguns políticos questionaram o uso de fundos estatais por parte de Duvalier. Um senador chegou a fazer um discurso agressivo contra o regime. Mas até em um momento de extrema vulnerabilidade Duvalier parecia prosperar, recebendo no palácio a visita do embaixador norte-americano em 2 de junho para demonstrar apoio.[23]

Um mês depois, Duvalier sinalizou sua continuação no poder em um gesto dramático, aparecendo com a família e os conselheiros na frente do Palácio Nacional para um desfile militar. Milhares de apoiadores entusiasmados cuidadosamente reunidos pelos *macoutes* deram-lhe boas-vindas estrondosas. O presidente fez um tour pelas ruas da capital no dia seguinte, acompanhado do diretor de relações públicas, Herbert Morrison, que tirou fotos do evento.[24]

Dois meses depois, Duvalier anunciou que uma ampla trama comunista para derrubar o governo havia sido descoberta. Ele exigiu governar por decreto, suspendeu a imunidade parlamentar e passou a usar suas novas prerrogativas quase imediatamente, afastando seis senadores que haviam se aproveitado de sua doença no verão para criticar seu governo.[25]

Duvalier começou a viver em isolamento, rodeado de bajuladores. Seus conselheiros assumiram alguns papéis oficiais simultaneamente, embora a autoridade de cada um deles nunca tivesse sido especificada, o que gerava uma grande confusão administrativa. A competência suscitava a suspeita de Duvalier, mesmo se viesse de um subordinado leal. Como resultado, envolvia-se em cada decisão, embora parecesse pouco interessado em governar. Ele "passa todo o tempo manipulando as pessoas politicamente", escreveu um conselheiro norte-americano".[26]

Os tiranos não confiam em ninguém, muito menos em seus aliados. Duvalier livrava-se tanto de amigos quanto de inimigos, derrubando qualquer um que fosse muito ambicioso ou pudesse montar outra base de poder. Ninguém era indispensável. Enquanto estava doente, seu confidente e escudeiro, Clément Barbot, manteve a ordem. Mas, como chefe dos *macoutes*, ele era potencialmente perigoso. Após Barbot fazer negociações secretas com os Estados Unidos, Duvalier o prendeu sumariamente em 15 de julho, com mais dez associados. O Número Dois do Haiti, assim como tantos outros colaboradores próximos dos ditadores, fracassou em avaliar o dom de dissimulação do mestre. Morrison passou a ser suspeito por causa de sua amizade com Barbot, mas conseguiu escapar para Miami. Duas semanas depois, o presidente inspecionou os *macoutes* na frente do palácio, ao lado de seu alto-comando. Pela primeira vez desde sua criação dois anos antes, a milícia foi oficialmente reconhecida. Duvalier pediu que "mantivessem os olhos abertos".[27]

Um último bastião de resistência permanecia — a Igreja. Ela apoiava os estudantes, que ainda tinham coragem de organizar greves, apesar da repressão feroz dos *macoutes*. Em janeiro de 1961, Duvalier expulsou o bispo francês e quatro sacerdotes, sendo excomungado pelo Vaticano. O domínio do país estava quase completo.

A Constituição impunha um limite máximo de permanência de seis anos na Presidência. Dois anos antes de findar seu tempo no poder, Duvalier começou a se preparar para seu segundo mandato. Quando ele fez 44 anos, em 14 de abril de 1961, os jornais o saudaram como "líder venerado", "apóstolo do bem coletivo" e "grande homem de nossa história moderna". Isso ditou o tom das eleições para o Legislativo duas semanas depois. Todos os candidatos se esforçaram para proclamar lealdade a Duvalier. O nome do presidente apareceu em cada voto. Em Cap-Haïtien, os *macoutes* cercaram as pessoas na saída da igreja na manhã de domingo, levando-as até os locais de votação. Uma criança de 7 anos foi obrigada a votar. No dia seguinte, os jornais anunciaram que as pessoas não só tinham votado nos candidatos para o Legislativo, como também tinham aprovado de forma espontânea um segundo mandato para o presidente Duvalier.[28]

No Dia da Bandeira, quando a criação da bandeira do Haiti por Jean-Jacques Dessalines era tradicionalmente celebrada na cidade de Arcahaie, Duvalier recebeu as boas-vindas de aldeões entusiasmados, vigiados por forças de segurança armadas. Em um discurso mais extravagante do que o outro, o presidente era aclamado por seus subordinados. A declamação mais extrema veio do padre Hubert Papailler, ministro da Educação Nacional, o qual explicou que o povo tomara as urnas de assalto na esperança de que o chefe atual reinasse não por meros seis anos de novo, mas "talvez por tanto tempo quanto Deus, de Quem ele obtém seu poder". Duvalier assistiu àquilo inescrutavelmente por trás de seus óculos escuros.[29]

Ele tomou posse em 22 de maio, uma data auspiciosa contendo o número 22. Por diversos dias seguidos, os *macoutes* percorreram o campo em busca de voluntários, forçando homens, mulheres e crianças a embarcar em uma frota de caminhões. Quem resistia era açoitado. Nenhum alimento era oferecido, mesmo se a jornada durasse o dia todo. Eles eram alojados em escolas e armazéns e forçados a esperar pela ocasião. Toda estrada de saída da capital tinha barricadas. No mesmo dia,

50 mil pessoas foram escoltadas até o palácio, onde tinham que mostrar seu apoio com obediência ao presidente, carregando faixas, segurando retratos no alto, vibrando sob comandos. "Vocês são eu e eu sou vocês", proclamou Duvalier.[30]

Os Estados Unidos, com John F. Kennedy na Casa Branca, foram repelidos pela eleição-surpresa. Em meados de 1962, a ajuda econômica foi silenciosamente suspensa. Os estrangeiros saíram em rebanhos. Com a deterioração da economia, Duvalier usou o país norte-americano como bode expiatório para todas as mazelas que acossaram o Haiti.

Em abril de 1963, o ditador libertou Clément Barbot da prisão e até lhe ofereceu um carro novinho em folha como sinal de reconciliação. Em vez de demonstrar gratidão, o antigo escudeiro tentou sequestrar Jean-Claude e Simone Duvalier, filhos do presidente. François Duvalier estabeleceu um reino de terror com os *macoutes*, que aproveitaram a oportunidade para derrotar e eliminar os inimigos. Centenas de suspeitos foram mortos e muitos mais desapareceram. Na capital, corpos foram deixados apodrecendo na beira da estrada. Em menos de uma semana, os Estados Unidos emitiram cinco protestos formais sobre os incidentes envolvendo os cidadãos norte-americanos.[31]

Algumas semanas depois, o país aumentou a pressão ao recusar convites oficiais para comparecer ao primeiro aniversário da reeleição de Duvalier. A embaixada começou a evacuar seus funcionários. As relações diplomáticas foram suspensas. No entanto, Duvalier não se esquivou, calculando que Washington precisava de um aliado na luta contra Cuba. As celebrações aconteceram em 22 de maio, com dezenas de milhares de aldeões amontoados obedientemente, dançando e cantando as saudações a Duvalier em frente ao palácio. Papa Doc apareceu na sacada "tão calmo que parecia sob efeito de remédios", de acordo com uma testemunha. "Não existem balas e metralhadoras capazes de amedrontar Duvalier", explicou ele. "Já sou um ser imaterial." Em Nova York, a *Newsweek* declarou que ele era "incorrigível e completamente maluco". No entanto, em 3 de junho, os Estados Unidos pediram a retomada das relações diplomáticas. No Haiti, a rádio vociferou sobre o "triunfo da política de Duvalier".[32]

Outra vitória aconteceu em meados de julho, quando Barbot e seu irmão foram caçados e, por fim, mortos no campo. Fotografias dos corpos mutilados foram publicadas nos jornais.

Toda crise parecia fortalecer Duvalier. Em agosto, após outra tentativa malfadada de invasão por parte de um dos inimigos exilados do presidente, todos os direitos civis foram suspensos por seis meses, inclusive o direito de se reunir em grupos. Foi um gesto simbólico, uma vez que já não havia liberdades a serem suspensas. Em 17 de setembro de 1963, o Haiti oficialmente se tornou um país unipartidário, e todas as atividades políticas foram conduzidas sob a égide do "Partido da Unidade Nacional". O partido nunca foi muito importante, mas uma máquina partidária em separado forneceu outro dispositivo para proteger a revolução. Também ligou mais pessoas a Duvalier, o que ampliou o alcance do líder para além dos *houngans* e dos *macoutes*.[33]

"Eu sou a revolução e a bandeira", declarou Duvalier nos meses seguintes. Luzes de neon no centro de Porto Príncipe piscavam com a mesma mensagem: "Eu sou a bandeira haitiana, unida e indivisível. François Duvalier." A praça próxima recebeu um novo nome: "Praça da Revolução Duvalier". Bustos de plástico e retratos do ditador, já proeminentemente exibidos em lojas e escritórios, apareceram nos lares. Na rádio, de onde se ouvia sua voz com regularidade, ele se definiu como a personificação de Deus, exclamando: "E a palavra tomou corpo!" Mas não havia estátuas. O líder modestamente indeferiu a iniciativa, após os legisladores aprovarem a construção de monumentos em homenagem a ele. Como Hitler, Duvalier acreditava que as estátuas eram para os mortos.[34]

A bajulação tinha um objetivo. Duvalier queria ser presidente vitalício. Em março de 1964, líderes da Igreja, do comércio e da indústria foram sucessivamente chamados até o palácio para demonstrar lealdade. Após esperar por horas no calor escaldante, eles eram obrigados a ler em público roteiros preparados, implorando para o presidente permanecer de forma perpétua. Duvalier foi infalivelmente generoso. Ele agradeceu a todos de maneira efusiva, em especial àqueles conhecidos por criticá-lo. Por dias seguidos, a imprensa publicou telegramas exigindo uma mudança na Constituição. Salmos foram lidos e hinos foram cantados. Em 1º de abril, o presidente apareceu em público e declarou: "Sou um homem excepcional, do tipo que o país poderia produzir apenas uma vez a cada 50 a 75 anos."[35]

Inúmeros desfiles ocorreram nos meses seguintes, e milhares de pessoas foram transportadas até a capital a fim de implorar para que o líder permanecesse. Apareceu um pôster que mostrava Cristo com as mãos nos ombros de Duvalier, que estava sentado: "Eu o escolhi." A campanha culminou em um referendo em 14 de junho. O voto vinha com "sim" impresso. De uma população total de 4 milhões de pessoas, cerca de 2,8 milhões votaram a favor e 3.234 votaram contra, uma vitória de 99,89%. Uma nova Constituição foi esboçada para se adequar à demanda do povo. Em 22 de junho, o presidente fez um juramento solene diante de todo o corpo diplomático. Ele estava uma hora atrasado e começou a ler um discurso de noventa minutos. O público tinha que ficar em pé, mas, após um tempo, um diplomata alemão sentou-se extremamente fatigado. Duvalier parou, virou-se e instruiu que um oficial de protocolo pedisse ao diplomata que se levantasse novamente.[36]

Algumas semanas depois, em homenagem ao presidente vitalício, a imprensa estatal lançou um livreto intitulado *Catéchisme de la révolution* [Catecismo da revolução], que continha frases "pegajosas", elaboradas para serem memorizadas. O capítulo 1 estabeleceu o tom:

> P: Quem é Duvalier?
> R: Duvalier é o maior patriota de todos os tempos, emancipador das massas, renovador da nação haitiana, defensor da dignidade nacional, chefe da Revolução e presidente vitalício do Haiti.
> P: Por qual nome Duvalier também pode ser identificado?
> R: Duvalier também é o herdeiro de sangue digno do ideal dessaliniano, que se tornou presidente vitalício para nos salvar.[37]

Assim como o grande partidário da independência Jean-Jacques Dessalines, que se declarou imperador em 1804, François Duvalier conquistou um mandato vitalício. Em setembro, um decreto ordenou que os retratos do presidente e de seu herói Dessalines fossem exibidos em cada sala de aula de todas as escolas, fossem elas particulares, públicas ou religiosas.[38]

Em 1965, o Haiti estava em apuros. A ajuda financeira dos Estados Unidos, que em 1960 representava um pouco menos da metade das despesas públicas do país, tinha sido completamente interrompida. O país exportava café e sisal, mas os preços no mercado internacional entraram em colapso. O turismo definhou, muito como resultado do reino de terror imposto pelos *macoutes*. O comércio e a indústria sofreram com a demanda incessante de contribuições a fundos de austeridade, títulos nacionais e loterias do governo.[39]

Nenhuma das promessas eleitorais de fazer campanha contra a fome, a pobreza, o analfabetismo e a injustiça foi cumprida. O desemprego aumentava, enquanto o analfabetismo estava mais alto do que antes. Com 65% de todos os fundos dedicados à segurança do país, os serviços públicos, em sua maioria, foram negligenciados. Carros abandonados enferrujavam nas ruas. Parques que um dia haviam sido bonitos estavam repletos de mato e ervas daninhas. Foram relatadas mortes por inanição em Les Cayes e Jeremie, duas áreas no sul da península em que a fome em geral era abundante.[40]

Apesar do clima de medo e insegurança, o número de mortos era relativamente baixo. Como na Coreia do Norte, cerca de 7% a 8% da população conseguiu fugir. Ilegalmente, os pobres cruzaram a fronteira até a República Dominicana ou velejaram pelo canal de Barlavento até Cuba. Aqueles com uma situação de vida melhor fugiram para as Bahamas, na esperança de entrar nos Estados Unidos. Na metade dos anos 1960, quatro a cada cinco dos melhores advogados, médicos, engenheiros, professores, além de outros profissionais, estavam exilados. Os que permaneceram no Haiti foram tomados pela apatia.[41]

Duvalier vivia recluso, raramente era visto; às vezes, podia-se ouvi-lo; era um prisioneiro no próprio palácio. Tomava todas as decisões sozinho. Como Mussolini, ocupava-se de cada detalhe do governo. Ele decidia não só quem deveria ser assassinado ou poupado, mas também que tipo de material deveria ser usado para a construção de uma nova estrada, quem deveria obter um diploma universitário e qual grafia deveria ser usada em "crioulo".[42]

No entanto, o entusiasmo, mesmo que forçado sob a mira de uma arma, estava minguando. O país era pacífico, mas estava prostrado. Pela primeira vez em muitos anos, esmaeceram as celebrações para marcar o 22 de junho, data que substituiu 22 de maio como o ponto alto do calendário do ditador.[43]

Em novembro de 1965, Duvalier apareceu à luz do dia, visitando algumas lojas na capital. Aparentemente, era uma reação à cobertura televisiva hostil de Nova York que o ridicularizava por ter medo de sair do palácio. Seu Mercedes-Benz blindado era seguido por meia dúzia de sedãs abarrotados de guarda-costas para garantir a segurança. Alguns dias depois, o presidente visitou orfanatos. Sua aparição, de acordo com um comunicado oficial publicado nos jornais, provocou "um entusiasmo delirante".[44]

Em 2 de janeiro de 1966, Duvalier imprimiu um novo tom a seu discurso de Ano-Novo para a nação. Era hora, anunciou ele, de pôr um ponto final na fase explosiva da revolução duvalierista. Tendo varrido "a superestrutura política, social e econômica do regime anterior", o momento era de começar a reconstruir a economia. O toque de recolher acabou. Os bloqueios nas estradas foram suspensos e as ruas foram limpas. O palácio presidencial recebeu uma nova demão de tinta. Os *macoutes* foram controlados.[45]

Duvalier reformulou sua imagem, projetando a si mesmo como um estadista bondoso e respeitado, o líder espiritual dos negros. Em abril, o presidente vitalício deu boas-vindas a Haile Selassie, imperador da Etiópia. Antes de o avião do imperador pousar, o aeroporto foi renomeado às pressas em homenagem ao ditador. A nova rodovia de acesso foi batizada com o nome do líder etíope. A cobertura da imprensa, da rádio e da televisão locais foi generosa e elogiosa. Duvalier estava excepcionalmente aberto à presença da imprensa internacional, que foi convidada para o Haiti pela nova firma de relações públicas do regime. Em uma série de entrevistas, Papa Doc apareceu cordial e seguro de si, admitindo com franqueza que havia de fato censura na mídia, a qual ele considerava necessária para proteger a população de notícias falsas. Um correspondente o descreveu como "charmoso, cooperativo e completamente tranquilo".[46]

Houve mais aparições públicas. Em junho, ele compareceu a uma partida de futebol com o filho, Jean-Claude. Alguns dias depois, levou a filha Marie-Denise para a cerimônia de abertura do congresso anual da Associação de Viagem Caribenha. Pela primeira vez desde 1963, ele apareceu em uma função diplomática, brindando com o embaixador britânico na recepção organizada para marcar o aniversário da rainha Elizabeth II.[47]

Duvalier, o povo ouvia dizer, era um grande estadista aclamado por figuras internacionais. Um jornal local publicou uma declaração atribuída a Haile Selassie: "Você deve se manter presidente, de modo que a população continue a se beneficiar da sua bondade. Durante minha visita, eu compreendi e vi por que as pessoas e esta nação amam tanto você." A citação foi uma invenção tramada por um dos *ghost-writers* do presidente.[48]

Papa Doc criou a impressão de que era um líder de dimensão internacional, um estadista com acesso direto a Washington e ao Vaticano. Em junho, concedeu uma entrevista a Martin Agronsky, da CBS. Sentado em seu trono azul e dourado no Palácio Nacional, declarou que estava em contato próximo com o presidente Johnson para discutir a renovação da ajuda dos Estados Unidos. No entanto, seus contatos com a Casa Branca eram "assunto privilegiado que não deveria ser discutido em público". Ainda naquele ano, o Vaticano restabeleceu relações com o Haiti e concedeu a Duvalier o direito de nomear os próprios bispos. O presidente vitalício falou na rádio e apareceu na televisão para dar a impressão de que o acordo era resultado de uma colaboração próxima entre ele e o papa Paulo VI.[49]

Duvalier também trabalhou sua imagem como grande escritor, historiador, etnólogo, poeta e filósofo. Sobretudo era o pai do duvalierismo, que encontrou espaço na publicação de suas Obras Essenciais. Como ele disse, "quando se é um líder, deve-se ter uma doutrina. Sem uma doutrina, não é possível comandar um povo". Os primeiros volumes foram publicados em maio de 1966, sob muitos aplausos, saudados com análises calorosas nos jornais, bem como cartas elogiosas escritas por membros proeminentes da comunidade. Trechos foram lidos nas rádios em um programa com cinco horas de duração, subsequentemente retransmitidos por todas as estações da capital. Papa Doc, os ouvintes ficaram sabendo, era um gigante da mesma categoria de Kipling, Valéry, Platão, Santo Agostinho e De Gaulle. "Ele é o maior doutrinador do século."[50]

Escolas e outras instituições educacionais eram presenteadas com caixas do livro. Os dois tomos pesados também eram distribuídos a alunos de destaque, que, aparentemente obrigados, escreviam mais cartas bajuladoras, todas publicadas nos jornais.[51]

O auge foi em setembro, quando a Câmara Legislativa aprovou o decreto que concedia a Duvalier o título de Grande Mestre do Pensamento Haitiano. O aniversário dele passou a ser o Dia da Cultura Nacional. O decreto ainda exigia que todos deveriam saber de cor pelo menos três quartos das suas obras essenciais, ainda que 90% da população fosse analfabeta.[52]

O sexagésimo aniversário de Duvalier foi celebrado durante quatro dias, em um estilo digno de um ditador que detinha total controle sobre o país. *Mardi Gras*, a terça-feira gorda do carnaval haitiano, foi transferida para elevar o clima festivo. Beldades voaram de Miami e da República Dominicana. Houve leitura de poesia, com destaque para as obras do presidente. Os principais políticos, soldados, acadêmicos, empresários e funcionários públicos prestaram homenagens.

Uma delegação de 2 mil crianças uniformizadas e em idade escolar desfilou em frente ao palácio. Os *macoutes* desfilaram, assim como os soldados.[53]

As festividades foram arruinadas, no entanto, pela explosão de uma bomba em um carrinho de sorvete, matando duas pessoas e ferindo quarenta. Suspeitando de um golpe militar, Duvalier trocou a liderança e jogou dezenove oficiais da guarda do palácio no Fort Dimanche, um calabouço nos arredores da capital. Por precaução, dois ministros também foram presos. Em 8 de junho, o ditador chegou ao forte usando uniforme militar completo e capacete do Exército, presidindo pessoalmente a execução dos dezenove suspeitos, amarrados a postes ao alcance dos tiros.[54]

Duas semanas depois, em 22 de junho, enquanto o país celebrava o terceiro aniversário da eleição de Duvalier como presidente vitalício, um público cativo de milhares de pessoas se reuniu em frente ao palácio. Em uma grande demonstração de força, Papa Doc solenemente fez uma lista de chamada dos dezenove oficiais, pausando de forma teatral após cada nome. "Todos eles foram executados", anunciou no fim, chocando a multidão. "Eu sou um braço de aço e bato inexoravelmente!", exclamou. Então, Duvalier descreveu-se como a personificação de toda a nação, comparável a outros grandes líderes como Atatürk, Lenin, Nkrumah e Mao.[55]

O culto à personalidade ficou ainda mais exacerbado no décimo aniversário da revolução. Foram cunhadas moedas de ouro em quatro valores, carregando a efígie do presidente. Uma compilação das suas obras essenciais foi publicada com o título de *Breviary of a Revolution* [Breviário de uma revolução]. Assim como *O pequeno livro vermelho*, que acabara de ser publicado, foi adotado um formato pequeno para a obra de Duvalier, que cabia facilmente no bolso. Os jornais estavam repletos de reportagens bajuladoras, "asquerosamente óbvias e muito repetidas", de acordo com a embaixada norte--americana. Alguns dias antes do evento principal, o ditador falou à nação, referindo a si mesmo como "o Deus que vocês criaram". Desfiles em massa foram realizados nos dois dias seguintes. Foram abertos o terminal do Aeroporto Internacional François Duvalier, a ponte François Duvalier, a biblioteca François Duvalier e a piscina (olímpica) François Duvalier.[56]

Em 22 de setembro, o presidente falou novamente, referindo a si mesmo na terceira pessoa. Ele listou suas diversas conquistas e depois concluiu: "Somos negros superiores, porque nenhum outro negro no mundo realizou feitos históricos dignos de uma epopeia. É por isso que, sem nos entregarmos a qualquer tipo de narcisismo e sem qualquer senso de superioridade, acreditamos que nós, negros haitianos, somos superiores a todos os outros negros do mundo. É por isso, queridos amigos, que quero contar hoje que o chefe de vocês é considerado um sol vivo pelos negros espalhados ao redor do mundo. Considera-se que ele acendeu a consciência revolucionária dos negros do continente americano e do universo."[57]

Duvalier era um manipulador dos homens, não das massas. Pode ter sido um defensor dos pobres, mas mostrou pouco interesse em mobilizá-los, nem que fosse para a glória maior de si próprio. O presidente vitalício raramente saía do palácio e nunca viajava pelo país. Os *macoutes* garantiam que milhares de pessoas aparecessem nos gramados do palácio para aclamá-lo com obediência algumas vezes ao ano, mas, de resto, a maioria da população era deixada de lado. Não havia uma ideologia oficial, um partido amplo, uma tentativa de instituir o controle do pensamento, embora dissidências fossem proibidas. A rádio às vezes transmitia os discursos de Papa Doc, mas até 1968 as estações no norte do país recebiam um sinal muito precário. Os jornais publicavam os pronunciamentos dele, mas raramente circulavam no interior pobre, uma vez que poucos sabiam ler.[58]

Duvalier era o ditador dos ditadores, um homem que exercia o poder puro e simples sem o pretexto da ideologia, apesar de todo o discurso revolucionário. Ele governava sozinho, de sua mesa de mogno, com uma pistola automática ao alcance, alguns guardas do palácio atrás da porta mais próxima. Não havia uma junta, uma facção, um grupo, um partido verdadeiro, a não ser no nome, apenas subalternos competindo pela atenção do chefe, na esperança de superar uns aos outros por meio de demonstrações de lealdade absoluta ao líder. Papa Doc suspeitava de todos, era obcecado por explorar os pontos fracos, manipular as emoções e testar a fidelidade das pessoas. Ajudava o fato de ele se equivocar algumas vezes, destruindo tanto amigos quanto inimigos.[59]

A rede de cúmplices solícitos se estendia até o interior. Até na parte mais remota do país o presidente era popular. Um funcionário público jamais reivindicara a autoria de uma boa decisão. Os representantes enchiam o líder de elogios. Qualquer desdobramento positivo, mesmo uma favorável estação chuvosa, parecia ser obra de Duvalier.[60]

Comparativamente, a rede de lealdades era pequena, mas bastava para sustentar o regime. Os 4 milhões de cidadãos importavam muito pouco para Duvalier. Eles estavam acostumados a governos predatórios. Na pior das hipóteses, viviam com medo e, na melhor delas, com apatia e subserviência.

Todavia, um pequeno comando de soldados profissionais, adequadamente equipados e treinados, poderia ter derrubado o regime com facilidade. Isso nunca ocorreu, graças, em grande escala, aos Estados Unidos. Após o desastre de abril de 1961, quando um grupo de refugiados cubanos treinados pela CIA tentou aportar na baía dos Porcos para derrubar Fidel Castro, não havia chances reais de o país norte-americano tentar intervir no Haiti. E, mesmo que Washington visse Duvalier com repugnância, ele, diferentemente de Castro, era um aliado em plena Guerra Fria. Papa Doc explorou a relação ao máximo. Ele podia ser teimoso, imprevisível, irascível, mas nunca cortou verdadeiramente todos os laços. Sabia insultar os norte-americanos e se beneficiou da ajuda econômica deles.[61]

O melhor veículo de propaganda de Duvalier em Washington era o comunismo. Durante uma década, o presidente vitalício enfatizou a ameaça da esquerda, rotulando seus inimigos reais e imaginários como agentes secretos de Cuba e Moscou.

Em dezembro de 1968, dois partidos rivais se combinaram para formar o Partido Unificado dos Comunistas Haitianos. Eles estavam comprometidos a derrubar Duvalier. Em março de 1969, escolheram a única aldeia no Haiti que não tinha a presença dos *houngans* e derrubaram a bandeira do regime. Duvalier respondeu com uma grande caça às bruxas, e dezenas de pessoas foram fuziladas ou enforcadas em público; muitas outras, forçadas a fugir para as montanhas. Qualquer livro, ainda que vagamente relacionado ao comunismo, passou a ser um tabu; a mera posse de um exemplar era um crime passível de morte. Quando Nelson Rockefeller, então governador de Nova York, visitou Porto Príncipe, três meses depois, Duvalier garantiu que a ameaça comunista havia sido eliminada. Era o começo de uma nova reaproximação com os Estados Unidos.[62]

No entanto, a fotografia de imprensa publicada para a ocasião mostrou Duvalier enfermo, apoiando-se em Rockefeller. Papa Doc estava frágil, com a saúde debilitada, parecendo ter muito mais idade do que seus 62 anos. Ele começou a eliminar toda a oposição para designar seu filho como herdeiro. Em janeiro de 1971, Jean-Claude foi nomeado seu sucessor. Um referendo foi conduzido por questões protocolares, embora apenas 1 voto entre 2.391.916 tivesse sido contra. François Duvalier morreu de ataque cardíaco três meses depois, em 21 de abril de 1971. Seu reinado durou alguns meses menos do que o de Henri Christophe (1806-1820). O filho instalou-se na primeira hora do dia 22 de abril, sempre uma data de sorte para a família Duvalier.[63]

Milhares de haitianos formaram filas perto do corpo do governante no velório no Palácio Nacional. Duvalier estava vestido com seu manto preto preferido, repousando em um caixão revestido de seda e com tampa de vidro. Perder um ditador pode ser tão traumático quanto ter que viver sob o domínio de um, mas, apesar da apreensão disseminada de que o caos se seguiria à sua morte, o que prevaleceu foi uma calmaria total. O corpo de Duvalier foi enterrado primeiro no cemitério nacional e em seguida transferido para um mausoléu grandioso erguido pelo filho. Quando Baby Doc foi destituído do poder, em 1986, uma multidão enfurecida demoliu o último local de descanso de Papa Doc.

7
Ceauşescu

O Palácio do Povo, ou Palácio do Parlamento, localizado no que já foi um bairro residencial próspero de Bucareste, é o maior prédio administrativo do mundo. Em termos de volume, ofusca a Grande Pirâmide de Gizé. A estrutura neoclássica cafona contém mais de mil salas, repletas de colunas de mármore, escadas ornadas e candelabros de cristal. Nicolae Ceauşescu, que lançou a pedra fundamental em junho de 1985, anunciou que o projeto era um tributo adequado à grandeza do período, oficialmente conhecido como "Era Ceauşescu".

Na realidade, era um monumento para ele mesmo. Dez quilômetros quadrados de construções residenciais foram abaixo, incluindo vinte igrejas e seis sinagogas, e a área foi terraplenada. Milhares de operários trabalharam dia e noite. O projeto consumiu um terço do orçamento nacional. Ceauşescu supervisionou cada detalhe, fazendo visitas improvisadas para dar ordens. Bastante ativo mas de baixa estatura e sensível em relação ao tamanho, ordenou que as escadas fossem reconstruídas duas vezes para adequar os degraus às passadas dele. Embora nunca tenha visto o projeto finalizado, as obras foram retomadas alguns anos depois de ele ter sido fuzilado no Natal de 1989. O edifício permanece inacabado.[1]

Ceaușescu não tinha predisposição para se tornar ditador. Na infância, não parecia ser uma promessa de nada, tampouco um grande talento. Saiu de casa aos 11 anos para trabalhar como aprendiz de sapateiro. Quatro anos depois, foi preso por pouco tempo por distribuir panfletos comunistas. Em 1933, o Partido Comunista Romeno contava apenas com poucas centenas de membros. O comunismo era impopular, uma vez que a maioria dos romenos não confiava na União Soviética. No entanto, Ceaușescu era um adepto ferrenho e fanático, que encontrou na ideologia uma chave aparentemente simples para um mundo complicado.

A polícia o prendeu diversas vezes, liberando-o em seguida por causa da pouca idade. Em 1936, Ceaușescu foi enviado para uma prisão política por dois anos. Ele não era popular entre os detentos, que debochavam da falta de instrução, da gagueira e do sotaque regional dele. O jovem era impulsivo, intensamente competitivo e, em geral, desdenhava dos outros. No entanto, tinha astúcia política para formar laços com os líderes do movimento comunista, entre eles Gheorghe Gheorghiu-Dej, que o acolheu debaixo de suas asas. Ceaușescu passou mais alguns períodos preso durante a Segunda Guerra Mundial, quando o país ficou do lado da Alemanha.[2]

O Exército Vermelho ocupou a Romênia em 1944 e transformou o país em um Estado-satélite. Em 1947, Gheorghiu-Dej surgiu como o primeiro líder comunista do país. Ele driblou bem os rivais, que foram todos expurgados, presos ou assassinados. Lucretiu Patrascanu, um dos membros fundadores do partido, foi executado em 1954. Centenas de milhares de presos políticos foram enviados para campos de trabalho forçado.

Em 1956, Gheorghiu-Dej teve obstinação suficiente para selecionar as políticas de Kruschev que queria usar. Por um lado, fortaleceu a independência econômica do país em relação à União Soviética, movimentando o comércio na direção do Ocidente. Por outro, continuou a montar um sistema repressivo dominado pela Securitate, a agência de polícia secreta fundada em 1948 com a ajuda soviética. Gheorghiu-Dej confiava neles para incutir medo na população.[3]

Ele também expandiu o culto à personalidade. À medida que os retratos de Stalin iam sendo retirados, os dele eram pendurados em cada escola, fábrica e escritório. Os jornais publicavam fotos de aldeões reunidos ao redor do rádio para ouvir as transmissões de Gheorghiu-Dej. Ele viajou pelo país, foi aclamado pelo povo, enquanto seus camaradas recuaram para segundo plano.[4]

Ceaușescu foi subindo no grupo, agradando ainda mais a Gheorghiu-Dej. Ele atacava os inimigos do regime com veemência, perseguia os intelectuais críticos e ajudava a impor a coletivização forçada do campo. Ceaușescu era um tenente leal, trabalhador, modesto e dedicado. Como seu mestre, criticava a dependência do país ao Kremlin, mas desejava manter as estruturas rígidas do Estado unipartidário de Stalin.

Em 1954, Gheorghiu-Dej confiou a Ceaușescu o cargo de secretário do Comitê Central. Todas as novas nomeações passavam pelo seu gabinete. Assim como Stalin no início dos anos 1920, Ceaușescu cultivava seus subordinados e se certificava de que prosperassem.[5]

Gheorghiu-Dej morreu em 1965. A liderança estava dividida em torno do processo de desestalinização. Gheorghe Apostol, segundo rumores o escolhido para ser sucessor do enfermo Gheorghiu-Dej, era considerado muito próximo da União Soviética. Gheorghe Maurer, um líder partidário antigo e altamente respeitado, reuniu a liderança em torno de Ceaușescu. O jovem baixinho, que carecia de habilidades oratórias e talento organizacional, parecia ser uma autoridade simbólica perfeita para o partido.[6]

Por dois anos após sua eleição como secretário-geral, em 1965, Ceaușescu soube esperar o momento certo, atuando como porta-voz de uma liderança coletiva. No entanto, aproveitou ao máximo a posição que ocupava, lidando com multidões, visitando fábricas e estabelecendo laços com as forças militares e de segurança. As viagens ao exterior, representando o partido, receberam uma extensa cobertura da imprensa. Ele também imprimiu um tom desafiador, desconcertando Moscou ao convidar líderes que criticavam a União Soviética. Zhou Enlai foi bem-vindo em 1966; o futuro presidente Richard Nixon, em 1967.

Em 26 de janeiro de 1968, Ceaușescu completou 50 anos. Prudente, ele estava ansioso para evitar a impressão de que buscava um culto à personalidade. No entanto, dois volumes de seus discursos foram publicados sob grande aclamação. Seus colegas, em especial Apostol e Maurer, estavam ávidos para homenageá-lo.[7]

Três meses depois, em abril de 1968, Ceaușescu se sentiu bastante seguro para virar-se contra seu antigo mestre, denunciando Gheorghiu-Dej pela prisão, pelo julgamento e pela execução de membros fiéis do partido. Essa jogada permitiu que ele eliminasse um de seus principais rivais, Alexandru Draghici, responsável pela polícia secreta na época. Ion Iliescu, apoiador fiel de Ceaușescu, tomou o lugar de Draghici. Mas o caso de Lucretiu Patrascanu, executado antes que Ceaușescu se juntasse ao Comitê Central, em 1954, afetou a velha-guarda inteira. Todos eles foram deslegitimados e obrigados a rastejar.[8]

O momento de Ceaușescu chegou no verão, quando a União Soviética invadiu a Tchecoslováquia para suprimir o levante do país contra o comunismo. Tropas da Bulgária, da Polônia e da Hungria manifestaram apoio, mas a Romênia não ofereceu nada. À medida que os tanques iam em direção a Praga, Ceaușescu convocou um encontro em massa na praça do palácio, em frente ao Comitê Central, e fez um discurso apaixonado, condenando as ações de Leonid Brejnev como "um grande erro e um grave perigo para a paz na Europa". Ele virou herói da noite para o dia, adorado em virtude da promessa de que nenhuma potência seria autorizada "a violar o território da nossa terra natal".[9]

Ceaușescu posava como herói destemido, o homem que se atrevia a enfrentar a União Soviética. Dignitários estrangeiros faziam fila para visitá-lo, retratando-o como um defensor do socialismo com um toque humano. Richard Nixon, então presidente dos Estados Unidos, teve uma recepção opulenta em agosto de 1969. Foram publicadas fotografias do homem mais poderoso do mundo fazendo reverência a Ceaușescu, que estava recostado em uma cadeira confortável. "Ele pode ser um comunista, mas é o nosso comunista!", proclamou Nixon posteriormente.[10]

Um congresso do partido foi organizado três dias depois que Nixon foi embora. Ceaușescu apresentou uma mudança nos estatutos do partido, decretando sua eleição direta pelos membros do congresso. Isso significava que o Comitê Central não podia mais removê-lo. Em um discurso atrás do outro, os representantes fizeram tributos ao líder. Da velha-guarda, apenas um permaneceu: Gheorghe Maurer, que continuou servindo como Número Dois. Ceaușescu foi um líder incontestável, com seus homens responsáveis por todos os principais órgãos do partido.[11]

* * *

Entre julho de 1965 e janeiro de 1973, Ceaușescu fez 147 viagens rápidas pelo país. Somente em 1970, visitou 45 empreendimentos industriais e unidades agrícolas, de acordo com o jornal *Scinteia*. Cada visita era encenada de forma elaborada, seguindo uma coreografia que praticamente não mudou ao longo dos anos. Chegava uma carreata enfeitada de flores. Ceaușescu aparecia na sacada da sede local do partido a fim de discursar para a multidão, geralmente em cima de um pedestal para parecer mais alto. A multidão aclamava com entusiasmo, observada pela polícia secreta ao fundo de modo a garantir que todos se juntassem ao coro. Cada visita era mostrada na primeira página de todos os jornais, contribuindo para a imagem de Ceaușescu como líder onipresente em contato próximo com seu povo. Como resultado, as pessoas tendiam a culpar os subordinados, em vez do líder. "Se ao menos Ceaușescu soubesse da situação, ele atacaria os donos das lojas com uma vassoura de ferro", cochichava o povo durante a época de escassez de comida.[12]

Ceaușescu gostava do ritual cuidadosamente ensaiado, embora nada de fato o tivesse preparado para as boas-vindas que recebeu quando visitou a China e a Coreia em junho de 1971. Em Pequim, a liderança inteira encontrou o líder romeno e sua delegação na pista do aeroporto. Na praça da Paz Celestial, uma enorme apresentação de ginástica foi promovida em homenagem a ele, e centenas de participantes vestidos em cores diferentes sincronizavam os movimentos para projetar mensagens de boas-vindas: "Vida longa à amizade sino-romena!"[13]

Em todos os lugares, reparou Ceaușescu, as pessoas trabalhavam duro. A China era um país aparentemente desprovido de ócio. "Eles são muito organizados e muito disciplinados", observou. Em Pyongyang, na segunda parte da viagem, tudo foi reconstruído do zero após a devastação da Guerra da Coreia. A cidade tinha prédios modernos e amplos. As lojas estavam repletas de produtos. A agricultura e a indústria prosperavam, graças a um espírito de autossuficiência econômica. Unidade, disciplina, autarquia, independência: todos esses objetivos pareciam se unir quando uma população estava mobilizada ao redor do líder.[14]

Como Hitler em sua primeira viagem à Itália, Ceaușescu não parecia perceber que muito do que vira na China e na Coreia era mero espetáculo. Ele até acusou os funcionários da própria embaixada em Pequim e Pyongyang de terem enganado o Comitê Executivo ao relatar um desabastecimento grave, pois ele mesmo não testemunhou nada além de fartura para todos.[15]

Assim que retornou a Bucareste, Ceaușescu lançou a própria Revolução Cultural em pequena escala. Por alguns poucos anos após 1965, quando ele se apresentava como reformador, as restrições ideológicas da era stalinista foram relaxadas. A censura à imprensa afrouxou, e os escritores puderam ter alguma liberdade. Os programas estrangeiros eram exibidos na televisão. No entanto, a liberdade era limitada, uma vez que Ceaușescu enfatizava repetidamente que o marxismo-leninismo permanecia o "denominador comum da nossa arte socialista".[16]

Essas liberdades limitadas chegaram ao fim. Na China, Ceaușescu testemunhara como o velho mundo havia sido eliminado, uma vez que cada aspecto da cultura fora reconstruído nas linhas revolucionárias. Ele queria o mesmo para o próprio país. Em 6 de julho de 1971, proferiu um discurso ao Comitê Executivo que depois ficou conhecido como Teses de Julho, no qual atacou "as influências ideológicas burguesas e as ideias retrógradas", exigindo que fossem eliminadas da imprensa, da rádio, da televisão, da literatura e até da ópera e do balé. Celebrou o realismo socialista e exigiu uma conformidade ideológica em todos os campos. A cultura deveria passar por uma revolução, tornando-se uma ferramenta ideológica para moldar um "Novo Homem".[17]

A liderança foi expurgada. Ion Iliescu, promovido apenas três anos antes, foi afastado. No voo de volta para casa, aparentemente houve uma controvérsia tempestuosa a respeito do que haviam visto na Coreia do Norte.[18]

Com a cultura regimentada, o culto à personalidade se disseminou. Até mesmo antes da viagem à Ásia Oriental, Ceaușescu estava ansioso para conseguir um biógrafo da corte. Ele encontrou em Michel-Pierre Hamelet um cúmplice motivado. Michel era um jornalista francês que trabalhava no *Le Figaro* e acompanhara o secretário-geral do Partido Comunista Francês à Romênia em 1967. Hamelet foi instantaneamente cativado por seu anfitrião: "Fui tomado pelo sangue nos olhos dele, pela energia mental que transmitia, pelo sorriso irônico que lhe iluminava o rosto com frequência." Alguns anos mais tarde, ele retornou à Romênia e recebeu toda a assistência para compilar a biografia. *Nicolae Ceaușescu* foi publicado em 1971 em francês, seguido das traduções romena, húngara e alemã no mesmo ano.

Hamelet retratou Ceaușescu como um "humanista apaixonado" que anunciou nada menos que "a chegada de uma nova era", aquela em que as relações sociais seriam reconstruídas de acordo com uma nova ideologia. Ele foi uma criança talentosa nascida na pobreza. Ia à escola descalço, era muito pobre para comprar livros, mas era sempre o melhor aluno da turma. Hamelet entrevistou uma professora, que recordou que ele se destacava em matemática, mas sobretudo era um verdadeiro camarada para os outros. Identificado pela polícia aos 16 anos como um agitador perigoso, foi enviado de volta para sua aldeia algemado. Todavia, nada o fazia abandonar a causa. Tornou-se um inimigo do Estado, um organizador do movimento comunista, um expoente apaixonado dos princípios do marxismo-leninismo.[19]

Hamelet não foi o único recrutado para promover a imagem de menino camponês que, por meio de trabalho duro, coragem e talento absoluto, superou as adversidades para se tornar um líder socialista. Em 1972, Donald Catchlove publicou *Romania's Ceauşescu* [Ceauşescu da Romênia] em Londres, ampliando ainda mais o mito. Depois vieram *Ceauşescu* em alemão, de Heinz Siegert, em 1973, e *Ceauşescu* em italiano, de Giancarlo Elia Valori, em 1974. Em 1978, foi publicado em grego um livro cujo título era "O semideus da Romênia".[20]

Ceauşescu, em geral trabalhando por meio do Departamento de Agitação e Propaganda, aprovava, ele próprio, cada detalhe, até o número de cópias a ser impresso. O padrão era um financiamento generoso. Em 1976, Mihai Steriade, autor de um livreto cujo título traduzia-se como "A presença e o prestígio de um humanista: Nicolae Ceauşescu", pediu 8 mil dólares para auxiliá-lo a "propagar a Romênia" na Bélgica. Ceauşescu revisou o valor pessoalmente e abaixou a quantia para 5 mil dólares.[21]

O Departamento de Agitação e Propaganda, ou Agitprop, também garantiu que a imagem do líder fosse promovida no exterior por outros meios. Em 1971, por exemplo, o departamento pagou ao jornal italiano *L'Unità* cerca de 5 mil dólares para imprimir um suplemento sobre o aniversário do Partido Comunista Romeno. A edição trazia fotografias de Ceauşescu como um líder internacional em pé ao lado de Mao, Nixon e De Gaulle. Nenhum líder soviético foi mencionado.[22]

Ceauşescu era líder do partido e chefe de Estado. No entanto, diferentemente de outros ditadores, não estava contente em deter o poder simbólico como chefe de Estado enquanto tinha controle verdadeiro por meio da máquina partidária. A autoridade do Conselho de Estado foi expandida, uma vez que órgãos separados chefiados por Ceaușescu passaram por cima do Conselho de Ministros. Um deles era o Conselho de Defesa; outro, o Conselho Econômico. Em rigor, isso significava que tanto o Estado quanto o partido estavam à disposição dele e poderiam jogar um contra o outro quando encontrassem oposição. O líder não só controlava todos os mecanismos do poder, como também se estabeleceu como a autoridade suprema de cada assunto, das vitrines das lojas de departamentos à decoração do Teatro Nacional em Bucareste. Ele era impaciente e desenvolveu uma queda por fazer um remanejamento geral nos cargos administrativos quando os ocupantes fracassavam em implementar suas políticas de maneira rápida. Ceaușescu também trocava com frequência os quadros do partido e do Estado para garantir que ninguém desenvolvesse uma base de poder. O frenesi apenas aumentou a confusão e a ineficiência.[23]

Nada, no entanto, era suficiente. Em 1974, Ceaușescu decidiu expandir sua posição como presidente do Conselho de Estado para presidente da República, cargo que lhe daria o poder de nomear ministros por meio de decretos pessoais. Em uma reunião preparatória, os subalternos competiram uns com os outros para planejar uma cerimônia de posse ainda mais extravagante. Emil Bodnaras, vice-presidente do Conselho de Estado, sugeriu que uma cópia especial da Constituição fosse impressa com letras douradas. Outro propôs uma salva de canhões, mas Ceaușescu rejeitou modestamente.[24]

Em 28 de março, devidamente eleito presidente da Romênia, Ceaușescu foi apresentado com toda a pompa e circunstância de uma monarquia feudal. O ponto alto da cerimônia, transmitida por rádio e televisão, foi a apresentação de um cetro presidencial. O pintor surrealista Salvador Dalí ficou tão impressionado com o evento que enviou um telegrama de congratulações. A mensagem apareceu no dia seguinte no *Scinteia*, e o editor aparentemente não percebeu que era uma sátira: "Aprecio profundamente o ato histórico da sua introdução do cetro presidencial."[25]

No mesmo mês, Gheorghe Maurer, o fiel Número Dois que tentara promover a moderação, foi liberado de suas funções. Ceauşescu não tinha mais colegas. Uma nova lei de imprensa, que impunha uma censura ainda mais mordaz sobre materiais escritos, foi imediatamente aprovada. Difamações de líderes partidários passaram a ser consideradas fora da lei, assim como qualquer crítica a qualquer política do partido. No fim do ano, o 11º Congresso do Partido criou um novo órgão, que concentrava todo o poder em um departamento permanente do Conselho Executivo. Como outros órgãos legais, a função era meramente consultiva, uma vez que seus doze membros ouviam Ceauşescu de forma respeitosa. Para marcar a ocasião, o *Scinteia* descreveu o líder como "Júlio César, Alexandre da Macedônia, Péricles, Cromwell, Napoleão, Pedro, o Grande e Lincoln", saudando-o como "nosso Deus, o coração do partido e da nação". Ceauşescu tornou-se o Conducator, título derivado do verbo *conduce*, em romeno, ou *ducere*, em latim. Assim como o Duce ou o Führer, ele era o líder supremo de toda a nação.[26]

Ceauşescu era secretário-geral, presidente e comandante supremo, mas ansiava por um reconhecimento oficial como grande ideólogo. Dois volumes de seus escritos e discursos selecionados foram publicados em 1968. O ritmo acelerou nos anos seguintes, quando o Agitprop propôs um plano anual de publicações, supervisionado pelo próprio Ceaușescu. Em 1971, seus discursos foram traduzidos para meia dúzia de línguas; além disso, houve uma produção fixa de obras selecionadas, que passaram a ser disponibilizadas em 1976 em uma variedade de idiomas, do italiano ao chinês.[27]

Em 1976, Ceaușescu assumiu a Comissão Ideológica do Comitê Central. Seus subordinados formavam filas para saudá-lo como "o principal pensador do marxismo contemporâneo", um ideólogo brilhante que havia "rejuvenescido e desenvolvido ainda mais o marxismo". Ele era o "marxismo-leninismo em ação". Autores, acadêmicos e ativistas partidários eram compelidos a usar o trabalho dele como principal referência.[28]

Os trabalhos de Ceaușescu eram uma miscelânea de ideias contraditórias, mas, em resumo, ele deu uma roupagem nacional ao comunismo, posando como defensor dos valores nacionalistas enquanto sustentava a fé, chamando isso de "patriotismo revolucionário". Sua sabedoria supostamente atraía as pessoas ao redor do mundo. Como observou o primeiro-ministro romeno Manea Mănescu após uma longa viagem a países asiáticos, "Nicolae Ceaușescu tem um prestígio internacional enorme, goza de uma profunda admiração e respeito em toda parte, até mesmo nas regiões mais remotas do mundo, onde o nome dele se tornou um símbolo do patriotismo ardente e da internacionalização, da luta pela independência e soberania popular". Ele era um líder do mundo comunista, uma figura internacional do movimento da classe trabalhadora.[29]

Em 1978, em seu sexagésimo aniversário, a nação inteira prestou homenagens ao líder. Constantin Pirvulescu anunciou Ceaușescu como o "líder popular mais genuíno que já surgira na história do povo romeno". Na mensagem oficial ao partido, o Estado e a nação anunciaram que a nova Era

Ceaușescu representava "o capítulo mais frutífero de nossa história milenar, rica em conquistas e grandes sucessos".[30]

Como Ceaușescu era o ideólogo-chefe da nação, os principais locais de ensino tinham cerimônias especiais para reconhecer e celebrar todas as diversas conquistas acadêmicas dele. Os títulos honorários proliferaram: uma instituição o tornou doutor em economia; outra, doutor em ciência política. Seu apoio à existência soberana da Romênia passou a ser chamado de doutrina de Ceaușescu, uma afronta indireta à ideia de soberania limitada, conhecida como doutrina de Brejnev, que recebeu esse nome em homenagem ao homem que enviou tanques para acabar com a rebelião popular em Praga uma década antes. Foi organizada uma exposição para exibir todos os presentes que Ceaușescu recebera durante suas muitas viagens ao exterior, ilustrando a elevada apreciação que ele tinha como estadista internacional e principal teórico do marxismo-leninismo.[31]

As comemorações duraram três semanas. Havia poemas, canções, peças teatrais, quadros, bustos, tapeçaria e medalhas. O nome dele aparecia em letras garrafais. Ceaușescu era a tocha, o porta-bandeira, a estrela de janeiro, o abeto mais alto do país. Era um falcão. Era "a medida de todos os seres e coisas em um país abençoado chamado Romênia". Era a encarnação de Cristo, "um corpo vindo do corpo do povo, uma alma da alma do povo".[32]

Ceaușescu recebeu, pela segunda vez, o título cobiçado de herói da República Socialista da Romênia. Da Iugoslávia veio a Ordem de Herói do Trabalho Socialista. O magnânimo Brejnev concedeu-lhe a Ordem de Lenin. No entanto, essas honrarias foram poucas em comparação ao reconhecimento que ele recebeu do Ocidente. Alguns meses depois do aniversário do líder romeno, o presidente dos Estados Unidos, Jimmy

Carter, ofereceu um jantar na Casa Branca para Ceaușescu e a esposa. No entanto, o auge da carreira do Conducator foi a visita de Estado ao palácio de Buckingham em junho de 1978, organizada por Sir Reggie Secondé, embaixador britânico na Romênia. Secondé não tinha ilusões. Em um documento confidencial ao Ministério das Relações Exteriores britânico, ele julgou Ceaușescu "o ditador mais absoluto que pode ser encontrado no mundo hoje". A classe dominante recebeu o autocrata de braços abertos. Um dissidente romeno protagonizou um protesto solitário, mas a polícia prontamente o prendeu. Ceaușescu acompanhou a rainha Elizabeth na carruagem da realeza, acenando para a multidão que os aclamava, e recebeu a Ordem de Bath. No Palácio de Buckingham, seus guarda-costas provaram a comida antes de ser servida. Todos os eventos públicos — café da manhã, almoço, jantar e banquetes — foram transmitidos na televisão romena dia e noite. A visita subjugou todos que se opunham ao tirano.[33]

No entanto, ainda persistia alguma resistência. Ion Pacepa, um poderoso general da Securitate, desertou para os Estados Unidos algumas semanas mais tarde, destruindo a rede de inteligência do país e revelando manobras internas da corte de Ceaușescu. Pacepa recebeu uma sentença de morte *in absentia*, e sua cabeça foi posta a prêmio por 2 milhões de dólares. Ceaușescu passou a suspeitar ainda mais dos que o cercavam. Como o círculo de convivência diminuiu, restava a ele confiar em seus familiares.[34]

Entre eles, o destaque era a esposa, Elena, uma mulher austera e inculta, embora determinada e ambiciosa, que havia se inspirado na sra. Mao Tsé-tung durante a visita à China em 1971. Ela era a companhia constante de Ceaușescu, invariavelmente ao lado do marido nos congressos do partido, nas cerimônias de Estado e nas visitas oficiais no país e no exterior. Ela subiu ao topo da hierarquia política em poucos anos, juntando-se, em 1977, ao departamento permanente do Conselho Executivo.

Elena compartilhava o apetite por títulos e honrarias do marido. Apesar do pouco estudo, era sempre chamada de "engenheira, doutora, acadêmica Elena Ceauşescu" e posava como a principal cientista do país. Em 1977, já havia recebido 24 condecorações estrangeiras, desde a Ordem Nacional do Leopardo, do Zaire; a Ordem da Bandeira Nacional, da Coreia do Norte; a Ordem de Orange-Nassau, da Holanda; até a Ordem das Virtudes, do Egito. Em 1975, a União Soviética lhe concedeu uma medalha para marcar o trigésimo aniversário da vitória sobre o fascismo. Embora o portfólio fosse impressionante, não era nada perto da coleção do marido, que, em 1977, já tinha cerca de cinquenta condecorações internacionais, incluindo a prestigiosa Ordem Nacional da Legião de Honra da França, bem como as intermináveis Ordens da Bandeira Vermelha dos países comunistas.[35]

Em janeiro de 1979, alguns meses depois da deserção de Pacepa, Elena passou a ser chefe da Comissão para os Quadros do Partido e do Estado, ficando responsável por todas as nomeações. A ocupação do novo posto coincidiu com o sexagésimo aniversário dela, celebrado profusamente ao longo de dois dias, com cada membro do partido se humilhando e enaltecendo a primeira-dama como uma "estrela que fica ao lado de outra no arco eterno do céu". A primeira-dama assumiu o novo papel com gosto, insistindo que cada um dos 2,9 milhões de membros fosse investigado, o que pôs o partido à prova. A obediência cega passou a ser a norma. Os irmãos de Elena receberam posições importantes no governo, enquanto o filho Nicu foi promovido para o Comitê Central.

Em novembro de 1979, quando ocorreu o 12º Congresso do Partido, ela já era a poderosa Número Dois. Uma voz solitária ainda ousava confrontar a família. Constantin Pirvulescu, membro fundador do partido que apenas um ano antes celebrara o líder, acusou Ceaușescu de ignorar os verdadeiros problemas do país em busca da própria glória. Os membros do congresso gritaram para calá-lo, enaltecendo a popularidade do líder no exterior.[36]

O culto à personalidade de fato impediu que qualquer outra pessoa construísse uma base de poder independente. Mais membros da família foram nomeados na década seguinte. Quando o regime entrou em colapso, em 1989, de acordo com algumas fontes, pelo menos cinquenta membros da família tinham cargos de influência.[37]

Em seu sexagésimo aniversário, em janeiro de 1978, Nicolae Ceaușescu foi comparado a heróis nacionais do passado: Mircea, o Velho; Estevão, o Grande; Miguel, o Valente, todos governantes da Valáquia.

Outro modelo de comparação foi Burebista, o rei que destruiu o domínio dos celtas, opôs-se ao avanço dos romanos e uniu as tribos do reino da Dácia entre 61 e 41 a.C. A Dácia era descrita como uma civilização única na região que cobre grande parte do que é a Romênia hoje. Assim como Mussolini, Ceaușescu se via como a reencarnação de uma tradição antiga e gloriosa. Ele voltava-se para o passado arcaico da nação e enxergava continuidades entre os diversos estágios históricos que ligavam o reino da Dácia à República Socialista da Romênia, tornando-o nada menos do que o ápice de milhares de anos de história.

O aniversário de 2.050 anos da fundação da Dácia foi celebrado com grande pompa em 5 de julho de 1980. Todo o alto escalão da máquina partidária compareceu à cerimônia, que aconteceu no Estádio da República. Peças teatrais foram apresentadas, poemas foram lidos. Ceaușescu foi retratado como um descendente direto de Burebista, que logo se tornou o assunto preferido dos artistas na Romênia. Seu retrato era pintado, esculpido e tricotado, sempre com um perfil nobre e uma barba máscula. O filme *Burebista* foi o principal acontecimento artístico daquele ano. Linguistas, historiadores e arqueólogos publicaram tomos eruditos sobre os dacianos.[38]

Os cidadãos comuns, no entanto, pareciam carecer de entusiasmo. Eles evitavam celebrações públicas. Alguns poucos expressavam descontentamento com o regime, apesar da presença da polícia em toda parte. "Ceaușescu é muito desacreditado entre a população", escreveu o embaixador francês. A razão era clara. Em todos os lugares havia longas filas. No açougue, não se encontrava nada além de banha, salsicha, tripa e pé de galinha. Não havia frutas, com exceção de maçãs no Norte e pêssegos no Sul (mas não o contrário). O vinho comum estava além do alcance dos restaurantes, com exceção dos mais exclusivos. O país enfrentava escassez de energia, enquanto uma indústria petroquímica de tamanho exagerado consumia quantidades colossais de petróleo. Apenas uma lâmpada em cada três era ligada, enquanto o transporte público era interrompido aos domingos.[39]

A Romênia entrou em um período de grave recessão econômica. Um marco da doutrina de Ceaușescu era a autossuficiência econômica. Assim como seu antecessor Gheorghiu-Dej, o Conducator imitava o modelo stalinista, mesmo tendo se afastado da União Soviética. Com anseios de criar uma base industrial pesada, ele pegou empréstimos elevados com países ocidentais para importar tecnologia, matérias-primas e equipamentos necessários. No entanto, o preço do petróleo decolou durante a crise de 1979, levando a uma inflação muito maior, o que, por sua vez, forçou o regime a tomar ainda mais empréstimos.

Em 1981, quando a dívida externa atingiu cerca de 12 bilhões de dólares, a Romênia não conseguia mais pagar os juros. Em uma decisão precipitada, Ceauşescu decidiu quitar toda a dívida quanto antes e impôs um plano de austeridade. As importações foram cortadas e as exportações aumentaram. O envio de carne para a União Soviética mais que triplicou de 1983 a 1985. Milho, frutas, legumes e verduras, vinho, tudo foi direcionado para os mercados estrangeiros. Os alimentos eram racionados, e o povo formava filas para conseguir mercadorias como pão e batata. Às vezes, usava-se ração animal no lugar da farinha para fazer pão. Houve cortes pesados também no fornecimento de energia, com as pessoas vivendo no escuro e passando frio no inverno. Não havia combustível para os tratores.[40]

Quanto maior a miséria, mais forte era a propaganda. À medida que os padrões de vida declinavam, o culto ao líder ficava ainda mais extravagante. Os aniversários em anos ímpares eram saudados com grande exuberância, sempre um sinal revelador do desespero do regime. Em 1982, foi celebrado o aniversário de 64 anos de Nicolae Ceauşescu, seguido do 17º aniversário do 9º Congresso do Partido, que ocorreu em 1965. Alguns meses depois, no sexagésimo aniversário da fundação da Liga da Juventude Comunista, os membros do partido e os cidadãos comuns tiveram que saudar a "juventude revolucionária" do Conducator. O oitavo aniversário de sua eleição como presidente da Romênia foi no fim daquele ano. Em cada ocasião, uma enxurrada de telegramas chegava de todos os cantos do mundo, agradecendo ao líder pela Era Ceauşescu e pelo Milagre Romeno. O ditador exigia constantes demonstrações de gratidão das mesmas pessoas que ele estava arruinando. Também aproveitava essas ocasiões para culpar o governo por todas as deficiências, absolvendo a si mesmo e ao partido.[41]

Em junho de 1982, nos intervalos entre as diversas celebrações, o Conducator presidiu a Comissão Ideológica do Comitê Central, que substituiu o marxismo-leninismo, o qual deixou de ser mencionado, pelas obras de Nicolae Ceauşescu.[42]

O culto provavelmente atingiu o ápice em 1985, quando o país celebrou 20 anos da Era Ceauşescu com concertos, festivais, conferências, cerimônias, tudo meticulosamente ensaiado e executado com perfeição. Todos saudavam Ceauşescu como o "filho mais amado do povo". Em cada cidade, exposições de suas obras eram organizadas.[43]

O retrato de Ceauşescu, que passou a ser exibido em instituições do partido e do Estado assim que ele retornou da Coreia, em 1971, passou a estar em todos os lugares. Por lei, deveria estar pendurado nas paredes das escolas, das fábricas e dos quartéis do Exército, bem como em postos de controle na fronteira. Os cidadãos comuns também eram obrigados a exibir a foto do líder em cerimônias públicas, datas comemorativas nacionais, comícios e visitas oficiais. O retrato tinha que aparecer na primeira página de todos os livros; já os livros de escola primária deveriam ter uma fotografia colorida do casal Nicolae e Elena Ceauşescu. Nas instruções expressas do Conducator, o Primeiro-Casal deveria ser mostrado "rodeado de desbravadores e falcões", o que representava os alunos com os uniformes das duas organizações partidárias que eram obrigatórios para crianças entre 4 e 14 anos.[44]

A televisão ficou limitada a um único canal, que fazia transmissões apenas duas horas por dia. Metade da programação era rotineiramente dedicada às atividades e às conquistas de Ceauşescu. Para marcar o ano de 1985, foram produzidos, sob a supervisão pessoal do Conducator, programas especiais como "9º Congresso: O congresso dos novos avanços"; "Vinte anos das conquistas socialistas"; "A Era de Nicolae Ceauşescu";

e "A ciência durante a época de Nicolae Ceaușescu". Políticas semelhantes regiam a transmissão de rádio, com elogios a Ceaușescu ao longo do dia.[45]

As primeiras páginas dos jornais firmemente controlados sempre retratavam as muitas conquistas de Ceaușescu. As livrarias, por lei, tinham que destacar os discursos do líder, que, em 1986, haviam expandido de modestos dois volumes para impressionantes 28 tomos pesados. Bancas de jornal apresentavam seleções menores de seu trabalho. As lojas de discos ofereciam gravações dos discursos.[46]

Toda decisão, por menor que fosse, tinha que passar pelo crivo dos Ceaușescu. Uma simples mudança no nome de uma rua tinha que ser sancionada por Nicolae, que escrevia "*de acord*" na margem do documento. Quando dois times de futebol jogavam, Elena decidia se a partida seria transmitida ou não pela televisão. Cada detalhe do culto era determinado pelos Ceaușescu, inclusive quantas vezes por dia seus nomes eram mencionados nas transmissões. No entanto, não havia estátuas. Como Hitler e Duvalier, Ceaușescu recusava qualquer estátua em sua homenagem, com a exceção de um grande busto em sua aldeia natal. Quando os artistas perguntavam se podiam incorporar a imagem dele em um monumento a ser construído em Bucareste com o título de "Vitória do Socialismo", ele sempre declinava.[47]

Ceaușescu tinha algo muito maior em mente. Anos antes, Pyongyang, com suas alamedas retas e imensos edifícios governamentais, oferecera uma visão da utopia comunista: uma cidade verdadeiramente moderna, sem qualquer traço do passado. Em 1977, quando um terremoto devastou partes de Bucareste, ele viu no ocorrido uma oportunidade de erguer novos prédios no lugar dos antigos. A destruição sistemática do centro da cidade, repleto de casas centenárias, igrejas e monastérios, começou em 1982. Após alguns anos, só sobrou um morro descoberto, que, por sua vez, foi aplainado para dar lugar ao Palácio do Povo, um projeto faraônico que manteve dezenas de milhares de trabalhadores ocupados dia e noite. A obra nunca foi finalizada. A alameda da Vitória do Socialismo, com 3,5 quilômetros de extensão e 92 metros de largura, foi construída, ladeada de blocos de prédios inspirados no que fora visto na Coreia do Norte.[48]

A dois quilômetros do palácio, em outro distrito, foi planejado um Museu de História Nacional, embora apenas a fachada tenha sido erguida. Na extremidade da capital, um complexo de mosteiros do século XVIII foi derrubado com o intuito de ceder espaço para um novo Palácio da Justiça, projeto que sequer teve início.

Com anseios de remodelar o país em linhas retas, as mãos de Ceauşescu foram além da capital: um projeto denominado sistematização. Começada em 1972, a iniciativa implicava a destruição deliberada de milhares de pequenas aldeias, sendo os habitantes forçados a se reassentarem em blocos de apartamentos construídos de qualquer jeito, em geral sem elevadores funcionando ou água corrente. O projeto foi extinto com a crise do petróleo de 1979, embora a falta de fundos nunca fosse um impeditivo para o Conducator. Mesmo com a economia da Romênia em frangalhos, em 1988 ele restabeleceu a sistematização, destinando entre 7 e 8 mil aldeias à destruição.[49]

Um povoado vicejou. Em Scorniceşti, um local de peregrinação de âmbito nacional, apenas uma casinha foi poupada pela bola de demolição — a casa onde Nicolae Ceauşescu nasceu. O vilarejo passou a ostentar ruas pavimentadas, novas casas, um estádio, uma fábrica-modelo e lojas com ofertas aparentemente ilimitadas de mercadorias.[50]

A Securitate oprimia qualquer expressão de descontentamento. Portando submetralhadoras, essa força policial podia ser vista em pé em cada rua da capital e em postos de controle regulares a cada quinze quilômetros no interior. Uma rede de espiões e informantes estava espalhada por todo o país.

As pessoas faziam o que lhes era pedido, sem muita convicção. Em 1985, o embaixador francês ficou impressionado ao ver uma sociedade perfeitamente regulada, carente de "qualquer senso de espontaneidade na expressão de sentimentos em relação ao líder". Nos comícios, quem ficava em pé na frente, saudando o líder com entusiasmo, em geral eram os agentes de segurança vestidos com roupas de operário. Bem no fundo, os cidadãos comuns quase não se envolviam, uma vez que dos alto-falantes saíam saudações gravadas, produzindo, portanto, o volume exigido.[51]

As pessoas cantavam louvores ao líder em público, mas o xingavam por dentro. Um observador reparou que os pedestres pararam para aplaudi-lo em um momento em que ele apareceu em público para inspecionar uma obra, mas, assim que foi embora, os insultos começaram. John Sweeney, um jornalista britânico que visitou o país no verão de 1985, observou que "o país inteiro estava preso a uma expressão fechada, muda e passiva contra o regime". No entanto, depois ele reconheceu que nenhum dos estrangeiros que escreviam sobre a Romênia naquela época percebia a absoluta miséria dos cidadãos comuns, já que cada passo deles era monitorado de perto pelos agentes de segurança.[52]

Os cidadãos comuns podiam até detestar o regime, mas era improvável que se rebelassem. O partido tinha 4 milhões de membros em uma população de 22 milhões, o que significava que aproximadamente uma em cada seis pessoas de alguma forma se beneficiava do regime, tendo seu destino ligado ao de Ceaușescu. Elas lhe serviam bem, e ele as sustentava como retribuição, oferecendo benefícios generosos que as separavam do restante da população.[53]

Paradoxalmente, entretanto, foi a União Soviética que fez com que a revolta popular se tornasse improvável. Em 1968, Ceauşescu externou sua posição contra o envio de tropas para a Tchecoslováquia, construindo a imagem de um homem que ousava enfrentar a União Soviética. De tempos em tempos, ele tratava os soviéticos com desdém ou os insultava, mas Moscou tolerava seus ataques, uma vez que ele nunca foi de fato uma ameaça. O Conducator permaneceu sendo um comunista doutrinário e rígido. O povo sabia muito bem que a União Soviética ainda era a guardiã vigilante do socialismo e que, sob a doutrina Brejnev, o Exército Vermelho podia muito bem cruzar a fronteira para suprimir um motim. O medo de Brejnev era maior do que a aversão a Ceauşescu.[54]

A chegada de Mikhail Gorbachev ao poder mudou bastante a perspectiva de Ceauşescu. Em janeiro de 1987, após o proponente da Perestroika expor uma visão de democratização, o Conducator começou a posar como defensor da pureza ideológica. Ele rejeitou a reforma política como mera ilusão, prometendo seguir "o caminho correto até o comunismo". Em vez de afrouxar o rigor econômico, ele exigiu um "espírito de sacrifício" ainda maior e prontamente impôs mais medidas de austeridade, que aumentaram a dependência da economia em ruínas em relação à União Soviética.[55]

À medida que o Ocidente foi abraçando Gorbachev, seus líderes pararam de se engraçar com Ceauşescu. Os convites minguaram. Os visitantes eram poucos e raros. Os jornalistas estrangeiros intensificaram as críticas, encorajando os dissidentes no país. Em março de 1989, seis estadistas idosos publicaram uma carta aberta atacando o culto à personalidade do líder e a vigilância invasiva da população. Entre os signatários estava Constantin Pirvulescu, então com 93 anos de idade. Ele foi detido, interrogado e posto em prisão domiciliar.

A saúde de Ceaușescu estava fragilizada. Ele sofria de diabetes, mas não a tratou por muitos anos, pois sua paranoia não o deixava ser cuidado por ninguém, nem por seus médicos. Ele só confiava na esposa, mas ela também era paranoica, além de ignorante. Ambos estavam convencidos de que o destino os escolhera para liderar o país até a grandiosidade. Distanciados da realidade, vivendo em esplêndido isolamento, rodeados de bajuladores e mentirosos que eles promoveram durante anos, os dois passaram a acreditar no próprio culto.[56]

Em novembro de 1989, o 14º Congresso do Partido elegeu obedientemente Ceaușescu de novo como líder do Partido Comunista Romeno. Ele aproveitou a oportunidade para criticar as revoluções que estavam derrubando os regimes comunistas no Leste Europeu. Em junho, o sindicato Solidariedade venceu as eleições na Polônia, levando à queda do Partido Comunista alguns meses depois. Gorbachev não interveio. Em outubro, a Hungria adotou um pacote de reformas democráticas que efetivamente acabaram com o comunismo. De novo, Gorbachev permaneceu em silêncio.[57]

Em 17 de dezembro, as tropas romenas atiraram contra uma multidão de manifestantes em Timisoara, onde o governo havia ordenado a prisão de um pastor local que pregava contra o projeto de destruição de dezenas de igrejas históricas e monastérios. A atitude violenta gerou protestos pelo país. Em 21 de dezembro, Nicolae Ceaușescu apareceu na sacada da sede do partido no centro de Bucareste, ladeado por toda a equipe do governo, para discursar em um comício organizado em apoio ao regime. Pela primeira vez, a multidão não o saudou. Em alguns minutos, as pessoas ao fundo começaram a vaiá-lo. Ele levantou a mão para pedir silêncio, repetidamente batendo no microfone. A agitação continuou. Ceauşescu parecia chocado. A esposa inclinou-se para a frente e repreendeu a multidão: "Fiquem quietos! O que aconteceu com vocês?" Ceauşescu resolveu continuar o discurso, embora com dificuldade, com a voz rouca e frágil, tentando acalmar os manifestantes ao oferecer um aumento do salário mínimo. Mas ele vacilara. Com o fim do medo, o comício se transformou em tumulto.

O discurso foi transmitido ao vivo. Assim que a transmissão terminou, todos reconheceram que uma revolução estava se desvelando. As pessoas, vindas de todos os cantos, se juntaram aos protestos, atacando as premissas do governo, rasgando os retratos oficiais de Ceauşescu e queimando seus livros propagandísticos. O ditador ordenou que a Securitate lutasse até o último homem. Ao longo da noite, eles atiraram contra os protestantes, mas não foram capazes de conter a maré.

No dia seguinte, o Exército se juntou à revolução. Quando os manifestantes furiosos começaram a sitiar a sede do partido, Elena e Ceauşescu foram forçados a fugir de helicóptero, pousando em um campo fora da capital. Ainda no mesmo dia, eles foram perseguidos e presos. No Natal, Ion Iliescu, chefe da Frente de Salvação Nacional, uma organização espontânea formada por membros do Partido Comunista que se voltaram contra o líder, organizou rapidamente um tribunal militar para julgar os Ceauşescu. Após a decisão pela pena de morte, o casal foi levado para um quintal muito frio, próximo a um banheiro. Aparentemente, Ceauşescu cantou *A Internacional*. A primeira-dama gritou "Vão se foder" quando os dois foram perfilados de frente para o muro e fuzilados.[58]

8
Mengistu

Nos arredores da antiga capital Axum, onde em 1937 os italianos desmontaram e removeram um obelisco enorme como despojo de guerra, carcaças de tanques soviéticos queimados ainda estão abandonadas nos campos empoeirados. Em outras partes da Etiópia, também é possível encontrar memórias enferrujadas de uma guerra que dizimou pelo menos 1,4 milhão de vidas. Por quase duas décadas, o Chifre da África foi devastado por uma revolução que destronou o imperador em 1974.

A Etiópia era um império antigo que havia abraçado o cristianismo em 330, algumas décadas depois de Roma, já que os portos ao longo do mar Vermelho serviam de santuários para os fiéis exilados. A fé funcionou como força centralizadora. No fim do século XIX, o imperador Menelik II expandiu o império, transformou o país em um Estado moderno e liderou suas tropas na vitória contra a Itália. A Batalha de Adwa contra os italianos garantiu que a Etiópia nunca fosse colonizada, com exceção de um período curto de 1936 a 1941.

Haile Selassie, coroado em 1916, exerceu o poder absoluto por quase seis décadas, um recorde para qualquer chefe de Estado. Leão de Judá, Rei dos Reis, Eleito de Deus, ele encarnava a vontade divina. A autoridade, na Igreja Ortodoxa etíope, tinha que ser poderosamente exercida de cima, e, segundo contam, ele era um autocrata, que usava sua influência para unir o império — muitas vezes, por meio da força. Sua imagem estava em todos os lugares, em moedas, quadros, selos, cartões-postais e fotografias. Seu nome era usado para designar escolas e hospitais. Diferentemente de outras vertentes do cristianismo, a Igreja da Etiópia nunca tentou regular a produção de ícones.[1]

Fora do país, Haile Selassie era cultuado pelos rastafáris, que o viam como Deus reencarnado, o messias que havia voltado para conduzir os negros em direção a uma época áurea de paz e prosperidade. Mas ele resistia a qualquer tipo de reforma social e, nas décadas após a Segunda Guerra Mundial, ficou cada vez mais relutante em se adaptar ao mundo moderno. Em 1973, uma fome devastadora revelou a miséria que assolava o campo. Inúmeros aldeões morreram de inanição. O preço dos alimentos e do petróleo foi às alturas nas cidades, disseminando protestos por todo canto. A disciplina entre os militares se esfarelou, com motins em diversas unidades do Exército. Em fevereiro de 1974, a agitação se espalhou para a Marinha, a Força Aérea e a Polícia, antes de, por fim, alcançar os guarda-costas imperiais em 1º de março. Para aplacar o Exército, Haile Selassie nomeou um governo interino com a função de oferecer ao país uma monarquia constitucional.[2]

Um grupo de líderes militares popularmente conhecidos como Derg logo assumiu o poder. *Derg*, palavra em amárico que significa "comitê", era a abreviação de Comitê de Coordenação das Forças Armadas, Guarda-Costas, Polícia e Exército Territorial, estabelecido para investigar as demandas do Exército. Na realidade, era uma junta composta principalmente por oficiais de baixo escalão que representavam diferentes unidades militares. Os oficiais veteranos eram mantidos distantes, contaminados pela associação com o imperador.[3]

Em julho, o Derg dispensou o primeiro-ministro. Então, o grupo aboliu o Conselho da Coroa do imperador e prendeu toda a sua equipe pessoal. Todos os palácios foram nacionalizados, assim como todas as empresas da família imperial. Na noite de 11 de setembro, o Derg transmitiu pela TV estatal um documentário sobre a fome, intercalado por cenas de extravagância real. Isso destruiu o que restava da imagem imperial. No dia seguinte, Haile Selassie foi deposto, enfiado em um Volkswagen e levado para longe do palácio.[4]

O Derg, sob o slogan "Etiópia Primeiro", de início, nomeou um general altamente respeitado como autoridade simbólica efêmera. Aman Andom era um eritreu que favorecera um acordo negociado com a Frente de Libertação da Eritreia, uma organização que ganhara sobrevida com o colapso do império, e exigiu a independência da população. A Eritreia, uma província marítima vasta e formidável com portos vitais, estendia-se por centenas de quilômetros ao longo do mar Vermelho. Sem ela, a Etiópia não teria acesso ao mar. Os oficiais subalternos do Derg insistiam para que as tropas na região fossem reforçadas e se preparassem para uma grande ofensiva contra os separatistas.

Em 23 de novembro, Aman foi liberado de suas obrigações. O Derg aproveitou a oportunidade para eliminar seus oponentes mais explícitos. Em uma execução em massa, cerca de sessenta ex-líderes civis e militares do país foram sumariamente fuzilados. Aman morreu em uma troca de tiros com as tropas enviadas para prendê-lo em sua residência.

Para ocupar o posto de Aman, o Derg nomeou o general Teferi Bante, um linha-dura da Eritreia. Figura mais flexível, em ocasiões públicas ele aparecia acompanhado de dois vice-presidentes, Atnafu Abate e Mengistu Haile Mariam. O primeiro ato deles foi estabelecer um novo Código Penal, que permitia ao Derg submeter à corte marcial qualquer um que se expressasse contra o slogan "Etiópia Primeiro".[5]

Dos três homens responsáveis pelo Derg, Mengistu provavelmente era a figura menos simpática. Havia boatos sobre seu nascimento, sempre considerado um fato importante em uma sociedade feudal. Alguns diziam que a mãe, uma empregada da corte que morreu em 1949, quando Mengistu tinha 8 anos de idade, era filha ilegítima de um dos conselheiros do imperador. Outros, apontando para o tom de pele escuro, alegavam que ele viera de uma família escravizada do Sul. Seja qual for a verdade, a família não pertencia aos amharas, a etnia dominante nas regiões montanhosas centrais da Etiópia. Ele foi criado na subserviência em um lar nobre, à sombra do palácio imperial.[6]

Mengistu tinha uma educação mínima e seguiu os passos do pai, entrando para o Exército alguns anos depois do falecimento da mãe. Ele atraiu a atenção do general Aman Andom, que o colocou debaixo das asas. De mensageiro no gabinete do general, subiu de posto e se tornou sargento. Depois de se formar na academia militar, foi nomeado para assumir o comando de uma divisão em Adis Abeba, mas cometeu um ato de rebeldia que o afastou de seu superior, que o descreveu como um agitador. Em 1970, foi enviado para Aberdeen Proving Ground, em Maryland, nos Estados Unidos, por alguns meses, onde adquiriu treinamento adicional e um conhecimento rudimentar de inglês.[7]

Embora preferisse ficar em segundo plano, Mengistu, na realidade, dominava o Derg. Foi ele quem enviou as tropas para a casa do ex-mentor e assegurou que a revolução se tornasse sangrenta com o Massacre dos Sessenta. Foi Mengistu quem, de novo, proclamou o "socialismo etíope" em 20 de dezembro de 1974. Em alguns meses, dezenas de empresas foram nacionalizadas, enquanto todas as terras foram declaradas propriedades públicas. O feudalismo, proclamou em um comício, ficaria permanentemente relegado aos museus, e uma "nova ordem" estava sendo criada. Cerca de 56 professores e alunos foram enviados para o interior com o objetivo de "disseminar a revolução".[8]

O Derg comandava o país diretamente do Grande Palácio, um imenso complexo de quarteirões residenciais, salões e capelas no topo de uma das sete colinas de Adis Abeba, cujos telhados vermelhos contrastavam com o verde brilhante dos eucaliptos ao redor. O grupo se encontrava no Salão do Trono, onde o imperador oferecera cerimônias importantes e banquetes reais. Em um prédio próximo, Haile Selassie passou seus últimos dias sob prisão domiciliar. Em agosto de 1975, ele morreu em circunstâncias misteriosas, aparentemente de complicações após uma cirurgia de próstata, aos 83 anos. Surgiram boatos alegando que Mengistu havia colocado um travesseiro sobre a cabeça de Haile Selassie. Anos depois, foi revelado que os restos mortais do imperador estavam enterrados debaixo do gabinete de Mengistu, com a mesa exatamente acima do corpo.[9]

Do Grande Palácio, o Derg governava por meio da força e do medo. Um mês após o falecimento do imperador, o grupo instituiu estado de emergência e proibiu qualquer forma de oposição à revolução, da distribuição de cartazes à pronúncia de "palavras ilegais em público ou em qualquer outro lugar". O comitê também abraçou o marxismo-leninismo, tornando-o obrigatório em escolas, fábricas e escritórios. No campo, onde a população era predominantemente analfabeta, os comissários políticos doutrinaram os aldeões, que eram forçados a se associar a coletivos de camponeses.[10]

Em setembro de 1976, Mengistu sofreu uma emboscada ao voltar para casa. O atentado contra a vida dele fracassou, mas ele aproveitou a oportunidade para eliminar seus rivais. Mengistu apareceu no dia seguinte em um comício organizado na praça central da capital, que foi renomeada como praça da Revolução, incitando de forma provocativa "a vigilância para proteger a revolução". Nas semanas seguintes, dezenas de oponentes foram mortos em varreduras implacáveis organizadas pelo Exército. Nos bastidores, os membros do próprio Derg sofreram emboscadas, com corpos sendo ocasionalmente retirados do Salão do Trono.[11]

Mengistu traíra seu ex-mentor, o general Aman Andom. Então, em 3 de fevereiro de 1977, ele virou-se contra Teferi Banti, figura principal do Derg, acusando-o de ter armado um golpe contrarrevolucionário. Teferi e outros sete membros do comitê foram presos no Grande Palácio. "Eu verei a morte de vocês, mas vocês não verão a minha", disse Mengistu a eles quando foram levados até o porão do palácio. A maioria levou tiros de uma arma com silenciador, ao passo que outros foram estrangulados. Dos mais de cem membros, no máximo sessenta permaneceram no Derg.[12]

Um pronunciamento conciso e assustador estremeceu a Rádio Etiópia. Mengistu passou a ser o único presidente do Derg. O embaixador soviético o parabenizou pessoalmente no dia seguinte.[13]

Mengistu foi o arquiteto do Derg. Com grande tato e paciência, transformou uma coalizão frouxa de oficiais subalternos em uma estrutura organizada que assumiu a liderança na revolução. Por três anos, trabalhou nos bastidores, pendendo a balança do poder para seu lado. Mengistu sabia esperar e também atacar. Uma de suas maiores habilidades era esconder os sentimentos. Ele era humilde. Podia ser só sorrisos, com a voz transmitindo sinceridade quando necessário. Como disse um de seus apoiadores, o líder era como água e fogo, tanto cordeiro quanto tigre.[14]

Também tinha outras qualidades. Era abençoado com uma memória excepcionalmente boa e nunca esquecia um rosto. Dono de uma disposição voraz para o trabalho, preparava-se detalhada e meticulosamente para cada reunião. Era um orador convincente que sabia avaliar o humor do público e usá-lo em favor próprio. Ele propôs uma visão simples mas atraente do ressurgimento nacional e da revolução social, misturada a slogans marxistas brutos. Demonstrava convicção, em particular entre os oficiais subalternos do Derg: "Quando você o vê, começa a acreditar nele", lembrou um de seus apoiadores em um momento posterior. Mengistu também era um ótimo ouvinte e constantemente tentava saber mais sobre a dinâmica de poder a seu redor. Era um manipulador perspicaz das pessoas e de fatos. Na maioria das vezes, ele era mais determinado do que seus colegas mais novos no Derg.[15]

Em 5 de fevereiro, Mengistu apareceu na praça da Revolução para anunciar que uma conspiração contrarrevolucionária havia sido cortada pela raiz. "Nossos inimigos estavam nos cozinhando para o almoço, mas nós os comemos no café da manhã", disse ele para uma massa reunida. No fim do discurso, esmagou teatralmente uma garrafa cheia de tinta vermelha, declarando em tom provocativo que o sangue de todos que se opusessem à revolução seria derramado. Enquanto a multidão o saudava, ele prometeu armar os oprimidos.[16]

O Terror Vermelho veio a seguir. Em semanas, comitês de bairros urbanos e associações de camponeses foram armados. Eles arrancaram inimigos reais e imaginários do Derg, competindo principalmente com as organizações estudantis de inspiração marxista. Uma delas era o Partido Revolucionário do Povo Etíope, que inicialmente se uniu à junta, mas logo acusou o Derg de ter traído a revolução. As tensões se intensificaram e se transformaram em conflito aberto.

Em Adis Abeba, buscas foram realizadas de casa em casa. Às vezes, câmeras e máquinas de escrever eram tratadas como evidência de atividades de espionagem. Centenas de suspeitos foram presos e executados nos arredores da capital. Os corpos podiam ser vistos em valas. Outros suspeitos eram perseguidos pelas ruas e fuzilados em plena luz do dia. Os médicos tinham tanto medo que se recusavam a tratar os suspeitos de serem "contrarrevolucionários". Qualquer um podia se tornar um inimigo, uma vez que as pessoas usavam o terror para resolver problemas pessoais, denunciando os vizinhos em meio ao caos político.[17]

Mengistu ordenou que a televisão estatal transmitisse a filmagem dos corpos dos prisioneiros políticos que haviam sido torturados até a morte. As imagens horripilantes que pipocaram pelo país eram a prova da determinação dele em intimidar uma população de 32 milhões de habitantes. O pior do terror passou depois de alguns meses, mas o sangue continuou a ser derramado por alguns anos, ceifando a vida de milhares de pessoas.[18]

Mesmo sendo linha-dura em casa, Mengistu tentou consolidar seu poder cortejando a União Soviética. Em maio de 1977, todos os laços com os Estados Unidos foram cortados. Em uma demonstração teatral de alinhamento com os soviéticos, o presidente voou a Moscou alguns dias depois, sendo recepcionado no aeroporto por uma delegação de generais de alto escalão. Atnafu Abate, segundo vice-presidente do Derg, expressou reservas quanto à reaproximação. Ele foi acusado de crimes contrarrevolucionários e executado alguns anos depois, tornando Mengistu o líder incontestável.[19]

A União Soviética, no entanto, também deu apoio à Somália, uma faixa no deserto com 3 milhões de pessoas liderada por uma junta militar sob o comando de Siad Barre. Barre também tinha planos e esperava criar uma Grande Somália, que compreenderia Ogaden, um planalto de colinas áridas e arbustos densos a leste da Etiópia conquistado por Menelik II no século XIX. Por um breve período, após a Segunda Guerra Mundial, a região se juntou à Somália, mas Haile Selassie havia implorado às Nações Unidas para que o território fosse devolvido ao império e foi bem-sucedido.

Em julho de 1977, sentindo a vulnerabilidade da fronteira, Siad Barre invadiu Ogaden. Suas tropas avançaram rapidamente em partes da região dominadas por nômades somalis. Mengistu foi forçado a armar uma defensiva, arranjando com presteza recrutas para lutar na guerra. Barre, assim como Mengistu, dependia da União Soviética. Os dois voaram a Moscou. Os soviéticos tentaram fazer com que os inimigos se reconciliassem, mas, quando isso se mostrou impossível, eles resolveram apoiar a Etiópia, que tinha uma população dez vezes maior do que a da Somália. Em dezembro, uma quantidade enorme de suprimentos militares, tanques, armas, foguetes, artilharia, morteiros e mísseis começou a chegar de avião a Adis Abeba; em seguida, chegaram milhares de conselheiros russos e cubanos. Essa assistência favoreceu a Etiópia. Em março de 1978, as últimas tropas somalis começaram a se retirar, pondo fim à Guerra de Ogaden.

Mengistu começou a refinar a própria imagem. Em abril de 1978, ele visitou Cuba, onde foi saudado por milhares de pessoas ao longo de uma estrada de 25 quilômetros entre o aeroporto e a principal casa de cerimônias diplomáticas, apesar do atraso de três horas e da chuva esporádica.[20]

Alguns observadores viram no acontecimento o começo de um culto à personalidade. Algumas semanas depois, em uma visita do líder a Ogaden, uma multidão imensa o recepcionava aonde quer que ele fosse. Em Dire Dawa, uma cidade que se defendeu do exército somali, Mengistu foi saudado por cerca de 100 mil habitantes, "que cantavam felizes e repetiam os slogans revolucionários". Os jornais estavam repletos de fotografias do presidente recebendo buquês de crianças, inaugurando pedras fundamentais ou vistoriando tropas. Ele era acompanhado por uma banda, uma guarda de honra e pela nata da liderança regional.[21]

Mengistu tinha Fidel Castro como modelo, aparecendo em trajes militares, coturnos, boina e com um revólver no quadril. Ele alinhou seus títulos aos da contraparte cubana, sendo identificado na imprensa como "comandante-chefe do Exército Revolucionário", além de presidente do Conselho Administrativo Militar Provisório e presidente do Conselho de Ministros.

Sobretudo ele replicava os gestos imperiais. O Grande Palácio, onde ficava seu gabinete, funcionava como quando Haile Selassie o ocupava, com guepardos acorrentados, estátuas de leões e lacaios uniformizados. Os presentes de Estado de Mengistu eram exibidos lado a lado com aqueles recebidos pelo imperador. O ditador sentava-se sozinho, em uma cadeira dourada ou em plataformas elevadas. Seus retratos substituíram os do imperador, às vezes em molduras antigas com uma coroa no topo. Os prédios e os jardins, de onde se ouvia o rugido dos leões, eram cercados por uma grade de ferro, decorada com as iniciais de Menelik II, a letra M da Etiópia.[22]

Sob o império, a liderança sempre fora altamente personalizada, um estilo que combinava muito mais com a expectativa popular do que com o caráter impessoal e misterioso do Derg nos primeiros anos da revolução. Os jornais tinham o hábito de reproduzir, no canto superior esquerdo da primeira página, fotografias do imperador recebendo visitantes estrangeiros ou ensinando a grupos de alunos. Mengistu passou a ocupar esse espaço.[23]

Assim como o imperador mantinha os governadores provinciais a postos quando saía do reino, Mengistu fazia o mesmo ao viajar pelo país. Nos primeiros meses de 1979, ele passou algumas semanas visitando regiões administrativas do Sul e do Oeste. Em todas as ocasiões, os representantes tentavam se superar nas saudações ao presidente. Negussie Fanta, administrador-chefe de Welega, saudou a "liderança revolucionária inteligente e visionária"; outros expressaram "amor sincero" pelo líder. Como o imperador, Mengistu dispensava conselhos e dava as mesmas "orientações revolucionárias confidenciais" a oficiais locais, diretores de hospital, especialistas em agricultura e gerentes de usinas industriais.[24]

O elogio era conquistado pelo medo. Mengistu era conhecido por visitar a linha de frente para humilhar seus generais, confiscando as medalhas, rebaixando sua patente na frente dos soldados. Alguns eram executados no local.[25]

Em 1979, toda visita pública era um ritual bem ensaiado. O comparecimento era obrigatório para a população local, que deveria aclamar o líder, repetir os slogans e carregar as fotos dele. Mengistu surgia do céu a bordo de um helicóptero, enquanto a banda tocava canções revolucionárias. Quando ele visitou uma fábrica de tratores em Gojam, cerca de seiscentos quilômetros da capital, alto-falantes anunciaram a chegada do "camarada Mengistu, um líder comunista revolucionário e visionário". As crianças ofereceram flores. Ele visitou a fábrica e depois a cantina. Em todos os lugares se viam fotos do líder. Houve discursos, apertos de mão, ofertas de presentes e registros fotográficos. Poemas foram lidos. Quando Mengistu visitou o monastério histórico na região do Tigré, um sacerdote compôs os seguintes versos: "Lá vem a estrela negra/ Ele brilha como o nascer do sol/ Lá vem a estrela negra como uma estrela cadente."[26]

Desde 1974, Mengistu havia assassinado dezenas de membros do Derg. Os que sobreviveram viviam com medo. O líder, por sua vez, se questionava em relação a quem ia se voltar contra ele, sem nunca ter total certeza da lealdade dos integrantes do comitê, e estes ficavam igualmente apreensivos acerca das intenções dele. Por experiência, todos sabiam que Mengistu podia ser o melhor amigo de manhã e devorá-los à noite. Independentemente de o admirarem ou não, eram forçados a saudá-lo em público. Todos foram transformados em mentirosos, o que dificultou muito a organização de um golpe.

Os membros do Derg aprenderam a não questionar as diretivas de Mengistu e, em vez disso, citavam os discursos do presidente. Um livreto com citações selecionadas passava de mão em mão. Começar um discurso público invocando as palavras de sabedoria do presidente tornou-se o padrão. Em ocasiões importantes, um dos autores dos discursos de Mengistu, Baalu Girma, foi solicitado a providenciar um trecho apropriado. Jornalista com mestrado na Michigan State University, Baalu antes escrevia discursos para o imperador e, em 1977, passou a ser secretário permanente do Ministério da Informação, garantindo que a aclamação excessiva ao líder fosse amplamente difundida.[27]

Nos primeiros anos da revolução, Mengistu evitara que retratos de Aman Andom e Teferi Bante, as duas principais figuras do Derg, fossem impressos e pendurados. Após a vitória na Guerra de Ogaden, o retrato dele, Mengistu, apareceu em cada gabinete do governo, em cada escritório da comunidade, em cada fábrica e empreendimento público ou privado. A foto podia ser vista até em restaurantes e bares. Isso também era motivado pelo medo. Quadros locais foram responsáveis por garantir que Mengistu estivesse em todos os lugares, e mantinham listas de estabelecimentos que não cumpriam as ordens.[28]

A imagem de Mengistu, além das de Marx, Engels e Lenin, era exibida em grandes comícios, que passaram a ser promovidos com regularidade a partir de 1976. O ponto alto do calendário revolucionário era o Dia da Revolução, também chamado de Dia Nacional, que acabou coincidindo com o segundo dia do calendário etíope, que caía em 11 ou 12 de setembro. No passado, uma multidão se reunia em Adis Abeba para celebrar os feriados religiosos. Então, as pessoas passaram a ser mobilizadas pelos comitês de bairro, que cobravam multas de quem não comparecia. Tudo era cuidadosamente encenado, com milhares sendo obrigados a marchar e carregar balões diante do líder, que sorria de sua cadeira dourada em uma tribuna na praça da Revolução. O vermelho era a cor dominante, com estrelas, faixas, foices e martelos por todos os lados. Em 1977, 150 mil pessoas participaram do evento. No fim do discurso do presidente, um canhão disparou faixas pelo ar, que se abriam e caíam, amarradas a pequenos paraquedas. Aviões em formação sobrevoavam a praça.[29]

Como em todo regime marxista-leninista, o segundo evento mais importante era o Dia do Trabalhador. Mas havia outras ocasiões, impelidas pelo capricho do líder. Comícios da unidade, da vitória, da guerra e da paz ocorriam com frequência excessiva. Em 1979, 20 mil crianças foram obrigadas a marchar com passo de ganso na frente do presidente no estádio de Adis Abeba para marcar o Ano Internacional da Criança. No tempo livre, Mengistu ocasionalmente brincava e se divertia com os soldados no Grande Palácio, fazendo-os ficar em formação e desfilar pelo pátio.[30]

* * *

Em 1979, a Etiópia não tinha Constituição, Parlamento ou partido. Todo o poder concentrava-se efetivamente em Mengistu. Ele contava com o Derg, que, por sua vez, dependia de um Exército de cerca de 280 mil soldados e de uma rede frouxa de comitês comunitários nas cidades e de associações de camponeses. Mas o que faltava era uma organização leal e disciplinada, capaz de estabelecer uma verdadeira ditadura do proletariado, guiando o país na transformação rumo ao socialismo.[31]

Em dezembro daquele ano, Mengistu estabeleceu uma organização preparatória chamada Comissão de Organização do Partido dos Trabalhadores da Etiópia (COPWE, na sigla em inglês). O objetivo era difundir o marxismo-leninismo e criar do zero um partido comunista de vanguarda, tendo como modelo o da União Soviética. Mengistu foi responsável por determinar as regras e as condições de recrutamento e nomeou pessoalmente cada membro do Comitê Central, do Comitê Executivo (o equivalente ao Politburo) e da Secretaria. Todos eram fiéis apoiadores e alguns, confidentes próximos. Nenhum deles tinha um grupo substancial de apoiadores, e alguns gozavam de bastante desconfiança por terem traído os colegas durante o Terror Vermelho. Como presidente, Mengistu fez a mediação entre o governo e a comissão, que prometeu "tomar todas as medidas necessárias para evitar qualquer situação que ameaçasse a revolução". Um dos primeiros atos foi proibir todas as outras organizações políticas.[32]

Nos primeiros anos, a comissão montou mais de 6 mil células, fazendo uma triagem cuidadosa de cada candidato potencial. Assim como o Comitê Central, as células eram dominadas por militares e policiais. Havia, é claro, um preço a se pagar. Como a lealdade importava mais do que a crença, muitos dos membros do partido não tinham mais do que um conhecimento superficial acerca do marxismo-leninismo. Eles foram enviados à União Soviética ou ao Leste Europeu para aprender o básico, mas continuaram "bastante ingênuos quanto à ideologia", para citar o historiador Christopher Clapham.[33]

A comissão assumiu o controle de cada órgão de autoridade, incluindo os comitês comunitários e as associações de camponeses. Foram estabelecidas novas organizações, as quais se espelhavam nas da União Soviética, desde a Associação Revolucionária das Mulheres da Etiópia à Organização Revolucionária da Juventude da Etiópia.

À medida que a comissão estendia seu domínio pelo país, programas ainda mais radicais foram implantados em nome do socialismo. Mengistu não precisava de Marx para compreender que a coletivização permitia que ele extraísse um excedente muito maior do campo. Em alguns anos, cerca de 7 milhões de casas foram organizadas para se tornar associações de camponeses, que passaram a ser novos órgãos do governo. Elas estipulavam cotas de grãos para os aldeões, forçando-os a vender a safra para o Estado a preços determinados pelo próprio Estado. Os aldeões eram implacavelmente forçados a pagar impostos e recrutados a trabalhar de graça em projetos de infraestrutura longe de casa. Eles se tornaram arrendatários do Estado.[34]

Em maio de 1982, enfim, *O capital* foi publicado em amárico. Meio ano depois, os alemães-orientais doaram um bloco gigante de granito representando Karl Marx para ficar de guarda na entrada da Universidade de Adis Abeba. Em 1983, veio a estátua de Lenin, que era produzida em massa na União Soviética, e foi posicionada em um pedestal a sete metros de altura diante da Comissão Econômica das Nações Unidas para a África, com o olhar fixo no horizonte, uma perna curvada para a frente no caminho rumo ao futuro.[35]

Após cinco anos de preparação, Mengistu se sentiu pronto para fundar formalmente o Partido dos Trabalhadores da

Etiópia. Em julho de 1984, começou um novo capítulo na Revolução Popular, quando ramificações do partido foram estabelecidas nas províncias, todas saudando com obediência "a liderança vital e decisiva" de Mengistu. O retrato dele passou a figurar no meio, com Marx, Engels e Lenin à esquerda e a estrela vermelha à direita.[36]

O verdadeiro evento foi agendado para coincidir com o décimo aniversário da revolução, em setembro de 1984. Mengistu havia visitado Pyongyang dois anos antes e estava determinado a simular a intensidade com que os norte-coreanos comemoravam o Dia Nacional. Ele retornou da cidade com um grupo de conselheiros que maquiaram e enfeitaram a cidade para a festividade, enquanto enormes slogans revolucionários coroavam todos os edifícios modernos. As favelas não podiam ser vistas a quilômetros de distância, pois foram bloqueadas por grades de ferro corrugado pintadas com o vermelho obrigatório.[37]

Uma semana antes das celebrações, foi aberto um enorme Salão do Congresso do Partido, valorizado por diversos ditadores comunistas no estilo socialista-realista. Em 1979, a comissão havia se mudado para um elegante prédio *art déco* que já fora ocupado pelo Parlamento. A parte externa foi repintada em um tom vermelho terroso e os portões de ferro, reformados, ostentando uma foice e um martelo. Por outro lado, o novo prédio servia como um monumento representando as conquistas da revolução. Na principal sala de conferências, cada um dos 3.500 assentos vinha equipado com a tecnologia mais moderna da época para possibilitar a tradução simultânea. Tudo, com exceção do revestimento de pedra na parte externa do prédio, havia sido construído de acordo com as mais exigentes especificações e importado da Finlândia. A conta foi paga em dinheiro em espécie.[38]

Na primeira reunião, em 10 de setembro, os membros do Partido dos Trabalhadores da Etiópia elegeram de forma unânime o "líder visionário" secretário-geral do Comitê Central e juraram à população que implementariam o slogan "Avante a liderança revolucionária do camarada Mengistu Haile Mariam". Um membro do Politburo deu um passo à frente e leu solenemente uma biografia do presidente, comparando a vida do "brilhante e generoso salvador da Etiópia" à segunda vinda de Cristo. O líder, que havia verificado cada palavra do discurso, era só humildade, resmungando de forma modesta que não merecia o elogio.[39]

Mais impressionante do que o Salão do Congresso do Partido era o Monumento Tiglachin, ou Monumento Nossa Luta, um marco projetado pelos norte-coreanos. O marco tem cinquenta metros de altura e uma estrela vermelha no topo; além disso, nas laterais há relevos gravados em bronze que contam a história da revolução, da queda do imperador a Mengistu Haile Mariam, que liderou o povo rumo ao futuro socialista.[40]

No início de setembro, as principais avenidas de Adis Abeba ficaram fechadas por alguns dias, pois os conselheiros norte-coreanos atraíram grandes multidões para o desfile. As pessoas que não conseguiram aparecer e marchar sob comando foram agredidas, presas ou passaram fome com o racionamento de comida.

O grande evento ocorreu no Dia Nacional, e cerca de 70 mil alunos, aldeões e tropas marcharam em frente ao posto de revista na praça da Revolução, carregando pôsteres gigantescos de Marx, Lenin e Mengistu e entoando slogans revolucionários: "Avante a liderança revolucionária do camarada Mengistu Haile Mariam." Mengistu ficou em posição de sentido. Em uma exibição do poderio militar, centenas de tanques, blindados e lançadores de foguetes reverberaram pela praça. Mas a principal atração deve ter sido o balão gigante da estátua de Mengistu, com o punho esquerdo erguido. O balão foi decorado com outro slogan, que dizia "Sem a sabedoria e a liderança revolucionária de Mengistu Haile Mariam, nossa luta não será bem-sucedida".[41]

Alguns anos após a revolução, todos os objetos religiosos do Museu de Etnologia foram retirados e colocados em depósitos, mas no lugar deles pouco apareceu no novo regime. Como parte do décimo aniversário, uma exposição especial abriu as portas, apresentando, enfim, uma visão unificada do passado. Dos tempos paleoantropológicos à Batalha de Adwa e à queda do imperador, o país foi apresentado como uma linha de evolução ininterrupta, uma história de progresso e redenção que culminava na figura de Mengistu.[42]

De acordo com a maioria das estimativas, as celebrações custaram entre 50 e 100 milhões de dólares.[43] Mesmo antes do início das comemorações, milhões de pessoas passavam fome. A Etiópia era um país pobre, e a rígida economia socialista não ajudava. O serviço militar obrigatório e a guerra civil minaram ainda mais um interior fragilizado. De 1974 a 1984, a produção de cereais *per capita* caiu 15%, embora mais grãos tivessem sido confiscados para aumentar o orçamento militar. Os primeiros sinais de fome apareceram em 1983, quando uma seca pouco comum assolou partes do país. No verão de 1984, milhares de pessoas morreram apenas na região de Wollo, com cidades tomadas por aldeões famintos pedindo esmola na rua ou morrendo nos campos áridos. O regime escondeu a crise e levou os repórteres estrangeiros a fazendas coletivas onde as pessoas prosperavam. Como a fome afetou o Norte rebelde, o regime também aproveitou a crise para deixar os simpatizantes dos rebeldes morrerem de inanição. Em setembro daquele ano, quando Mengistu fez um discurso de cinco horas para a multidão no décimo aniversário da revolução, cerca de 7 milhões de pessoas estavam na iminência de passar fome.⁴⁴

A fome chamou a atenção internacional depois que imagens angustiantes de crianças em pele e osso recebendo soro foram transmitidas no noticiário da BBC em outubro de 1984. Isso gerou uma campanha global com o intuito de arrecadar milhões para uma ajuda humanitária. Em fevereiro de 1985, Mengistu finalmente apareceu na televisão estatal declarando que o país enfrentava uma grave crise provocada pela seca. Ele propôs uma solução, convocando o assentamento de aldeões esfomeados do Norte nos solos mais férteis do Sul. Mais de meio milhão de pessoas foram realocadas, em geral impelidas pela ameaça da violência. O pior estava por vir, uma vez que o reassentamento foi seguido de outro esquema, conhecido como "*villagization*", ou "aldeialização". Nada mais era do que outro nome para a coletivização, com casas espalhadas que formavam aldeias planejadas controladas por completo pelo Estado. De acordo com a maioria das estimativas, pelo menos meio milhão de pessoas morreram na fome de 1983-1985.⁴⁵

A maior parte da doação de alimentos foi redirecionada de civis para soldados. A guerra civil se alastrava desde 1977, uma vez que diversos movimentos de libertação foram estabelecidos no despertar da revolução. Entre eles, estavam a Frente de Libertação Oromo, a Frente de Libertação do Povo do Tigré e a Frente de Libertação Afar, todas localizadas no Norte árido. No entanto, o maior inimigo do Derg era a Frente de Libertação do Povo Eritreu. No verão de 1977, auge da guerra contra a Somália, Mengistu havia convocado a "guerra total do povo" contra todos os agressores. Após vencer a Guerra de Ogaden, com o apoio de Cuba e da União Soviética, ele esperava esmagar definitivamente os movimentos separatistas no Norte. Mas a operação Estrela Vermelha, uma enorme campanha militar que em 1982 envolveu mais da metade do Exército do país, foi um fracasso completo. Diferentemente do planalto a leste, o Norte oferecia o terreno ideal para os guerrilheiros, com montanhas altas, penhascos traiçoeiros e solos pedregosos e desolados.[46]

Mengistu assumiu o comando pessoal da operação, temporariamente transferindo seu gabinete para Asmara, capital da Eritreia. Mas as mesmas qualidades que o ajudaram a obter o controle do Derg nos primeiros anos da revolução passaram a militar contra ele. O líder foi para a guerra sem uma estratégia definida, acreditando que o Exército formidável prevaleceria apenas pela força dos números. Como as tropas não conseguiram tirar os insurgentes das fortalezas nas montanhas, ele acusou de incompetência e traição seus generais, que foram arbitrariamente executados. Por não confiar em ninguém, o ditador estabeleceu uma rede de vigilância de comissários políticos no alto-comando. Como a lealdade era mais apreciada do que a competência, os bajuladores e os oportunistas foram promovidos.[47]

A operação Estrela Vermelha tornou-se uma guerra de atrito, e centenas de milhares de rapazes e meninos foram forçados a se alistar nas Forças Armadas. Eles mal comiam e, muitas vezes, apanhavam antes de serem lançados ao campo de batalha contra alguns dos insurgentes mais calejados do mundo. Em meados dos anos 1980, a guerra civil e a fome passaram a ser características permanentes do regime.[48]

Apesar de um exército de 300 mil combatentes e 12 bilhões de dólares em ajuda militar da União Soviética, o regime começou a entrar em colapso sob o ataque de diferentes movimentos rebeldes. Em março de 1988, os rebeldes da Eritreia conquistaram uma vitória decisiva em Afabet, uma cidade com guarnição estratégica reforçada por trincheiras e *bunkers* no meio do Sahel. Foi a maior batalha ocorrida na África desde a de El Alamein. Cerca de 20 mil soldados foram mortos ou capturados, mudando o rumo da guerra. Alguns meses depois, com a ausência de Mengistu, que estava na Alemanha Oriental em busca de mais armas, os oficiais superiores tentaram um golpe, que falhou, mas aumentou a taxa de deserções entre os subalternos. Quando os eritreus invadiram o porto de Massawa, no mar Vermelho, em fevereiro de 1990, até Moscou perdeu a fé, determinada a se retirar do conflito. Gorbachev exigiu que Mengistu fizesse reformas.

Os diversos guerrilheiros avançaram, encabeçados pela Frente de Libertação do Povo Eritreu, e alcançaram os arredores de Adis Abeba no fim de 1990. Nos meses seguintes, Mengistu passou a perder cada vez mais a noção da realidade, alternando entre declarações de resistência e sinais sombrios de uma tentativa de suicídio. Em 16 de abril de 1991, ele falou à rádio, vociferando contra traidores e conspiradores estrangeiros. Três dias depois, proclamou uma mobilização geral "para preservar a integridade da nossa terra". Em uma atitude de desvario, apegou-se a todos os seus cargos, mas substituiu alguns de seus ministros mais antigos — tudo em vão. Em 21 de maio, ele fugiu da capital em um avião pequeno rumo a Nairóbi. De lá, foi para o Zimbábue, onde o presidente Robert Mugabe concedeu-lhe asilo.[49]

Em semanas, o regime se esfacelou. Até mesmo antes da fuga de Mengistu, seu Exército desapareceu quando os rebeldes avançaram para o sul. Os pôsteres do presidente foram vandalizados, alguns perfurados com tiros. Lenin foi derrubado do pedestal. Seus dizeres desapareceram das manchetes dos jornais do partido. Na praça da Revolução, as estrelas e os slogans foram cobertos de tinta. Só restaram andaimes enferrujados onde Mengistu uma vez fora exibido.[50]

O ditador deixou para trás um legado de devastação causado pela guerra, fome e coletivização, mas não deixou nenhuma instituição permanente ou ideologia duradoura. Ele se apropriou de todo o poder, assegurando que nenhuma decisão fosse tomada sem seu consentimento. Até mesmo o partido que criou meticulosamente não era nada além de um instrumento pessoal para governar. Como Mengistu personificava a revolução, o partido desapareceu com sua fuga.

Posfácio

Em uma garagem de responsabilidade do município de Adis Abeba, Lenin está deitado em decúbito dorsal, rodeado de ervas daninhas e barris de petróleo vazios. Poucos vão visitá-lo. Quem aparece por lá é advertido pelos trabalhadores locais para não o acordar.[1]

Ele é grande e pesado, e derrubá-lo do pedestal foi um trabalho árduo. Foi necessário maquinaria pesada, uma vez que as cordas nem o faziam se mexer. Ele não foi, é claro, o primeiro a cair. Depois da queda do Muro de Berlim, em novembro de 1989, Lenin foi desmantelado em milhares de ocasiões, às vezes a marteladas; outras vezes, decapitado; em certas ocasiões, tirado de circulação. Outros déspotas também foram derrubados. Na Albânia, multidões triunfantes atacaram estátuas de Enver Hoxha, que controlava o país havia quarenta anos. Durante décadas, retratos, pôsteres, slogans, bustos e estátuas foram erguidos, mas a maré mudou.

Muitos observadores ficaram surpresos. Os ditadores, segundo o raciocínio, eram inabaláveis, assim como as respectivas estátuas. Eles captavam a alma dos súditos e moldavam de acordo com seu pensamento. Conseguiam enfeitiçar as pessoas. Mas nunca houve feitiço. Havia medo, e, quando ele se dissipava, a construção inteira entrava em colapso. No caso de Ceaușescu, o momento em que ele gaguejou ao ser confrontado pelos manifestantes em frente à sede do partido, em 21 de dezembro de 1989, pode ser descrito em praticamente um minuto, mas demorou algumas décadas para acontecer.

Não há culto sem medo. No auge do século XX, centenas de milhões de pessoas pelo mundo não tinham escolha a não ser sujeitar-se à glorificação do líder, que se apoiava na ameaça da violência para governar. Sob o governo de Mao ou Kim, zombar do nome do líder já bastava para ser enviado a um campo de trabalho forçado. Não conseguir chorar, saudar ou gritar quando exigido gerava uma penalidade pesada. Sob o governo de Mussolini ou Ceaușescu, os editores recebiam instruções diárias sobre o que deveria ser mencionado e o que deveria ser excluído. Escritores, poetas e pintores, sob o governo de Stalin, tremiam só de pensar que o elogio deles pudesse não parecer sincero o suficiente.

Quando o termo "culto à personalidade" é usado para caracterizar todo e qualquer esforço para glorificar um líder, isso banaliza o que ocorreu nas ditaduras modernas. Quando presidentes ou primeiros-ministros eleitos democraticamente cuidam da imagem ou posam com crianças que louvam seus feitos em canções, ou gravam os nomes em moedas de ouro, ou são rodeados por bajuladores, eles participam de um teatro político. Pode ser repugnante, ou parecer uma atitude narcisista, ou ainda ser algo sinistro, mas não é um culto. Ter apoiadores proclamando o líder como gênio também não é um culto. No primeiro estágio do culto, um líder precisa ter respaldo para ser saudado em público. Mas, assim que o culto à personalidade é desenvolvido, ninguém mais pode ter certeza de quem apoia a ditadura e quem se opõe a ela.

Um exemplo é Kim Jong-un, da terceira geração de sua família, que controla a Coreia do Norte desde 2011. Em 2015, após executar cerca de setenta oficiais do alto escalão, incluindo alguns generais e o marido da própria tia, ele distribuiu insígnias com seu retrato para pessoas de seu círculo íntimo. No mesmo ano, estátuas dedicadas à família foram erguidas em todas as províncias. Assim como Kim Il-sung, Kim Jong-un viaja pelo país, faz orientações práticas, e cada palavra é anotada com vigor pelo seu séquito. Ele anda como o avô, sorri como o avô e até se parece com o avô.[2]

Kim é um dos muitos ditadores que prosperaram, apesar da disseminação dos regimes democráticos a partir de 1989. Assad filho assumiu o lugar do Assad pai em 2000. Refletindo a figura de "médico humilde do campo" que François Duvalier encampava, Bashar al-Assad primeiro se apresentou como um "oftalmologista moderado". Depois, o médico disseminou uma cultura do medo, cobrindo a Síria com sua imagem enquanto eliminava os dissidentes com punho de ferro.[3]

Novos ditadores apareceram. Nos primeiros anos do século XXI, a Turquia parecia ser uma democracia em construção, com uma sociedade civil vibrante e uma imprensa relativamente aberta. Então, surgiu Recep Tayyip Erdogan. Eleito presidente em 2014, ele começou a construir a imagem de homem forte do país. Em 2016, usou um golpe falso como pretexto para acabar com a oposição, suspendendo, demitindo ou prendendo dezenas de milhares de pessoas, entre as quais jornalistas, acadêmicos, advogados e funcionários públicos civis. E quando expurgava os inimigos ele se vangloriava. Seus discursos eram transmitidos algumas vezes por dia; seu rosto era estampado em diversos muros, enquanto os apoiadores o igualavam a um segundo profeta. A Turquia ainda está a uma grande distância das ditaduras completamente estabelecidas que dominaram o século XX, mas elas também demoraram para se consolidar.[4]

No rastro da Revolução Cultural, o Partido Comunista da China mudou a Constituição, de modo a proibir explicitamente "todas as formas de culto à personalidade", dando um passo lento mas inexorável para uma maior conformidade. Após ser eleito secretário-geral do partido, em 2012, o primeiro ato de Xi Jinping no cargo foi humilhar e prender alguns dos rivais mais poderosos. Em seguida, ele disciplinou e expurgou centenas de milhares de membros do partido, tudo em nome de uma campanha contra a corrupção. Enquanto o regime faz um esforço conjunto para destruir a sociedade civil emergente, milhares de advogados, ativistas dos direitos humanos, jornalistas e líderes religiosos estão confinados, exilados e presos.[5]

A máquina de propaganda tem idolatrado Xi consistentemente. Apenas na capital da província de Hebei, cerca de 4.500 alto-falantes foram instalados em 2017, antes de ocorrer um importante congresso do partido, que convocou todos para "se unirem bem próximos ao redor do presidente Xi". O partido concedeu-lhe sete títulos, de Líder Criativo, Cerne do Partido e Servo em Busca da Felicidade do Povo a Líder do Grande País e Arquiteto da Modernização da Nova Era. "Segui-lo é seguir o sol" era o verso de uma canção lançada em Pequim. Quinquilharias, insígnias e pôsteres com o retrato dele estão em todos os lugares. No mesmo ano, os pensamentos de Xi Jinping se tornaram leitura obrigatória para as crianças em idade escolar. O medo anda lado a lado com os elogios, uma vez que até zombar do presidente de todas as coisas em uma mensagem privada on-line pode ser considerado um crime atroz, passível de pena de dois anos de prisão. Em março de 2018, ele passou a ser presidente vitalício, quando o Congresso Nacional do Povo votou para abolir os limites de seu mandato.[6]

No entanto, os ditadores de hoje, com exceção de Kim Jong--un, estão muito distantes de incutir o medo que seus antecessores introduziram na população no auge do século XX. Mesmo assim, praticamente nem um mês se passa sem que um novo livro anuncie "A morte da democracia" ou "O fim do liberalismo". Indiscutivelmente, há mais de uma década a democracia tem se degradado em muitos países ao redor do mundo, enquanto o grau de liberdade tem retrocedido em algumas das democracias parlamentares mais arraigadas. A vigilância eterna, como diz a famosa frase, é o preço da liberdade, uma vez que o poder pode ser facilmente roubado.

Vigilância, no entanto, não equivale a penumbra. Até uma pequena dose de perspectiva histórica indica que os regimes ditatoriais de hoje estão em declínio se comparados aos do século XX. Sobretudo os ditadores que se cercam do culto à personalidade tendem a se perder em seu mundo particular, o que se confirma pela desilusão de seus apoiadores. Esses líderes acabam tomando as decisões mais importantes sozinhos. Veem inimigos por toda parte, seja no próprio país, seja no exterior. Quando o orgulho, a arrogância e a paranoia tomam conta, buscam mais poder para resguardar o poder que já detêm. No entanto, como muita coisa depende do julgamento deles, até um pequeno erro de cálculo pode levar ao fracasso do regime, deixando consequências devastadoras. No fim, não é o povo que é a maior ameaça aos ditadores, mas, sim, eles próprios.

Notas

PREFÁCIO

1. W. M. Thackeray, *The Paris Sketch Book*, Londres: Collins' Clear-Type Press, 1840, p. 369.
2. Peter Burke, *The Fabrication of Louis XIV*, New Haven, CT: Yale University Press, 1992.
3. Ver, por exemplo, a discussão no trabalho exemplar de Lisa Wedeen, *Ambiguities of Domination: Politics, Rhetoric, and Symbolism in Contemporary Syria*, Chicago: University of Chicago Press, 1999; ver também Yves Cohen, "The Cult of Number One in an Age of Leaders", *Kritika: Explorations in Russian and Eurasian History*, v. 8, n. 3 (verão de 2007), pp. 597-634.
4. Andrew J. Nathan, "Prefácio", in: LI Zhisui, *The Private Life of Chairman Mao: The Memoirs of Mao's Personal Physician*, Nova York: Random House, 1994, p. x.
5. Ian Kershaw, *The 'Hitler Myth': Image and Reality in the Third Reich*, Oxford: Oxford University Press, 2001.
6. Stephen F. Cohen, *Rethinking the Soviet Experience: Politics and History since 1917*, Oxford: Oxford University Press, 1985, p. 101.
7. Paul Hollander, *Political Pilgrims: Western Intellectuals in Search of the Good Society*, Londres: Routledge, 2017; Paul Hollander, *From Benito Mussolini to Hugo Chavez: Intellectuals and a Cen-*

tury of Political Hero Worship, Cambridge: Cambridge University Press, 2017.
8   Henri Locard, *Pol Pot's Little Red Book*: *The Sayings of Angkar*, Bangcoc: Silkworm Books, 2004, p. 99.

CAPÍTULO I — MUSSOLINI

1   Aristotle Kallis, *The Third Rome, 1922-43: The Making of the Fascist Capital*, Houndmills, Basingstoke: Palgrave Macmillan, 2014, p. 245.
2   Christopher Duggan, "The Internalisation of the Cult of the Duce: The Evidence of Diaries and Letters", in: Stephen Gundle, Christopher Duggan e Giuliana Pieri (orgs.), *The Cult of the Duce: Mussolini and the Italians*, Manchester: Manchester University Press, 2013, p. 130.
3   ACS, SPD, CO, b. 2762, f. 509819.
4   ACS, SPD, b. 386, f. 142471, 29 abr. 1933; b. 386, f. 142484, 6 jun. 1933; b. 2773, dez. 1938.
5   Herman Finer, *Mussolini's Italy*, Nova York: Holt and Co., 1935, p. 298.
6   Denis Mack Smith, "Mussolini, Artist in Propaganda: The Downfall of Fascism", *History Today*, 9, n. 4 (abr. 1959), p. 224.
7   Peter Neville, *Mussolini*, Abingdon: Routledge, 2015, p. 46.
8   Ivone Kirkpatrick, *Mussolini: Study of a Demagogue*, Nova York: Hawthorn Books, 1964, p. 89; Denis Mack Smith, *Mussolini*, Londres: Weidenfeld & Nicolson, 1981, p. 39.
9   Emilio Gentile citado em Lucy Hughes-Hallett, *Gabriele d'Annunzio: Poet, Seducer, and Preacher of War*, Londres: 4th Estate, 2013, loc. 179.
10 Kirkpatrick, *Mussolini*, pp. 98-9.
11 Mack Smith, *Mussolini*, p. 54.
12 Ibid., pp. 54-5; Kirkpatrick, *Mussolini*, p. 151; *The Times*, 28 out. 1929, p. 14.

13 Kirkpatrick, *Mussolini*, p. 156; George Slocombe, *The Tumult and the Shouting*, Kingswood: Windmill Press, 1936, p. 148.
14 Kirkpatrick, *Mussolini*, p. 176.
15 Ibid., pp. 107 e 200-2.
16 Quinto Navarra, *Memorie del cameriere di Mussolini*, Milão: Longanesi, 1972, pp. 17-8; Dino Biondi, *La fabbrica del Duce*, Florença: Vallecchi, 1967, p. 96.
17 Navarra, *Memorie del cameriere di Mussolini*, p. 173.
18 Guido Bonsaver, *Censorship and Literature in Fascist Italy*, Toronto: University of Toronto Press, 2007, pp. 19-20.
19 Discurso de Mussolini na Câmara, 3 jan. 1925, Patrick G. Zander, *The Rise of Fascism: History, Documents, and Key Questions*, Santa Barbara, CA: ABC-Clio, 2016, p. 140.
20 Bonsaver, *Censorship and Literature in Fascist Italy*, pp. 20-1; Mack Smith, *Mussolini*, p. 87.
21 William Bolitho, *Italy under Mussolini*, Nova York: Macmillan, 1926, p. 107; a citação de Mussolini sobre o Estado é famosa e surgiu pela primeira vez em "Per la medaglia dei benemeriti del comune di Milano", 28 out. 1925, Benito Mussolini, *Opera Omnia*, Florença: La Fenice, 1956, v. 21, p. 425.
22 Bolitho, *Italy under Mussolini*, p. 107.
23 Kirkpatrick, *Mussolini*, p. 244; Mack Smith, *Mussolini*, p. 102.
24 ACS, SPD, Carteggio Ordinario, b. 234, f. 2795, pp. 19.731-6, maio 1923; Lorenzo Santoro, *Roberto Farinacci e il Partito Nazionale Fascista 1923-1926*, Soveria Mannelli: Rubbettino, 2008, pp. 197-8.
25 Mack Smith, *Mussolini*, pp. 102-3; Mario Rivoire, *Vita e morte del fascismo*, Milão: Edizioni Europee, 1947, p. 107.
26 Augusto Turati, *Una rivoluzione e un capo*, Rome: Libreria del Littorio, 1927, pp. 35 e 143; Partito Nazionale Fascista, *Le origini e lo sviluppo del fascismo, attraverso gli scritti e la parola del Duce e le deliberazioni del P.N.F. dall'intervento alla marcia su Roma*, Roma: Libreria del Littorio, 1928, p. xiii.
27 Navarra, *Memorie del cameriere di Mussolini*, pp. 197-9.

28 Percy Winner, "Mussolini: A Character Study", *Current History*, 28, n. 4 (jul. 1928), p. 526; Bolitho, *Italy under Mussolini*, p. 62; Slocombe, *The Tumult and the Shouting*, p. 149.

29 Camillo Berneri, *Mussolini grande attore*, Pistoia: Edizioni dell'Archivio Famiglia Berneri, 1ª ed. 1934, 2ª ed. 1983, pp. 25-6; Mack Smith, *Mussolini*, p. 124.

30 William Sloane Kennedy, *Italy in Chains*, West Yarmouth, MA: Stonecraft Press, 1927, p. 18; Henri Béraud, *Ce que j'ai vu à Rome*, Paris: Les Editions de France, 1929, p. 38; Rivoire, *Vita e morte del fascismo*, p. 99.

31 Adrian Lyttelton, *The Seizure of Power: Fascism in Italy, 1919--1929*, Londres: Weidenfeld & Nicolson, 2ª ed., 1987, p. 401.

32 Béraud, *Ce que j'ai vu à Rome*, pp. 37-42; sobre a imagem de Mussolini, ver também Simonetta Falasca-Zamponi, *Fascist Spectacle: The Aesthetics of Power in Mussolini's Italy*, Berkeley, CA: University of California Press, 2000.

33 Margherita Sarfatti, *The Life of Benito Mussolini*, Londres: Butterworth, 1925, pp. 29-30, 44 e 230.

34 Berneri, *Mussolini grande attore*, pp. 26-8; Vincenzo de Gaetano, *Il libro dell'Avanguardista*, Catania: Società Tip. Editrice Siciliana, 1927, pp. 45-6; assim como Sckem Gremigni, *Duce d'Italia*, Milão, Istituto di Propaganda d'Arte e Cultura, 1927.

35 Navarra, *Memorie del cameriere di Mussolini*, pp. 110-2, 124-5 e 135; Emil Ludwig, *Talks with Mussolini*, Boston: Little, Brown, and Co., 1933, p. 80; Kirkpatrick, *Mussolini*, p. 159.

36 Winner, "Mussolini: A Character Study", p. 525.

37 René Benjamin, *Mussolini et son peuple*, Paris: Librairie Plon, 1937, p. 235; Maurice Bedel, *Fascisme An VII*, Paris: Gallimard, 1929, pp. 18-9; Berneri, *Mussolini grande attore*, p. 43.

38 Navarra, *Memorie del cameriere di Mussolini*, p. 161; Romain Hayes, *Subhas Chandra Bose in Nazi Germany: Politics, Intelligence and Propaganda, 1941-1943*, Londres: Hurst, 2011, pp. 9-10; Robert Blake e William Roger Louis (orgs.), *Churchill*, Oxford: Clarendon Press, 2002, p. 258; Edwin P. Hoyt,

Mussolini's Empire: The Rise and Fall of the Fascist Vision, Nova York: Wiley, 1994, p. 115; ver também John Patrick Diggins, *Mussolini and Fascism: The View from America*, Princeton: Princeton University Press, 1972; David F. Schmitz, *The United States and Fascist Italy, 1922-1940*, Chapel Hill, NC: University of North Carolina Press, 1988.

39 Roberto Festorazzi, *Starace. Il mastino della rivoluzione fascista*, Milão: Ugo Mursia, 2002, p. 71.

40 Piero Melograni, "The Cult of the Duce in Mussolini's Italy", *Journal of Contemporary History*, 11, n. 4 (out. 1976), pp. 221-4; ver também Winner, "Mussolini: A Character Study", p. 518.

41 Berneri, *Mussolini grande attore*, p. 54; Kirkpatrick, *Mussolini*, p. 161.

42 Tracy H. Koon, *Believe, Obey, Fight: Political Socialization of Youth in Fascist Italy, 1922-1943*, Chapel Hill, NC: University of North Carolina Press, 1985, pp. 111-2; Mack Smith, *Mussolini*, pp. 175-6; G. Franco Romagnoli, *The Bicycle Runner: A Memoir of Love, Loyalty, and the Italian Resistance*, Nova York: St. Martin's Press, 2009, p. 48.

43 Uma lista de jornais subsidiados aparece no ACS, MCP, Relatórios, b. 7, f. 73; os lemas estão no ACS, MCP, Gabinete, c. 44, f. 259, "Motti del Duce"; sobre a troca de informações entre Ciano e Goebbels, ver Wenke Nitz, *Führer und Duce: Politische Machtinszenierungen im nationalsozialistischen Deutschland und im faschistischen Italien*, Colônia: Böhlau Verlag, 2013, p. 112.

44 Bonsaver, *Censorship and Literature in Fascist Italy*, pp. 61 e 124; Giovanni Sedita estima que 632 milhões de liras foram gastos para subsidiar jornais e indivíduos; Giovanni Sedita, *Gli intellettuali di Mussolini: La cultura finanziata dal fascismo*, Florença: Casa Editrice Le Lettere, 2010, p. 17; Asvero Gravelli, *Uno e Molti: Interpretazioni spirituali di Mussolini*, Roma: Nuova Europa, 1938, pp. 29 e 31; o subsídio recebido pelo autor está listado no apêndice publicado em Sedita, *Gli intellettuali di Mussolini*, p. 202.

45 Philip Cannistraro, *La fabbrica del consenso: Fascismo e mass media*, Bari: Laterza, 1975, pp. 228-41.
46 Navarra, *Memorie del cameriere di Mussolini*, pp. 114-5.
47 Franco Ciarlantini, *De Mussolini onzer verbeelding*, Amsterdã: De Amsterdamsche Keurkamer, 1934, p. 145.
48 Paul Baxa, "Il nostro Duce: Mussolini's Visit to Trieste in 1938 and the Workings of the Cult of the Duce", *Modern Italy*, 18, n. 2 (maio 2013), pp. 121-6; Frank Iezzi, "Benito Mussolini, Crowd Psychologist", *Quarterly Journal of Speech*, 45, n. 2 (abr. 1959), p. 167.
49 Iezzi, "Benito Mussolini, Crowd Psychologist", pp. 167-9.
50 Stephen Gundle, "Mussolini's Appearances in the Regions", in: Gundle, Duggan e Pieri (orgs.), *The Cult of the Duce*, pp. 115-7.
51 Koon, *Believe, Obey, Fight*, p. 30; Dino Alfieri e Luigi Freddi (orgs.), *Mostra della Rivoluzione Fascista*, Roma: Partido Nacional Fascista, 1933, p. 9; Dino Alfieri, *Exhibition of the Fascist Revolution: 1ª Decennial of the March on Rome*, Bergamo: Istituto Italiano d'Arti Grafiche, 1933.
52 Edoardo Bedeschi, *La giovinezza del Duce: Libro per la gioventù italiana*, 2ª ed., Turim: Società Editrice Internazionale, 1940, p. 122; August Bernhard Hasler, "Das Duce-Bild in der faschistischen Literatur", *Quellen und Forschungen aus italienischen Archiven und Bibliotheken*, v. 60, 1980, p. 497; Sofia Serenelli, "A Town for the Cult of the Duce: Predappio as a Site of Pilgrimage", in: Gundle, Duggan e Pieri (orgs.), *The Cult of the Duce*, pp. 95 e 101-2.
53 ACS, SPD CO, b. 869, f. 500027/IV, "Omaggi mandati a V.T.".
54 Kirkpatrick, *Mussolini*, p. 170; muitos dos fasces ainda podem ser encontrados hoje; ver Max Page, *Why Preservation Matters*, New Haven, CT: Yale University Press, 2016, pp. 137-8; Ludwig, *Talks with Mussolini*, p. 121.
55 Mack Smith, *Mussolini*, p. 136; Kirkpatrick, *Mussolini*, pp. 275-6; ver também Eugene Pooley, "Mussolini and the City of Rome", in: Gundle, Duggan e Pieri (orgs.), *The Cult of the Duce*, pp. 209-24.

56 Michael Mann, *The Dark Side of Democracy: Explaining Ethnic Cleansing*, Cambridge: Cambridge University Press, 2015, p. 309; Dominik J. Schaller, "Genocide and Mass Violence in the 'Heart of Darkness': Africa in the Colonial Period", in: Donald Bloxham e A. Dirk Moses, *The Oxford Handbook of Genocide Studies*, Oxford: Oxford University Press, 2010, p. 358; ver também Mack Smith, *Mussolini*, p. 171.
57 Kirkpatrick, *Mussolini*, pp. 288-9.
58 Jean Ajalbert, *L'Italie en silence et Rome sans amour*, Paris: Albin Michel, 1935, pp. 227-8.
59 Mack Smith, *Mussolini*, pp. 190 e 197.
60 Ruth Ben-Ghiat, *Fascist Modernities: Italy, 1922-1945*, Berkeley, CA: University of California Press, 2001, p. 216; Ian Campbell, *The Addis Ababa Massacre: Italy's National Shame*, Londres: Hurst, 2017; o incidente com Graziani é recontado em Navarra, *Memorie del cameriere di Mussolini*, p. 202.
61 Por exemplo, o jornalista Henry Soullier recebeu milhares de francos suíços para visitar Adis Abeba; ACS, MCP, Gabinete, b. 10.
62 Romagnoli, *The Bicycle Runner*, p. 48; ACS, SPD, Carteggio Ordinario, b. 386, f. 142470, 23 ago. 1936.
63 Kirkpatrick, *Mussolini*, pp. 331-2.
64 Santi Corvaja, *Hitler and Mussolini: The Secret Meetings*, Nova York: Enigma Books, 2008, pp. 27-8; Alfred Rosenberg, *Das politische Tagebuch Alfred Rosenbergs aus den Jahren 1934/35 und 1939/40: Nach der photographischen Wiedergabe der Handschrift aus den Nürnberger Akten*, Munique: Deutscher Taschenbuch Verlag, 1964, p. 28.
65 Kirkpatrick, *Mussolini*, pp. 350-4.
66 Galeazzo Ciano, *The Ciano Diaries, 1939-1943*, Safety Harbor, FL: Simon Publications, 2001, pp. 43-4 e 53.
67 Mack Smith, *Mussolini*, pp. 230 e 249.
68 Ciano, *The Ciano Diaries, 1939-1943*, p. 138.
69 Ibid., p. 223, ver também p. 222; Mack Smith, *Mussolini*, pp. 237 e 240-3.

70 Renzo de Felice, *Mussolini il Fascista*, v. 1, *La conquista del potere, 1921-1925*, Turim: Giulio Einaudi, 1966, p. 470; sobre o isolamento de Mussolini, ver Navarra, *Memorie del cameriere di Mussolini*, pp. 45-6, e Kirkpatrick, *Mussolini*, p. 167.
71 Navarra, *Memorie del cameriere di Mussolini*, pp. 140 e 203; Ciano, *The Ciano Diaries, 1939-1943*, pp. 18-9.
72 Mack Smith, *Mussolini*, pp. 240-7.
73 Melograni, "The Cult of the Duce in Mussolini's Italy", p. 221.
74 Duggan, "The Internalisation of the Cult of the Duce", pp. 132-3.
75 Emilio Gentile, *The Sacralisation of Politics in Fascist Italy*, Cambridge, MA: Harvard University Press, 1996, pp. 151-2.
76 Emilio Lussu, *Enter Mussolini: Observations and Adventures of an Anti-Fascist*, Londres: Methuen & Co., 1936, p. 169; Romagnoli, *The Bicycle Runner*, p. 67.
77 Christopher Duggan, *Fascist Voices: An Intimate History of Mussolini's Italy*, Oxford: Oxford University Press, 2013, pp. 177 e 257-8; Ajalbert, *L'Italie en silence et Rome sans amour*, p. 231; Paul Corner, *The Fascist Party and Popular Opinion in Mussolini's Italy*, Oxford: Oxford University Press, 2012, pp. 200 e 250.
78 Mack Smith, *Mussolini*, p. 239.
79 Ciano, *The Ciano Diaries, 1939-1943*, p. 264.
80 ACS, MCP, Gabinete, c. 43, pp. 39 ff, 20 nov. 1940; Mack Smith, *Mussolini*, p. 260; ACS, MCP, Gabinete, c. 44, f. 258, p. 29 sobre o combate à rádio clandestina.
81 Kirkpatrick, *Mussolini*, pp. 494-5; Ciano, *The Ciano Diaries, 1939-1943*, p. 583.
82 Kirkpatrick, *Mussolini*, p. 515.
83 Winner, "Mussolini: A Character Study", p. 526; ACS, MCP, Gabinete, b. 44, f. 258, 12 mar. 1943, p. 5.
84 Angelo M. Imbriani, *Gli italiani e il Duce: Il mito e l'immagine di Mussolini negli ultimi anni del fascismo (1938-1943)*, Nápoles: Liguori, 1992, pp. 171-6.

85 Robert A. Ventresca, *Soldier of Christ: The Life of Pope Pius XII*, Cambridge, MA: Harvard University Press, 2013, p. 192.
86 Imbriani, *Gli italiani e il Duce*, pp. 184-5.
87 Mack Smith, *Mussolini*, p. 298.
88 Gentile, *The Sacralisation of Politics in Fascist Italy*, p. 152; Italo Calvino, "Il Duce's Portraits", *The New Yorker*, 6 jan. 2003, p. 34; John Foot, *Italy's Divided Memory*, Houndmills, Basingstoke: Palgrave Macmillan, 2009, p. 67.
89 Ray Moseley, *Mussolini: The Last 600 Days of Il Duce*, Lanham, MD: Taylor Trade Publishing, 2004, p. 2.
90 Romagnoli, *The Bicycle Runner*, p. 259.

CAPÍTULO 2 — HITLER

1 H. R. Trevor-Roper (org.), *Hitler's Table Talk 1941-1944*, Nova York: Enigma Books, 2000, p. 10.
2 Margarete Plewnia, *Auf dem Weg zu Hitler: Der 'völkische' Publizist Dietrich Eckart*, Bremen: Schünemann Universitätsverlag, 1970, p. 84.
3 Adolf Hitler, *Mein Kampf*, Munique: Franz Eher Verlag, 1943, p. 235.
4 Ernst Hanfstaengl, *Unheard Witness*, Filadélfia: Lippincott, 1957, pp. 34-7; tamanho do público em Volker Ullrich, *Hitler: Ascent 1889-1939*, Nova York: Alfred Knopf, 2016, p. 95.
5 Plewnia, *Auf dem Weg zu Hitler*, pp. 69 e 84-90.
6 Ian Kershaw, *Hitler, 1889-1936: Hubris*, Londres: Allen Lane, 1998, pp. 162-3; Plewnia, *Auf dem Weg zu Hitler*, p. 81.
7 Georg Franz-Willing, *Die Hitlerbewegung. Der Ursprung, 1919--1922*, Hamburgo: R.V. Decker's Verlag G. Schenck, 1962, 2ª ed. 1972, pp. 124-8 e 218-9.
8 Hanfstaengl, *Unheard Witness*, p. 70; Rudolf Herz, *Hoffmann & Hitler: Fotografie als Medium des Führer Mythos*, Munique: Klinkhardt & Biermann, 1994, pp. 92-3 e 99.

9   Plewnia, *Auf dem Weg zu Hitler*, p. 90; Ullrich, *Hitler*, p. 113; Ludolf Herbst, *Hitlers Charisma. Die Erfindung eines deutschen Messias*, Frankfurt am Main: S. Fischer Verlag, 2010, pp. 147-9.
10 Hanfstaengl, *Hitler*, p. 86.
11 William L. Shirer, *The Rise and Fall of the Third Reich: A History of Nazi Germany*, Nova York: Simon & Schuster, reedição do 50º aniversário, 2011, pp. 75-6.
12 Hitler, *Mein Kampf*, p. 116; o termo *Traumlaller* aparece em Georg Schott, *Das Volksbuch vom Hitler*, Munique: Hermann Wiechmann, 1924 e 1938, p. 10.
13 Ullrich, *Hitler*, p. 189.
14 Heinrich Hoffmann, *Hitler Was My Friend: The Memoirs of Hitler's Photographer*, Londres: Burke, 1955, pp. 60-1.
15 Claudia Schmölders, *Hitler's Face: The Biography of an Image*, Filadélfia: University of Pennsylvania Press, 2009, p. 87; Herz, *Hoffmann & Hitler*, pp. 162-9.
16 Hoffmann, *Hitler Was My Friend*, pp. 61-3.
17 Ullrich, *Hitler*, pp. 199-202.
18 Joseph Goebbels, *Tagebücher 1924-1945*, organizado por Ralf Georg Reuth, Munique: Piper Verlag, 1992, v. 1, p. 200; Ullrich, *Hitler*, p. 208.
19 Ullrich, *Hitler*, p. 217.
20 Hitler, *Mein Kampf*, p. 96; Joseph Goebbels, *Die zweite Revolution: Briefe an Zeitgenossen*, Zwickau: Streiter-Verlag, 1928, pp. 5-8; "Der Führer", 22 abr. 1929, reproduzido em Joseph Goebbels, *Der Angriff*, Munique: Franz Eher Verlag, 1935, pp. 214-6; ver também Ernest K. Bramsted, *Goebbels and National Socialist Propaganda 1925-1945*, East Lansing, MI: Michigan State University Press, 1965, pp. 195-201.
21 Ullrich, *Hitler*, pp. 222-3.
22 Herbst, *Hitler's Charisma*, p. 215; *The Times*, 10 jun. 1931, p. 17; Richard Bessel, "The Rise of the NSDAP and the Myth of Nazi Propaganda", *Wiener Library Bulletin*, 33, 1980, pp. 20-9.
23 Ullrich, *Hitler*, pp. 281-2.

24 Heinrich Hoffmann, *Hitler wie ihn keiner kennt*, Munique: Heinrich Hoffmann, 1935 (1ª ed. 1932); ver também Herz, *Hoffmann & Hitler*, pp. 245-8.
25 Bramsted, *Goebbels and National Socialist Propaganda*, pp. 202-4; Emil Ludwig, *Three Portraits: Hitler, Mussolini, Stalin*, Nova York: Longmans, Green and Co., 1940, p. 27.
26 Gerhard Paul, *Aufstand der Bilder. Die NS-Propaganda vor 1933*, Bonn: Dietz, 1990, pp. 204-7.
27 Ullrich, *Hitler*, pp. 330-1.
28 Richard J. Evans, "Coercion and Consent in Nazi Germany", *Proceedings of the British Academy*, 151, 2006, pp. 53-81.
29 Ibid.
30 BArch, R43II/979, 31 mar., 2 e 10 abr. 1933.
31 BArch, R43II/979, 18 fev., 7, 8 e 11 mar. 1933; R43II/976, 7 abr. e 3 jul. 1933.
32 BArch, NS6/215, p. 16, circular de Martin Bormann, 6 out. 1933.
33 Konrad Repgen e Hans Booms, *Akten der Reichskanzlei: Regierung Hitler 1933-1938*, Boppard: Harald Boldt Verlag, 1983, parte 1, v. 1, p. 467; BArch, R43II/959, 5 e 13 abr.1933, 29 ago. 1933, pp. 25-6 e 48.
34 Richard Bessel, "Charismatisches Führertum? Hitlers Image in der deutschen Bevölkerung", in: Martin Loiperdinger, Rudolf Herz and Ulrich Pohlmann (orgs.), *Führerbilder: Hitler, Mussolini, Roosevelt, Stalin in Fotografie und Film*, Munique: Piper, 1995, pp. 16-7.
35 Ullrich, *Hitler*, p. 474.
36 *Deutschland-Berichte der Sozialdemokratischen Partei Deutschlands (Sopade) 1934-1940*, Salzhausen: Verlag Petra Nettelbeck, 1980, v. 1, 1934, pp. 275-7; ver também John Brown, *I Saw for Myself*, Londres: Selwyn and Blount, 1935, p. 35.
37 Victor Klemperer, *I Will Bear Witness: A Diary of the Nazi Years 1933-1941*, Nova York: The Modern Library, 1999, p. 82.
38 O discurso pode ser encontrado em Rudolf Hess, "Der Eid auf Adolf Hitler", *Reden*, Munique: Franz-Eher-Verlag, 1938,

pp. 9-14, e as reações ao discurso em *Deutschland-Berichte der Sopade*, 1934, pp. 470-2.
39 Hitler, *Mein Kampf*, p. 387.
40 BArch, NS22/425, 30 ago. 1934, p. 149; duas semanas depois, após relatos de destruição de alguns retratos, uma nova circular permitiu imagens de outros líderes, desde que as fotografias de Hitler prevalecessem em proporção e tamanho; ver também 14 set. 1934, p. 148; sobre slogans no comício de 1935, ver Louis Bertrand, *Hitler*, Paris: Arthème Fayard, 1936, p. 45.
41 *Deutschland-Berichte der Sopade*, 1934, pp. 10-1, 471-2, 482 e 730-1.
42 Joseph Goebbels, *"Unser Hitler!" Signale der neuen Zeit. 25 ausgewählte Reden von Dr. Joseph Goebbels*, Munique: NSDAP, 1934, pp. 141-9; ver também Bramsted, *Goebbels and National Socialist Propaganda 1925-1945*, pp. 204-5.
43 Bernd Sösemann, "Die Macht der allgegenwärtigen Suggestion. Die Wochensprüche der NSDAP als Propagandamittel", *Jahrbuch 1989*, Berlim: Berliner Wissenschaftliche Gesellschaft, 1990, pp. 227-48; Victor Klemperer, *To the Bitter End: The Diaries of Victor Klemperer 1942-1945*, Londres: Weidenfeld & Nicolson, 1999, p. 106.
44 Wolfgang Schneider, *Alltag unter Hitler*, Berlim: Rowohlt Berlin Verlag, 2000, p. 83; BArch, R58/542, p. 30, *Frankfurter Zeitung*, 25 ago. 1938; p. 32, *Berliner Börsen Zeitung*, 7 set. 1938; p. 38, *Völkischer Beobachter*, 6 nov. 1938.
45 Othmar Plöckinger, *Geschichte eines Buches. Adolf Hitlers "Mein Kampf" 1922-1945*, Munique: Oldenbourg Verlag, 2006, pp. 414-5; BArch, R4901/4370, 6 fev. e 5 abr. 1937.
46 Ansgar Diller, *Rundfunkpolitik im Dritten Reich*, Munique: Deutscher Taschenbuch Verlag, 1980, pp. 62-3.
47 Goebbels, *Tagebücher 1924-1945*, p. 772.
48 Com relação aos números e ao custo dos aparelhos de rádio, ver Wolfgang König, "Der Volksempfänger und die Radioindustrie. Ein Beitrag zum Verhältnis von Wirtschaft und Politik

im Nationalsozialismus", in: *Vierteljahrschrift für Sozial-und Wirtschaftsgeschichte*, 90, n. 3 (2003), p. 273; *Deutschland--Berichte der Sopade*, 1934, pp. 275-7; 1936, p. 414; 1938, p. 1326; Klemperer, *I Will Bear Witness*, p. 155.

49 Stephan Dolezel e Martin Loiperdinger, "Hitler in Parteitagsfilm und Wochenschau", in: Loiperdinger, Herz e Pohlmann, *Führerbilder*, p. 81.

50 Sobre cinemas itinerantes, ver Richard J. Evans, *The Third Reich in Power*, Londres: Penguin Books, 2006, p. 210.

51 Hoffmann, *Hitler Was My Friend*, p. 70; Herz, *Hoffmann & Hitler*, p. 244.

52 Ines Schlenker, *Hitler's Salon: The Große Deutsche Kunstausstellung at the Haus der Deutschen Kunst in Munich 1937-1944*, Berna: Peter Lang AG, 2007, p. 136.

53 A. W. Kersbergen, *Onderwijs en nationaalsocialisme*, Assen: Van Gorcum, 1938, p. 21.

54 Annemarie Stiehler, *Die Geschichte von Adolf Hitler den deutschen Kindern erzählt*, Berlin-Lichterfelde: Verlag des Hauslehrers, 1936, p. 95; Kersbergen, *Onderwijs en nationaalsocialisme*, p. 22.

55 Paul Jennrich, *Unser Hitler. Ein Jugend-und Volksbuch*, Halle (Saale): Pädagogischer Verlag Hermann Schroedel, 1933, p. 75; Linda Jacobs Altman, *Shattered Youth in Nazi Germany: Primary Sources from the Holocaust*, Berkeley Heights, NJ: Enslow Publishers, 2010, p. 95.

56 Rudolf Hoke e Ilse Reiter (orgs.), *Quellensammlung zur österreichischen und deutschen Rechtsgeschichte*, Viena: Böhlau Verlag, 1993, p. 544.

57 Despina Stratigakos, *Hitler at Home*, New Haven, CT: Yale University Press, 2015, pp. 24-46.

58 Albert Speer, *Inside the Third Reich*, Nova York: Macmillan, 1970, p. 103; Christa Schroeder, *Er war mein Chef: Aus dem Nachlaß der Sekretärin von Adolf Hitler*, Munique: Langen Müller, 1985, p. 71.

59 Stratigakos, *Hitler at Home*, p. 59.

60 Ibid., p. 84.
61 Kristin Semmens, *Seeing Hitler's Germany: Tourism in the Third Reich*, Houndmills, Basingstoke: Palgrave Macmillan, 2005, pp. 56-68; BArch, R43II/957a, 10 out. 1938, pp. 40-1.
62 Ulrich Chaussy e Christoph Püschner, *Nachbar Hitler. Führerkult und Heimatzerstörung am Obersalzberg*, Berlim: Christoph Links Verlag, 2007, pp. 141-2; David Lloyd George, "I Talked to Hitler", in: Anson Rabinbach e Sander L. Gilman (orgs.), *The Third Reich Sourcebook*, Berkeley, CA: University of California Press, 2013, p. 77-8.
63 Chaussy e Püschner, *Nachbar Hitler*, p. 142.
64 Andrew Nagorski, *Hitlerland: American Eyewitnesses to the Nazi Rise to Power*, Nova York: Simon & Schuster, 2012, pp. 84-6.
65 Kershaw, *Hubris*, p. 590; Max Domarus, *Hitler: Reden und Proklamationen 1932-1945*, Leonberg: Pamminger, 1988, p. 606.
66 *Deutschland-Berichte der Sopade*, 1936, pp. 68-70; W. E. B. Du Bois, "What of the Color-Line?", in: Oliver Lubrich (org.), *Travels in the Reich, 1933-1945: Foreign Authors Report from Germany*, Chicago: University of Chicago Press, 2010, p. 143.
67 *Deutschland-Berichte der Sopade*, 1936, pp. 68-70, 141, 409, 414 e 419; Domarus, *Hitler*, p. 643.
68 William L. Shirer, *Berlin Diary*, Nova York: Alfred Knopf, 1942, p. 86.
69 *Deutschland-Berichte der Sopade*, 1936, pp. 139-40, 143-6, 603, 606, 1224 e 1531.
70 Ibid., pp. 1528 e 1531.
71 Ullrich, *Hitler*, p. 736; Kershaw, *Hitler: Nemesis*, pp. 110-2.
72 Klemperer, *I Will Bear Witness*, p. 29; Goebbels, "Geburtstag des Führers", 19 abr. 1939, *Die Zeit ohne Beispiel*, Munique: Franz-Eher-Verlag, 1942, p. 102; *The Times*, 20 abr. 1939.
73 "Aggrandizer's Anniversary", *Time*, 1º maio 1939; Speer, *Inside the Third Reich*, p. 149.
74 "Aggrandizer's Anniversary", *Time*, 1º maio 1939.

75 Roger Moorhouse, "Germania: Hitler's Dream Capital", *History Today*, 62, 3ª ed. (mar. 2012); Speer, *Inside the Third Reich*, p. 69.
76 Goebbels, *Tagebücher 1924-1945*, pp. 1319-20; Sebastian Haffner, *The Meaning of Hitler*, Londres: Phoenix Press, 1979, p. 34; Kershaw, *Hitler: Nemesis*, p. 184.
77 Klemperer, *I Will Bear Witness*, p. 305; *Deutschland-Berichte der Sopade*, 1938, pp. 406-7; Speer, *Inside the Third Reich*, p. 148.
78 *Deutschland-Berichte der Sopade*, 1939, p. 450; BArch, R43II/963, 15 fev. 1939, p. 56.
79 *Deutschland-Berichte der Sopade*, 1938, pp. 1056-7.
80 *Deutschland-Berichte der Sopade*, 1939, p. 442.
81 Richard J. Evans, *The Third Reich in Power*, p. 704.
82 Shirer, *Berlin Diary*, p. 201; Hoffmann, *Hitler Was My Friend*, p. 115.
83 Hoffmann, *Hitler Was My Friend*, p. 115.
84 Shirer, *Berlin Diary*, p. 205; Klemperer, *I Will Bear Witness*, p. 315; C. W. Guillebaud, "How Germany Finances The War", *Spectator*, 29 dez. 1939, p. 8.
85 Shirer, *Berlin Diary*, p. 241.
86 Ibid., p. 320.
87 Shirer, *Berlin Diary*, p. 336; Goebbels, *Tagebücher 1924-1945*, p. 1450; As instruções de Hitler estão em BArch, R55/20007, jul. 1940, pp. 8-9; ver também Stephen G. Fritz, *Ostkrieg: Hitler's War of Extermination in the East*, Lexington, KT: University Press of Kentucky, 2011, p. 31.
88 Richard J. Evans, *The Third Reich in Power*, pp. 136-8.
89 Shirer, *Berlin Diary*, pp. 454-5.
90 Ernst Hanfstaengl, o publicitário de Hitler nos Estados Unidos, falou diversas vezes a respeito da falta de visão estratégica do Führer com relação ao país norte-americano; ver Hanfstaengl, *Unheard Witness*, pp. 37 e 66.
91 Richard J. Evans, *The Third Reich in Power*, p. 424.
92 Ibid., p. 507; Schroeder, *Er war mein Chef*, pp. 74-5.

93   Bramsted, *Goebbels and the National Socialist Propaganda 1925-1945*, pp. 223-4.
94   Richard J. Evans, *The Third Reich in Power*, pp. 421-2.
95   Ibid., pp. 422-3; Ulrich von Hassell, *The von Hassell Diaries: The Story of the Forces against Hitler inside Germany, 1938-1945*, Boulder, CO: Westview Press, 1994, p. 304.
96   BArch, NS18/842, 17 jul. 1942, p. 38.
97   Hoffmann, *Hitler Was My Friend*, p. 227; Speer, *Inside the Third Reich*, p. 473.
98   Evans, *The Third Reich at War: 1939-1945*, p. 714; Klemperer, *To the Bitter End*, p. 387.
99   Speer, *Inside the Third Reich*, p. 473.
100 Evans, *The Third Reich at War: 1939-1945*, p. 732; Hans J. Mallaquoi, *Destined to Witness: Growing up Black in Nazi Germany*, Nova York: HarperCollins, 2001, p. 251; Klemperer, *To the Bitter End*, p. 458; ver também Joachim C. Fest, *Hitler*, Boston, MA: Houghton Mifflin Harcourt, 2002, pp. 753-4.
101 Antony Beevor, *The Fall of Berlin 1945*, Londres: Penguin Books, 2002, p. 415.

CAPÍTULO 3 — STALIN

1   Henri Béraud, *Ce que j'ai vu à Moscou*, Paris: Les Editions de France, 1925, pp. 46-7.
2   Richard Pipes, *The Russian Revolution*, Nova York: Vintage Books, 1991, pp. 808-12.
3   Ibid., p. 814.
4   Ibid., p. 815.
5   Robert Service, *Stalin: A Biography*, Houndmills, Basingstoke: Macmillan, 2004, p. 132; Eugene Lyons, *Stalin: Czar of all the Russians*, Nova York: J. B. Lippincott, 1940, p. 287; Stephen Kotkin, *Stalin: Paradoxes of Power, 1878-1928*, Nova York: Penguin Press, 2014, p. 424.

6   Kotkin, *Stalin: Paradoxes of Power*, p. 534.
7   Fernand Corcos, *Une visite à la Russie nouvelle*, Paris: Editions Montaigne, 1930, pp. 404-5; Benno Ennker, "The Origins and Intentions of the Lenin Cult", in: Ian D. Thatcher (org.), *Regime and Society in Twentieth-Century Russia*, Houndmills, Basingstoke: Macmillan Press, 1999, pp. 125-6.
8   Alexei Yurchak, "Bodies of Lenin: The Hidden Science of Communist Sovereignty", *Representations*, n. 129 (inverno de 2015), pp. 116-57; Béraud, *Ce que j'ai vu à Moscou*, p. 45.
9   Kotkin, *Stalin*, p. 543; Robert H. McNeal, *Stalin: Man and Rule*, Nova York: New York University Press, 1988, pp. 90-3.
10 Service, *Stalin*, pp. 223-4.
11 Por exemplo, RGASPI, 17 out. 1925, 558-11-1158, doc. 59, p. 77.
12 "Stalin's Word", *Time*, 27 abr. 1925.
13 Kotkin, *Stalin*, p. 648.
14 Eugene Lyons, *Assignment in Utopia*, Londres: George G. Harrap, 1938, p. 173; Service, *Stalin*, p. 259.
15 Alexander Trachtenberg, *The History of May Day*, Nova York: International Pamphlets, 1931.
16 Lyons, *Assignment in Utopia*, pp. 102-3.
17 Service, *Stalin*, pp. 265-7.
18 Lyons, *Assignment in Utopia*, pp. 206-7; *Pravda*, em uma edição especial sobre o Jubileu de Stalin publicada em 21 dez. 1929, aclamou-o como o "verdadeiro herdeiro" de Marx e Lenin e "líder" do partido do proletariado: RGASPI, 558-11-1352, 21 dez. 1929, doc. 8; ver também Jeffrey Brooks, *Thank You, Comrade Stalin!: Soviet Public Culture from Revolution to Cold War*, Princeton: Princeton University Press, 2000, pp. 60-1.
19 RGASPI, 558-11-1352, doc. 1, 19 dez. 1929; ver também "Stalin", *The Life of Stalin: A Symposium*, Londres: Modern Books Limited, 1930, pp. 12-4.

20 Lazar Kaganovich, "Stalin and the Party"; Sergo Ordzhonikidze, "The 'Diehard' Bolshvik", ambos reproduzidos em *The Life of Stalin*, pp. 40 e 87-9.
21 Lyons, *Assignment in Utopia*, pp. 265-6; sobre os pôsteres em 1929, ver James L. Heizer, "The Cult of Stalin, 1929-1939", tese de doutorado, Universidade de Kentucky, 1977, p. 55, citada em Sarah Davies, *Popular Opinion in Stalin's Russia: Terror, Propaganda and Dissent, 1934-1941*, Cambridge: Cambridge University Press, 1997, p. 147.
22 A expressão "vencedor ressentido" vem da análise astuta de Stephen Kotkin em *Stalin*, pp. 474 e 591; Kotkin, no entanto, não acredita que o testamento foi de fato um trabalho de Lenin.
23 Leon Trotsky, *My Life*, Nova York: Charles Scribner, 1930, pp. 309, 378 e 398.
24 Avel Yenukidze, "Leaves from my Reminiscences", in: *The Life of Stalin*, pp. 90-6.
25 Lyons, *Assignment in Utopia*, pp. 381-91; "Russia: Stalin Laughs!", *Time*, 1 dez. 1930.
26 "Soso was Good", *Time*, 8 dez. 1930.
27 Ver Stanley Weintraub, "GBS and the Despots", *Times Literary Supplement*, 22 ago. 2011.
28 Emil Ludwig, *Nine Etched from Life*, Nova York: Robert McBride, p. 348; a supervisão de Barbusse é recontada por Michael David-Fox, *Showcasing the Great Experiment: Cultural Diplomacy and Western Visitors to the Soviet Union, 1921-1941*, Oxford: Oxford University Press, 2011, pp. 231-2, assim como por Jan Plamper, *The Stalin Cult: A Study in the Alchemy of Power*, New Haven, CT: Yale University Press, 2012, p. 133; nenhuma dessas publicações menciona as transações financeiras que ocorreram. Essa informação pode ser encontrada em RGASPI, 558-11-699, 12 out. 1933, doc. 6, pp. 53-4; André Gide, "Retouches à mon 'Retour de l'URSS'", in: *Souvenirs et Voyages*, Paris: Gallimard, 2001, pp. 803-71, citado em Andrew Sobanet, "Henri Barbusse, Official Biographer of Joseph

Stalin", *French Cultural Studies*, 24, n. 4 (nov. 2013), p. 368; sobre outros escritores abordados por Stalin para a preparação de uma biografia, ver Roy Medvedev, "New Pages from the Political Biography of Stalin", in: Robert C. Tucker (org.), *Stalinism: Essays in Historical Interpretation*, New Brunswick, NJ: Transaction, p. 207, nota 9.

29 Henri Barbusse, *Stalin: A New World seen through One Man*, Londres: John Lane, 1935, pp. viii e 291.

30 Sobre isso, ver, entre outros, David-Fox, *Showcasing the Great Experiment*.

31 Emil Ludwig, *Three Portraits: Hitler, Mussolini, Stalin*, Nova York: Longmans, Green and Co., 1940, p. 104.

32 Lyons, *Assignment in Utopia*, pp. 340-2.

33 As estátuas foram registradas por Corcos, *Une Visite à la Russie Nouvelle*, p. 117, e no campo por Malcolm Muggeridge, caixa 2, Hoover Institution Archives, "Russia, 16.9.1932--29.1.1933", p. 125.

34 Service, *Stalin*, pp. 312-3 e 360.

35 Richard Pipes, *Communism: A History of the Intellectual and Political Movement*, Londres: Phoenix Press, p. 66.

36 Sobre "discípulos de Stalin", ver Malte Rolf, "Working towards the Centre: Leader Cults and Spatial Politics", in: Apor Balázs, Jan C. Behrends, Polly Jones e A. Rees (orgs.), *The Leader Cult in Communist Dictatorships: Stalin and the Eastern Bloc*, Houndmills, Basingstoke: Palgrave Macmillan, 2004, p. 152; E. A. Rees, "Leader Cults: Varieties, Preconditions and Functions", in: Balázs et al., *The Leader Cult in Communist Dictatorships*, p. 10; Sheila Fitzpatrick, *Everyday Stalinism. Ordinary Life in Extraordinary Times: Soviet Russia in the 1930s*, Oxford: Oxford University Press, 1999, pp. 30-1; Rumiantsev chamou Stalin de gênio em fevereiro de 1934, ver *XVII s'ezd Vsesojuznoj Kommunisticheskoj Partii, 26 janvarja-10 fevralja 1934*, Moscou: Partizdat, 1934, p. 143; sobre o culto a ele, ver Jörg Baberowski, *Scorched Earth: Stalin's Reign of Terror*, New Haven, CT: Yale University Press, 2016, pp. 224-7.

37 Larissa Vasilieva, *Kremlin Wives*, Nova York: Arcade Publishing, 1992, pp. 122-4.
38 Brooks, *Thank You, Comrade Stalin!*, p. 106; John Brown, *I Saw for Myself*, Londres: Selwyn and Blount, 1935, p. 260.
39 Malte Rolf, "A Hall of Mirrors: Sovietizing Culture under Stalinism", *Slavic Review*, 68, n. 3 (outono de 2009), p. 601.
40 Lyons, *Stalin*, p. 215.
41 Rolf, "A Hall of Mirrors", p. 610; Anita Pisch, "The Personality Cult of Stalin in Soviet Posters, 1929-1953: Archetypes, Inventions and Fabrications", tese de doutorado, Australian National University, 2014, p. 135.
42 Brooks, *Thank You, Comrade Stalin!*, pp. 69-77; Pisch, "The Personality Cult of Stalin in Soviet Posters", p. 69.
43 O encontro entre Avdeenko e Mekhlis é relatado em Davies, *Popular Opinion in Stalin's Russia*, p. 149; a transmissão é relatada em Eugene Lyons, "Dictators into Gods", *American Mercury*, mar. 1939, p. 268.
44 Lyons, "Dictators into Gods", p. 269.
45 Nadezhda Mandelstam, *Hope against Hope: A Memoir*, Nova York: Atheneum, 1983, p. 420; RGASPI, 558-11-1479, doc. 36, pp. 54-6.
46 Simon Sebag Montefiore, *Stalin: The Court of the Red Tsar*, Nova York: Knopf, 2004, p. 164; *SSSR. Sezd Sovetov (chrezvychajnyj) (8). Stenograficheskij otchet, 25 nojabrja-5 dekabrja 1936 g.*, Moscou: CIK SSSR, 1936, p. 208; Sergo Ordzhonikidze, *Izbrannye stat'i i rechi, 1918-1937*, Moscou: Ogiz, 1945, p. 240.
47 David Brandenberger, "Stalin as Symbol: A Case Study of the Personality Cult and its Construction", in: Sarah Davies e James Harris (orgs.), *Stalin: A New History*, Cambridge: Cambridge University Press, 2005, pp. 249-70; ver também o clássico David King, *The Commissar Vanishes: The Falsification of Photographs and Art in Stalin's Russia*, Nova York: Metropolitan Books, 1997.

48 Kees Boterbloem, *The Life and Times of Andrei Zhdanov, 1896--1948*, Montreal: McGill-Queen's Press, 2004, pp. 176-7 e 215.
49 RGASPI, 558-11-1354, 20 nov. 1939, pp. 29-34; todas as cartas estão no documento 21.
50 A solicitação do Museu da Revolução está em RGASPI, 55811--1354, 29 jul. 1940, documento 15; a lista de presentes exibidos está no documento 15.
51 "Foreign Statesmen Greet Stalin on 60th Birthday", *Moscow News*, 1º jan. 1940.
52 Andrew Nagorski, *The Greatest Battle: Stalin, Hitler, and the Desperate Struggle for Moscow that Changed the Course of World War II*, Nova York: Simon & Schuster, 2008, pp. 16-7.
53 Service, *Stalin*, p. 403; ver também David Glantz, *Stumbling Colossus: The Red Army on the Eve of World War*, Lawrence, KA: University Press of Kansas, 1998.
54 Service, *Stalin*, p. 409.
55 Anna Louise Strong, citando uma reportagem de Erskine Caldwell em *The Soviets Expected It*, Nova York: The Dial Press, 1942, p. 39; Alexander Werth, *Russia at War, 1941-1945: A History*, Nova York: Skyhorse Publishing, 2011, p. 165.
56 Victoria E. Bonnell, *Iconography of Power: Soviet Political Posters Under Lenin and Stalin*, Berkeley, CA: University of California Press, 1998, p. 252; Service, *Stalin*, p. 451; Richard E. Lauterbach, *These Are the Russians*, Nova York: Harper, 1944, p. 101.
57 Werth, *Russia at War*, p. 595; John Barber, "The Image of Stalin in Soviet Propaganda and Public Opinion during World War 2", in: John Garrard e Carol Garrard (orgs.), *World War 2 and the Soviet People*, Nova York: St Martin's Press, 1990, p. 43.
58 Plamper, *The Stalin Cult*, p. 54.
59 Michael Neiberg, *Potsdam: The End of World War II and the Remaking of Europe*, Nova York: Basic Books, 2015, p. 58; Paul Hollander, *Political Pilgrims: Western Intellectuals in Search of the Good Society*, Londres: Routledge, 2017, p. 1; Kimberly

Hupp, "'Uncle Joe': What Americans thought of Joseph Stalin before and after World War II", tese de doutorado, Universidade de Toledo, 2009.

60 Mandelstam, *Hope against Hope*, p. 345.

61 Números de baixas em Timothy C. Dowling (org.), *Russia at War: From the Mongol Conquest to Afghanistan, Chechnya, and Beyond*, Santa Barbara, CA: ABC-Clio, v. 1, 2015, p. 172; Richard Overy, *Russia's War: A History of the Soviet Effort: 1941-1945*, Harmondsworth: Penguin Books, 1997, p. 291; Catherine Merridale, *Ivan's War: The Red Army 1939-45*, Londres: Faber and Faber, 2005, p. 3.

62 Werth, *Russia at War*, p. 369.

63 Merridale, *Ivan's War*, pp. 67, 117-8 e 136; Beevor, *The Fall of Berlin 1945*, p. 424.

64 Beevor, *The Fall of Berlin 1945*, p. 107.

65 Isaac Deutscher, *Stalin: A Political Biography*, Nova York: Vintage Books, 1949, p. 466; Beevor, *The Fall of Berlin 1945*, pp. 425-6.

66 Service, *Stalin*, p. 543; Brandenburg, "Stalin as Symbol", pp. 265-70; *Iosif Vissarionovich Stalin. Kratkaya biografiya*, Moscou: OGIZ, 1947, pp. 182-222.

67 Service, *Stalin*, pp. 508 e 564.

68 Anne Applebaum, *Iron Curtain: The Crushing of Eastern Europe, 1944-1956*, Nova York: Doubleday, 2012; Jan C. Behrends, "Exporting the Leader: The Stalin Cult in Poland and East Germany (1944/45-1956)", in: Balázs et al., *The Leader Cult in Communist Dictatorships*, pp. 161-78.

69 "Mr. Stalin 70 Today, World Peace Prizes Inaugurated", *The Times*, 21 dez. 1949, p. 4; "Flags And Lights For Mr. Stalin Birthday Scenes in Moscow", *The Times*, 22 dez. 1949, p. 4.

70 RGASPI, 558-4-596, 1950; ver também McNeal, *Stalin*, pp. 291-2.

71 RGASPI, 558-11-1379, docs. 2 e 4; ver também lista com data de 22 de abril de 1950 em RGASPI, 558-11-1420; RGASPI, 558-4-596, 1950.

72 Service, *Stalin*, p. 548; Overy, *Russia's War*, pp. 288 e 302; Roy Medvedev, *Let History Judge: The Origins and Consequences of Stalinism*, Nova York: Knopf, 1972, p. 508.
73 Harrison E. Salisbury, "The Days of Stalin's Death", *The New York Times*, 17 abr. 1983; Brooks, *Thank You, Comrade Stalin!*, p. 237.

CAPÍTULO 4 — MAO TSÉ-TUNG

1 Sobre a viagem de Mao a Moscou, ver Paul Wingrove, "Mao in Moscow, 1949-50: Some New Archival Evidence", *Journal of Communist Studies and Transition Politics*, 11, n. 4 (dez. 1995), pp. 309-34; David Wolff, "'One Finger's Worth of Historical Events': New Russian and Chinese Evidence on the Sino-Soviet Alliance and Split, 1948-1959", *Cold War International History Project Bulletin*, Working Paper n. 30 (ago. 2002), pp. 1-74; Sergey Radchenko e David Wolff, "To the Summit via Proxy-Summits: New Evidence from Soviet and Chinese Archives on Mao's Long March to Moscow, 1949", *Cold War International History Project Bulletin*, n. 16 (inverno de 2008), pp. 105-82.
2 *The New York Times*, 15 maio 1927.
3 Mao Tsé-tung, "Report on an Investigation of the Peasant Movement In Hunan", mar. 1927, *Selected Works of Mao Zedong*, Pequim: Foreign Languages Press, 1965, v. 1, pp. 23-4.
4 Alexander V. Pantsov e Steven I. Levine, *Mao: The Real Story*, Nova York: Simon & Schuster, 2012, pp. 206, 242 e 248.
5 Mao Tsé-tung, "On Tactics against Japanese Imperialism", 27 dez. 1935, traduzido em Stuart Schram, *Mao's Road To Power: Revolutionary Writings, 1912-49*, Armonk, NY: M. E. Sharpe, 1999, v. 5, p. 92.
6 Alvin D. Coox, *Nomonhan: Japan Against Russia 1939*, Palo Alto, CA: Stanford University Press, 1988, p. 93.
7 Yang Kuisong, *Mao Zedong yu Mosike de enen yuanyuan*, Nanchang: Jiangxi renmin chubanshe, 1999, p. 21; Pantsov e Levine, *Mao*, p. 293.

8   Jung Chang e Jon Halliday, *Mao: The Unknown Story*, Londres: Jonathan Cape, 2005, p. 192.
9   Edgar Snow, *Red Star over China: The Classic Account of the Birth of Chinese Communism*, Nova York: Grove Press, 1994, p. 92.
10 Lee Feigon, *Mao: A Reinterpretation*, Chicago: Ivan R. Dee, 2002, pp. 67-9.
11 Feigon, *Mao*, p. 67; Robert M. Farnsworth, *From Vagabond to Journalist: Edgar Snow in Asia, 1928-1941*, Colúmbia, MO: University of Missouri Press, 1996, p. 222.
12 Pantsov e Levine, *Mao*, p. 296.
13 Jay Taylor, *The Generalissimo: Chiang Kai-shek and the Struggle for Modern China*, Cambridge, MA: Harvard University Press, 2009, p. 169.
14 Pantsov e Levine, *Mao*, p. 324.
15 RGASPI, 17-170-128a, Georgii Dimitrov, Relatório a Stalin sobre o Sexto Plenário do Comitê Central do PCC, 21 abr. 1939, pp. 1-3; por Dmitrii Manuilsky nas pp. 14-43.
16 Pantsov e Levine, *Mao*, p. 331; Arthur A. Cohen, *The Communism of Mao Tse-tung*, Chicago: University of Chicago Press, 1964, pp. 93-5.
17 Gao Hua, *Hong taiyang shi zenyang shengqi de. Yan'an zhengfeng yundong de lailong qumai*, Hong Kong: Chinese University Press, 2000, p. 580.
18 Gao, *Hong taiyang shi zenyang shengqi de*, p. 530; ver também Chen Yung-fa, *Yan'an de yinying*, Taipei: Instituto de História Moderna, Academia Sínica, 1990.
19 Gao, *Hong taiyang shi zenyang shengqi de*, p. 593.
20 Gao Wenqian, *Zhou Enlai: The Last Perfect Revolutionary*, Nova York: Public Affairs, 2007, p. 88.
21 Raymond F. Wylie, *The Emergence of Maoism: Mao Tse-tung, Ch'en Po-ta, and the Search for Chinese Theory, 1935-1945*, Palo Alto, CA: Stanford University Press, 1980, pp. 205-6; Gao, *Hong taiyang shi zenyang shengqi de*, pp. 607-9; Li Jihua, "Dui Mao Zedong geren chongbai de zisheng", *Yanhuang chunqiu*,

n. 3 (mar. 2010), pp. 40-5; Theodore H. White e Annalee Jacoby, *Thunder out of China*, Londres: Victor Gollanz, 1947, p. 217.
22 PRO, FO 371/35777, 1º fev. 1943, p. 21.
23 Stuart R. Schram, "Party Leader or True Ruler? Foundations and Significance of Mao Zedong's Personal Power", in: Stuart R. Schram (org.), *Foundations and Limits of State Power in China*, Londres: Escola de Estudos Orientais e Africanos, 1987, p. 213.
24 Frank Dikötter, *The Tragedy of Liberation: A History of the Chinese Revolution, 1945-1957*, Londres: Bloomsbury, 2013, pp. 16-7.
25 Dikötter, *The Tragedy of Liberation*, pp. 3 e 22-3.
26 PRO, FO 371/92192, 20 nov. 1950, p. 19; Robert Guillain, "China under the Red Flag", in: Otto B. van der Sprenkel, Robert Guillain e Michael Lindsay (orgs.), *New China: Three Views*, Londres: Turnstile Press, 1950, pp. 91-2; sobre as regras de exibição dos retratos, ver, por exemplo, SMA, 9 set. 1952, A22-2-74, pp. 6-7; 29 dez. 1951, B1-23620, p. 61; Hung Chang-tai, "Mao's Parades: State Spectacles in China in the 1950s", *China Quarterly*, n. 190 (jun. 2007), pp. 411-31.
27 Dikötter, *The Tragedy of Liberation*, pp. 134-7.
28 Ibid., p. 83.
29 Ibid., pp. 47-8.
30 Ibid., pp. 99-100.
31 Ibid., p. 190; William Kinmond, *No Dogs in China: A Report on China Today*, Nova York: Thomas Nelson, 1957, pp. 192-4.
32 John Gitting, "Monster at the Beach", *The Guardian*, 10 abr. 2004.
33 O trabalho clássico sobre este tema é de Cohen, *The Communism of Mao Tse-tung*; o autor ficou no ostracismo, é claro, uma vez que professores cultos da Universidade Harvard escreveram livros eruditos sobre a "sinificação do marxismo".
34 Valentin Chu, *The Inside Story of Communist China: Ta Ta, Tan Tan,* Londres: Allen e Unwin, 1964, p. 228.

35 Ver Richard Curt Kraus, *Brushes with Power: Modern Politics and the Chinese Art of Calligraphy*, Berkeley, CA: University of California Press, 1991.
36 Chow Ching-wen, *Ten Years of Storm: The True Story of the Communist Regime in China*, Nova York: Holt, Rinehart and Winston, 1960, p. 81.
37 Dikötter, *The Tragedy of Liberation*, p. 227.
38 William Taubman, *Khrushchev: The Man and his Era*, Londres, Free Press, 2003, pp. 271-2.
39 Dikötter, *The Tragedy of Liberation*, pp. 275-6.
40 Pang Xianzhi e Jin Chongji (orgs.), *Mao Zedong zhuan, 1949--1976*, Pequim: Zhongyang wenxian chubanshe, 2003, p. 534; Li Zhisui, *The Private Life of Chairman Mao: The Memoirs of Mao's Personal Physician*, Nova York: Random House, 1994, pp. 182-4.
41 Dikötter, *The Tragedy of Liberation*, p. 291.
42 GSPA, Discurso de Mao em 10 mar. 1958 em Chengdu, 91-18-495, p. 211.
43 Li Rui, *Dayuejin qin liji*, Haikou: Nanfang chubanshe, 1999, v. 2, p. 288.
44 Frank Dikötter, *Mao's Great Famine: The History of China's Most Devastating Catastrophe, 1958-1962*, Londres: Bloomsbury, 2010, p. 20.
45 Ibid., pp. 22-3.
46 Li Rui, *Lushan huiyi shilu*, Hong Kong: Tiandi tushu youxian gongsi, 2ª ed., 2009, pp. 232 e 389-90; Li, *The Private Life of Chairman Mao*, p. 381.
47 Li, *Lushan huiyi shilu*, p. 232.
48 Gao, *Zhou Enlai*, pp. 187-8; Liu Tong, "Jieshi Zhongnanhai gaoceng zhengzhi de yiba yaoshi: Lin Biao biji de hengli yu yanjiu", artigo apresentado na Conferência Internacional sobre Guerra Chinesa e Revolução no Século XX, Universidade de Comunicações de Xangai, 8-9 nov. 2008.
49 Dikötter, *Mao's Great Famine*, p. 102.

50 Ibid., pp. 116-23.
51 Ver Frank Dikötter, *The Cultural Revolution: A People's History, 1962-1976*, Londres: Bloomsbury, 2016, p. 12.
52 *The People's Daily*, 7 fev. 1963, citado em Cohen, *The Communism of Mao Tse-tung*, p. 203.
53 David Milton e Nancy D. Milton, *The Wind Will Not Subside: Years in Revolutionary China, 1964-1969*, Nova York: Pantheon Books, 1976, pp. 63-5; ver também Jacques Marcuse, *The Peking Papers: Leaves from the Notebook of a China Correspondent*, Londres: Arthur Barker, 1968, pp. 235-46.
54 Lu Hong, *Junbao neibu xiaoxi: "Wenge" qinli shilu*, Hong Kong, Shidai guoji chubanshe, 2006, pp. 14-7; Daniel Leese, *Mao Cult: Rhetoric and Ritual in China's Cultural Revolution*, Cambridge: Cambridge University Press, 2011, pp. 111-3.
55 Li, *The Private Life of Chairman Mao*, p. 412; Lynn T. White III, *Policies of Chaos: The Organizational Causes of Violence in China's Cultural Revolution*, Princeton: Princeton University Press, 1989, pp. 194-5, 206, 214-6.
56 Carta de D. K. Timms, 6 out. 1964, FO 371/175973; ver também Laszlo Ladany, *The Communist Party of China and Marxism, 1921-1985: A Self-Portrait*, Londres: Hurst, 1988, p. 273.
57 Dikötter, *The Cultural Revolution*, p. xi.
58 Ibid., pp. 71-4.
59 Ibid., pp. 107-9.
60 Chang Jung, *Wild Swans: Three Daughters of China*, Clearwater, FL: Touchstone, 2003, p. 413.
61 Dikötter, *The Cultural Revolution*, p. 89.
62 PRO, FO 371-186983, Leonard Appleyard para John Benson, "Manifestações do culto a Mao", 28 set. 1966.
63 Louis Barcata, *China in the Throes of the Cultural Revolution: An Eye Witness Report*, Nova York: HartPublishing, 1968, p. 48.
64 SMA, 11 dez. 1967, B167-3-21, pp. 70-3; NMA, Instruções do Centro, 5 abr. e 12 jul. 1967, 5038-2-107, pp. 2 e 58-9.

65 HBPA, instrução do ministro do Comércio, 30 ago. 1966, 999-4-761, p. 149.
66 SMA, 2 maio 1967, B182-2-8, pp. 5-8.
67 Helen Wang, *Chairman Mao Badges: Symbols and Slogans of the Cultural Revolution*, Londres: Museu Britânico, 2008, p. 21.
68 PRO, FCO 21/41, Donald C. Hopson, "Carta de Pequim", 7 out. 1967.
69 Ver, por exemplo, Pamela Tan, *The Chinese Factor: An Australian Chinese Woman's Life in China from 1950 to 1979*, Dural, New South Wales: Roseberg, 2008, p. 131.
70 PRO, FCO 21/19, Percy Cradock, "Carta de Pequim", 3 jun. 1968.
71 SMA, B103-4-1, 11 jul. 1967, pp. 1-3; B98-5-100, 9 dez. 1969, pp. 10-1; B109-4-80, 1º ago. 1968, p. 31; sobre estátuas em Xangai, deve-se ler Jin Dalu, *Feichang yu zhengchang: Shanghai 'wenge' shiqi de shehui bianqian*, Xangai: Shanghai cishu chubanshe, 2011, v. 2, pp. 198-228.
72 Dikötter, *The Cultural Revolution*, pp. 240-1.
73 "Zhongyang zhuan'an shencha xiaozu 'guanyu pantu, neijian, gongzei Liu Shaoqi zuixing de shencha baogao' ji'pantu, neijian, gongzei Liu Shaoqi zuizheng'", 18 out. 1968, Banco de Dados da Revolução Cultural; com poucas mudanças, usei a tradução em Milton e Milton, *The Wind Will Not Subside*, pp. 335-9; sobre a composição do Congresso, ver Roderick MacFarquhar e Michael Schoenhals, *Mao's Last Revolution*, Cambridge, MA: Harvard University Press, 2006, pp. 292-3.
74 GDPA, 296-A2.1-25, Relato sobre Xangai, 7 mar. 1973, pp. 189-98; PRO, FCO 21/962, Michael J. Richardson, "Nomeação das ruas", 26 jan. 1972.
75 Chang e Halliday, *Mao*, p. 583.
76 Chang, *Wild Swans*, p. 651.
77 Jean Hong, entrevista, 7 nov. 2012, Hong Kong; Rowena Xiaoqing He, "Reading Havel in Beijing", *The Wall Street Journal*, 29 dez. 2011.

78 Ai Xiaoming entrevistada por Zhang Tiezhi, 22 dez. 2010, Guangzhou.
79 Wu Guoping entrevistado por Dong Guoqiang, 1 dez. 2013, condado de Zongyang, Anhui.

CAPÍTULO 5 — KIM IL-SUNG

1 Robert A. Scalapino e Chong-sik Lee, *Communism in Korea*. Part I: *The Movement*, Berkeley, CA: University of California Press, 1972, pp. 324-5; Lim Un, *The Founding of a Dynasty in North Korea: An Authentic Biography of Kim Il-song*, Tóquio: Jiyu-sha, 1982, p. 149.
2 Hongkoo Han, "Wounded Nationalism: The Minsaengdan Incident and Kim Il-sung in Eastern Manchuria", Universidade de Washington, tese de doutorado, 1999, p. 347.
3 Han, "Wounded Nationalism", pp. 365-7; Scalapino e Lee, *Communism in Korea*, pp. 202-3; Dae-sook Suh, *Kim Il-sung: The North Korean Leader*, Nova York: Columbia University Press, 1988, pp. 37-47.
4 Charles Armstrong, *The North Korean Revolution: 1945-50*, Ithaca, NY: Cornell University Press, 2002, capítulo 2.
5 Lim, *The Founding of a Dynasty in North Korea*, p. 152.
6 Bradley K. Martin, *Under the Loving Care of the Fatherly Leader: North Korea and the Kim Dynasty*, Nova York: Thomas Dunne Books, 2004, p. 53; Armstrong, *The North Korean Revolution*, p. 223; John N. Washburn, "Russia Looks at Northern Korea", *Pacific Affairs*, 20, n. 2 (jun. 1947), p. 160.
7 Armstrong, *The North Korean Revolution*, p. 150; a estimativa de 1 milhão está em Byoung-Lo Philo Kim, *Two Koreas in Development: A Comparative Study of Principles and Strategies of Capitalist and Communist Third World Development*, citado em Martin, *Under the Loving Care of the Fatherly Leader*, p. 56.

8   David Allen Hatch, "The Cult of Personality of Kim Il-Song: Functional Analysis of a State Myth", tese de doutorado, Washington, D.C.: American University, 1986, pp. 106-9.
9   Benoît Berthelier, "Symbolic Truth: Epic, Legends, and the Making of the Baekdusan Generals", 17 maio 2013, Sino-NK.
10 Hatch, "The Cult of Personality of Kim Il-Song", pp. 83 e 104.
11 Chen Jian, *China's Road to the Korean War*, Nova York: Columbia University Press, 1996, p. 110; Sergei N. Goncharov, John W. Lewis e Xue Litai, *Uncertain Partners: Stalin, Mao, and the Korean War*, Stanford: Stanford University Press, 1993, pp. 142-5.
12 Max Hastings, *The Korean War*, Nova York: Simon & Schuster, 1987, p. 53; Hatch, "The Cult of Personality of Kim Il-Song", p. 153.
13 Suh, *Kim Il-sung*, pp. 123-6; Lim, *The Founding of a Dynasty in North Korea*, p. 215.
14 Hatch, "The Cult of Personality of Kim Il-Song", pp. 159-60.
15 Scalapino e Lee, *Communism in Korea*, pp. 428-9.
16 Andrei Lankov, *The Real North Korea: Life and Politics in the Failed Stalinist Utopia*, Oxford: Oxford University Press, 2013, pp. 37-9.
17 Blaine Harden, *The Great Leader and the Fighter Pilot: A True Story About the Birth of Tyranny in North Korea*, Nova York: Penguin Books, 2016, pp. 6-7; Suh, *Kim Il-sung*, pp. 127-30; Andrei Lankov, *From Stalin to Kim Il Sung: The Formation of North Korea, 1945-1960*, New Brunswick, NJ: Rutgers University Press, 2002, pp. 95-6.
18 Ver MfAA, A 5631, Relatório de informação da embaixada, 23 mar. 1955, pp. 63-4.
19 MfAA, A 5631, Relatório de informações da embaixada, 23 mar. 1955, p. 54; RGANI, 5-28-411, Diário do embaixador V. I. Ivanov, 21 mar. 1956, pp. 165-8; a pedra, guardada em uma caixa de vidro, é mencionada em Horst Kurnitzky, *Chollima Korea: A Visit in the Year 23*, Lulu Press Inc., 2006 (primeira publicação em 1972), p. 19.

20 Hatch, "The Cult of Personality of Kim Il-Song", pp. 172-5; Hunter, *Kim Il-song's North Korea*, p. 13.
21 Hatch, "The Cult of Personality of Kim Il-Song", pp. 176-80.
22 RGANI, 5-28-410, pp. 233-5; este documento foi traduzido por Gary Goldberg em "New Evidence on North Korea in 1956", *Cold War International History Project Bulletin*, n. 16 (outono de 2007/inverno de 2008), pp. 492-4.
23 RGANI, 5-28-412, 30 maio 1956, pp. 190-6; este documento foi traduzido por Gary Goldberg em "New Evidence on North Korea in 1956", *Cold War International History Project Bulletin*, n. 16 (outono de 2007/inverno de 2008), p. 471; sobre este incidente, ver Andrei Lankov, *Crisis in North Korea: The Failure of De-Stalinization, 1956*, Honolulu: University of Hawaii Press, 2005; Balázs Szalontai, *Kim Il Sung in the Khrushchev Era: Soviet-DPRK Relations and the Roots of North Korean Despotism, 1953-1964*, Stanford, CA: Stanford University Press, 2006.
24 Lankov, *Crisis in North Korea*, p. 154.
25 Ibid., pp. 152-4.
26 É curioso observar que praticamente não há reconhecimento explícito na literatura secundária de que o sistema *songbun* foi baseado no desenvolvido sob o comando de Mao; como exceção, ver Judy Sun e Greg Wang, "Human Resource Development in China and North Korea", in: Thomas N. Garavan, Alma M. McCarthy e Michael J. Morley (orgs.), *Global Human Resource Development: Regional and Country Perspectives*, Londres: Routledge, 2016, p. 92; sobre as perseguições, ver Lankov, *Crisis in North Korea*, p. 164.
27 Lankov, *Crisis in North Korea*, p. 182.
28 RGANI, 5-28-314, Carta de S. Suzdalev, embaixador da União Soviética, para N. T. Fedorenko, 23 mar. 1955, pp. 13-5; RGANI, 5-28412, 10 maio 1956, Relatório sobre a conversa de I. Biakov, primeiro-secretário da embaixada da União Soviética, com o diretor do Museu de História da Luta Revo-

lucionária do Povo da Coreia, pp. 249-52; BArch, DY30IV 2/2.035/137, Boletim de Informação, 14 mar. 1961, p. 72.
29 Suh, *Kim Il-sung*, pp. 168-71.
30 BArch, DY30 IV 2/2.035/137, Boletim de Informação, 14 mar. 1961, pp. 72-3 e 79; ver também Hatch, "The Cult of Personality of Kim Il-Song", pp. 183-92; sobre sua retirada da vida pública, ver Suh, *Kim Il-sung*, p. 187.
31 MfAA, A 7137, Informações sobre o Dia Nacional, 16 set. 1963, pp. 45-9.
32 Sobre o discurso de dezembro de 1955, sugere-se ler Brian R. Myers, "The Watershed that Wasn't: Re-Evaluating Kim Il-sung's 'Juche Speech' of 1955", *Acta Koreana*, 9, n. 1 (jan. 2006), pp. 89-115.
33 James F. Person, "North Korea's chuch'e philosophy", in: Michael J. Seth, *Routledge Handbook of Modern Korean History*, Londres: Routledge, 2016, pp. 705-98.
34 MfAA, C 1088/70, Ingeborg Göthel, Relatório sobre Informações, 29 jul. 1966, p. 100.
35 Person, "North Korea's chuch'e philosophy", pp. 725-67; MfAA, G-A 344, 10 nov. 1967, Carta da embaixada, pp. 1-7, notas sobre como o culto aumentou com os expurgos.
36 MfAA, C 1092/70, Relatório de informações da embaixada, 19 ago. 1968, pp. 19-20; PRO, FCO 51/80, "North Korea in 1968", 3 jul. 1969, p. 13; FCO 21-307, "Kim Il-sung, the 'Prefabricated Hero'", 3 jun. 1967.
37 Suh, *Kim Il-sung*, p. 197; PRO, FCO 51/80, "North Korea in 1968", 3 jul. 1969, p. 13.
38 MfAA, C 1088/70, Ingeborg Göthel, Relatório sobre o Dia do Trabalhador, 5 maio 1967, pp. 55-8.
39 MfAA, C 1088/70, Hermann, Relatório de informações da embaixada, 5 jan. 1968, pp. 76-7; Ingeborg Göthel, Relatório sobre informações, 3 nov. 1967, pp. 16-7; Ingeborg Göthel, Relatório de informações da embaixada, 22 set. 1967, pp. 18-9; C 1023/73, Relatório de informações da embaixada, 22 maio

1968, pp. 98-9; sobre salas dedicadas ao estudo, ver também Rinn-Sup Shinn et al., *Area Handbook for North Korea*, Washington: U.S. Government Printing Office, 1969, p. 276.

40   MfAA, C 1088/70, Ingeborg Göthel, Relatório sobre o Dia do Trabalhador, 5 maio 1967, pp. 55-8; Ingeborg Göthel, Relatório sobre informações, 3 nov. 1967, pp. 16-7.

41   Suh, *Kim Il-sung*, pp. 231-4.

42   MfAA, G-A 347, Barthel, Relatos sobre a discussão de Samoilov, 17 maio 1972, pp. 16-8; ver também Suh, *Kim Il-sung*, p. 242.

43   "Conversa com os oficiais do Departamento de Propaganda e Agitação do Comitê Central dos Trabalhadores", 29 out. 1971, documento do site da Associação de Amizade com a Coreia, acessado em 15 jan. 2016; Suh, *Kim Il-sung*, p. 319.

44   Harrison E. Salisbury, *To Peking and Beyond: A Report On The New Asia*, Nova York: Quadrangle Books, 1973, p. 207; Suh, *Kim Il-sung*, p. 319.

45   MfAA, C 6877, 6 mar. 1972, pp. 76-7; MfAA, G-A 347, Carta da embaixada, 11 jan. 1972, p. 14.

46   Salisbury, *To Peking and Beyond*, pp. 208-9; ver também Suh, *Kim Il-sung*, pp. 316-7; as duas fontes mencionam 240 mil metros quadrados de área geral do museu, o que parece improvável para 92 salas; a área de 50 mil metros foi citada em Helen-Louise Hunter, *Kim Il-song's North Korea*, Westport, CT: Praeger Publishers, 1999, p. 23.

47   MfAA, C 6877, 6 mar. 1972, pp. 76-7; Sonia Ryang, *Writing Selves in Diaspora: Ethnography of Autobiographics of Korean Women in Japan and the United States*, Lanham, MD: Lexington Books, 2008, p. 88.

48   Salisbury, *To Peking and Beyond*, pp. 208-9; Suh, *Kim Il-sung*, pp. 316-9.

49   SMA, B158-2-365, 20 dez. 1971, pp. 107-11 e B163-4-317, 1 dez. 1971, pp. 134-5; para um panorama geral das insígnias nos anos posteriores, ver Andrei Lankov, *North of the DMZ:*

Essays on Daily Life in North Korea, Jefferson, NC: McFarland, 2007, pp. 7-9.
50   Suh, *Kim Il-sung*, pp. 270-1.
51   MfAA, C 6877, Boletim de Informações, 28 abr. 1972, pp. 66-7.
52   Salisbury, *To Peking and Beyond*, pp. 196-7 e 204-5.
53   Ibid., pp. 214 e 219.
54   MfAA, C 315/78, 8 abr. 1970, pp. 155-8.
55   Suh, *Kim Il-sung*, p. 262.
56   Lim, *The Founding of a Dynasty in North Korea*, p. 269; Suh, *Kim Il-sung*, pp. 267-8.
57   Suh, *Kim Il-sung*, pp. 267-8.
58   Philippe Grangereau, *Au pays du grand mensonge. Voyage en Corée*, Paris: Payot, 2003, pp. 134-7; Hunter, *Kim Il-song's North Korea*, p. 22.
59   C 6926, Kirsch, Carta da embaixada, 21 nov. 1975, pp. 1-3.
60   Suh, *Kim Il-sung*, pp. 278-82.
61   Hans Maretzki, *Kim-ismus in Nordkorea: Analyse des letzten DDR-Botschafters in Pjöngjang*, Böblingen: Anika Tykve Verlag, 1991, pp. 34 e 55; Lankov, *North of the DMZ*, pp. 40-1.
62   Don Oberdorfer, *The Two Koreas: A Contemporary History*, Reading, MA: Addison-Wesley, 1997, pp. 341-2; Barbara Demick, *Nothing to Envy: Ordinary Lives in North Korea*, Nova York: Spiegel & Grau, 2009, pp. 100-1.

CAPÍTULO 6 — DUVALIER

1   Sobre os primórdios da história do Haiti, ver Philippe Girard, *Haiti: The Tumultuous History — From Pearl of the Caribbean to Broken Nation*, Nova York: St. Martin's Press, 2010.
2   Eric H. Cushway, "The Ideology of François Duvalier", dissertação de mestrado, Universidade de Alberta, 1976, pp. 79 e 96-7; Martin Munro, *Tropical Apocalypse: Haiti and the Caribbean End*, Charlottesville, VA: University of Virginia Press, 2015, p. 36.

3   John Marquis, *Papa Doc: Portrait of a Haitian Tyrant 1907--1971*, Kingston: LMH Publishing Limited, 2007, p. 92.
4   Paul Christopher Johnson, "Secretism and the Apotheosis of Duvalier", *Journal of the American Academy of Religion*, 74, n. 2 (jun. 2006), p. 428; Cushway, "The Ideology of François Duvalier", pp. 78-83.
5   François Duvalier, *Guide des 'Oeuvres Essentielles' du Docteur François Duvalier*, Porto Príncipe: Henri Deschamps, 1967, p. 58.
6   Trevor Armbrister, "Is There Any Hope for Haiti?", *Saturday Evening Post*, 236, n. 23 (15 jun. 1963), p. 80; ver também Bleecker Dee, "Duvalier's Haiti: A Case Study of National Disintegration", tese de doutorado, Universidade da Flórida, 1967, p. 70.
7   NARA, RG59, caixa 3090, Gerald A. Drew, "A situação política no Haiti", 3 ago. 1957.
8   Bernard Diederich, *The Price of Blood: History of Repression and Rebellion in Haiti Under Dr. François Duvalier, 1957-1961*, Princeton, NJ: Markus Wiener, 2011, pp. 17-8.
9   NARA, RG59, caixa 3090, Gerald A. Drew, "A situação política no Haiti", 3 ago. 1957.
10 Mats Lundahl, "Papa Doc: Innovator in the Predatory State", *Scandia*, 50, n. 1 (1984), p. 48.
11 MAE, 96QO/24, Lucien Félix, "Conferência de imprensa de Duvalier", 4 out. 1957; MAE, 96QO/24, Lucien Félix, "Um mês de poder do presidente Duvalier", 22 nov. 1957; NARA, RG 59, caixa 3090, "Assédio dos líderes trabalhistas do Haiti", 10 jan. 1958; Virgil P. Randolph, "Haitian Political Situation", 30 jan. 1958.
12 *Haiti Sun*, 24 dez. 1957, p. 11; Louis E. Lomax, "Afro Man Chased out of Haiti", *Baltimore Afro-American*, 15 out. 1957; Stephen Jay Berman, "Duvalier and the Press", dissertação de mestrado em jornalismo, Universidade da Carolina do Sul, 1974, p. 28.
13 NARA, RG59, caixa 3090, Virgil P. Randolph, "A situação política no Haiti", 30 jan. 1958; Louis E. Lomax, "Afro Man Chased out of Haiti", *Baltimore Afro-American*, 15 out. 1957.

14 MAE, 96QO/24, Lucien Félix, "Um mês de poder do presidente Duvalier", 22 nov. 1957; NARA, RG 59, caixa 3.090, "Assédio dos líderes trabalhistas do Haiti", 10 jan. 1958; Virgil P. Randolph, "A situação política no Haiti", 30 jan. 1958.

15 MAE, 96QO/25, Lucien Félix, telegrama, 13 mar. 1958; NARA, RG59, caixa 3.090, Virgil P. Randolph, "A situação política no Haiti", 30 jan. 1958.

16 NARA, RG59, caixa 3.092, Virgil P. Randolph, "Joint Weeka nº 32", 6 ago. 1958; MAE, 96QO/25, Lucien Félix, "O golpe de 29 de julho de 1958", 31 jul. 1958.

17 Robert D. Heinl e Nancy Gordon Heinl, *Written in Blood: The Story of the Haitian People, 1492-1995*, Lanham, MD: University Press of America, 1998, p. 572; Robert I. Rotberg, *Haiti: The Politics of Squalor*, Boston: Houghton Mifflin, 1971, pp. 215-6.

18 MAE, 96QO/25, Lucien Félix, "A nova Constituição da República do Haiti", 17 abr. 1958; Lundahl, "Papa Doc", p. 60.

19 Elizabeth Abbott, *Haiti: The Duvaliers and Their Legacy*, Nova York: McGraw-Hill, 1988, pp. 91-2.

20 Bernard Diederich e Al Burt, *Papa Doc: Haiti and its Dictator*, Londres: Bodley Head, 1969, p. 139; Rotberg, *Haiti*, p. 218.

21 Lundahl, "Papa Doc", p. 60.

22 MAE, 96QO/25, Lucien Félix, "A situação política e econômica no Haiti", 3 fev. 1959; "Viagem do presidente", 18 mar. 1959.

23 NARA, RG59, caixa 3.092, "Joint Weeka nº 22", 5 jun. 1959; NARA, RG59, caixa 3.093, Gerald A. Drew "Embtel 423", 3 jun. 1959; Rotberg, *Haiti*, p. 218.

24 NARA, RG59, caixa 3.093, Gerald A. Drew, "Presidente François Duvalier retoma as atividades", 7 jul. 1959.

25 NARA, RG59, caixa 3.091, Philip P. Williams, "Relações entre Executivo e Legislativo", 23 set. 1959; Rotberg, *Haiti*, pp. 220-21.

26 NARA, RG59, caixa 7, Caspar D. Green, "Memorando", Missão de Operações dos Estados Unidos, 13 maio 1960.

27 MAE, 96QO/26, "Evolução *versus* extremismo de esquerda", 9 ago. 1960; também Charles le Genissel, "Prisão de M. Clément

Barbot", 6 ago. 1960; NARA, RG59, caixa 1.633, Carta à Secretaria de Estado do embaixador do Haiti, 15 jul. 1960; "Civilian Militia Palace Parade", *Haiti Sun*, 7 dez. 1960, pp. 1 e 20.

28 MAE, 96QO/26, "Boletim mensal de informações", 13 abr. 1961; NARA, RG59, caixa 1.633, Carta à Secretaria de Estado do embaixador do Haiti, Charles Wm. Thomas, "O Haiti reelege o presidente", 9 maio 1961.

29 NARA, RG59, caixa 1.633, David. R. Thomson, "Acontecimentos políticos no Haiti", 21 maio 1961.

30 MAE, 96QO/26, Charles le Genissel, "O juramento do doutor Duvalier", 25 maio 1961; NARA, RG59, caixa 1.634, embaixada de Porto Príncipe, "Joint Weeka nº 21", 26 maio 1961.

31 NARA, RG59, caixa 3.922, "Joint Weeka nº 29", 20 jul. 1963; Berman, "Duvalier and the Press", p. 57.

32 Dee, "Duvalier's Haiti", pp. 154-7; Diederich, *Papa Doc*, pp. 216-7; Berman, "Duvalier and the Press", p. 62.

33 MAE, 96QO/27, Charles le Genissel, "Medidas excepcionais", 29 ago. 1963; NARA, RG59, caixa 3.922, "Joint Weeka nº 38", 22 set. 1963.

34 Rotberg, *Haiti*, p. 233; NARA, RG59, caixa 3.923, Norman E. Warner, "Duvalier Speech on September 30, 1963", 8 out. 1963; *Hispanic American Report*, v. 16, n. 8 (set. 1963), p. 869; NARA, RG 59, caixa 1.634, "Joint Weekas nos 24 e 29", 16 jun. e 21 jul. 1961.

35 MAE, 96QO/54, "Presidência vitalícia", 13 abr. 1964; Dee, "Duvalier's Haiti", pp. 177-8.

36 NARA, RG 59, caixa 2.262, "Joint Weeka nº 26", 26 jun. 1964; NARA, RG 59, caixa 2.263, "Começam as preparações para as celebrações de 22 de maio", 20 maio 1964.

37 Jean Fourcand, *Catéchisme de la révolution*, Porto Príncipe: Imprimerie de l'État, 1964, p. 17.

38 NARA, RG59, caixa 2.262, "Joint Weeka nº 38", 18 set. 1964.

39 Rotberg, *Haiti*, pp. 239-42.

40 Richard West, "Haiti: Hell on Earth", *New Statesman*, 29 abr. 1966, tradução para o francês em MAE, 96QO/54, "Artigos e documentos", 12-19 ago. 1966; "Crushing a Country", *Time*, 27 ago. 1965; relatórios sobre a fome em NARA, RG 59, caixa 2.263, "Joint Weeka nº 46", 12 nov. 1965.

41 Rotberg, *Haiti*, p. 243; Millery Polyné, *From Douglass to Duvalier: U.S. African Americans, Haiti, and Pan Americanism, 1870--1964*, Gainesville, FL: University of Florida Press, 2010, p. 190.

42 Rotberg, *Haiti*, p. 344; Michel Soukar, *Un général parle: Entretien avec un Chef d'état-major sous François Duvalier*, Porto Príncipe: Le Natal, 1987, p. 56.

43 NARA, RG59, caixa 2.263, "Joint Weeka nº 25", 20 jun. 1965.

44 NARA, RG59, caixa 2.263, "Joint Weeka nº 46", 12 nov. 1965.

45 Rotberg, *Haiti*, p. 247; NARA, RG 59, caixa 2.263, "Joint Weeka nº 16", 24 abr. 1966.

46 NARA, RG59, caixa 2.263, "Joint Weeka nº 16", 24 abr. 1966; Telegrama confidencial ao Departamento de Estado, 26 abr. 1966.

47 NARA, RG59, caixa 2.263, "Joint Weeka nº 24", 19 jun. 1966.

48 NARA, RG59, caixa 2.263, "Suposta declaração de Haile Sellasie", 8 maio 1966.

49 NARA, RG59, caixa 2.263, Telegrama confidencial ao Departamento do Estado, 9 jun. 1966; "Discurso de Duvalier em 26 de outubro", 18 dez. 1966.

50 NARA, RG59, caixa 2.263, "Joint Weeka nº 30", 31 jul. 1966; "Joint Weeka nº 36", 9 set. 1966.

51 NARA, RG59, caixa 2.263, "Joint Weeka nº 30", 31 jul. 1966; "Relatório confidencial", 2 set. 1966; NARA, RG59, caixa 2.172, "Joint Weeka nº 43", 29 out. 1967.

52 NARA, RG59, caixa 2.263, "Joint Weeka nº 30", 31 jul. 1966; "Relatório confidencial", 2 set. 1966.

53 NARA, RG59, caixa 2.172, "Joint Weeka nº 15", 16 abr. 1967; "The Birthday Blowout", *Time*, 28 abr. 1967.

54 Abbott, *Haiti*, p. 144; "Coming to a Boil", *Time*, 25 ago. 1967.

55 NARA, RG59, caixa 2.172, "Joint Weeka nº 25", 25 jun. 1967; ver também Abbott, *Haiti*, p. 145.
56 NARA, RG59, caixa 2.172, "Joint Weeka nº 11", 19 mar. 1967; NARA, RG59, caixa 2.172, "Joint Weeka nº 37", 24 set. 1967; NARA, RG59 caixa 5, "Haiti", 26 set. 1967.
57 NARA, RG59, caixa 2.173, "Duvalier fala de novo de modo improvisado", 5 nov. 1967; "Joint Weeka nº 37", 24 set. 1967.
58 Sobre a rádio, ver NARA, RG59, caixa 2.172, "Joint Weeka nº 2", 14 jan. 1968.
59 Rotberg, *Haiti*, pp. 350-66.
60 NARA, RG59, caixa 2.172, "Relatório de viagem: departamento noroeste do Haiti", 29 dez. 1968.
61 Rotberg, *Haiti*, p. 235.
62 MAE, 96QO/56, Philipp Koenig, "A rebelião de 24 de abril", 10 jun. 1970; "Ação anticomunista", 30 abr. 1969; Abbott, *Haiti*, p. 152; Marquis, *Papa Doc*, p. 264.
63 MAE, 96QO/73, Philipp Koenig, "Haiti depois da morte do presidente François Duvalier", 28 abr. 1971; NARA, RG59, caixa 2.346, "Political/Economic Summary No. 3", 21 fev. 1971; "Political/Economic Summary No. 8", 8 maio 1971.

CAPÍTULO 7 — CEAUŞESCU

1 "Obituary: Anca Petrescu", *Daily Telegraph*, 1 nov. 2013; Robert Bevan, *The Destruction of Memory: Architecture at War*, Londres: Reaktion Books, 2006, pp. 127-31.
2 John Sweeney, *The Life and Evil Times of Nicolae Ceauşescu*, Londres: Hutchinson, 1991, pp. 44-51.
3 Dennis Deletant, *Communist Terror in Romania: Gheorghiu-Dej and the Police State, 1948-1965*, Nova York: St Martin's Press, 1999.
4 Alice Mocanescu, "Surviving 1956: Gheorghe Gheorghiu-Dej and the 'Cult of Personality' in Romania", in: Apor Balázs, Jan C. Behrends, Polly Jones e E. A. Rees (orgs.), *The Leader*

Cult in Communist Dictatorships: Stalin and the Eastern Bloc, Houndmills, Basingstoke: Palgrave Macmillan, 2004, p. 256; "Rumania: Want amid Plenty", *Time*, 8 jun. 1962.
5 Mary Ellen Fisher, *Ceaușescu: A Study in Political Leadership*, Boulder, CO: Lynne Rienner Publishers, 1989, pp. 49-52; Vladimir Tismaneanu, *Stalinism for All Seasons: A Political History of Romanian Communism*, Berkeley, CA: University of California Press, 2003, p. 176.
6 Fisher, *Ceaușescu*, p. 69.
7 MAE, 201QO/167, Jean-Louis Pons, "50º aniversário do sr. Ceaușescu", 30 jan. 1968.
8 Fisher, *Ceaușescu*, pp. 133-9.
9 Ibid., pp. 143-5.
10 Sweeney, *The Life and Evil Times of Nicolae Ceaușescu*, p. 95.
11 A rigor, outro líder, Emil Bodnaras, também permaneceu no Politburo de Gheorghiu-Dej, mas ele estava doente e não compareceu ao congresso; Fisher, *Ceaușescu*, pp. 154-7.
12 Fisher, *Ceaușescu*, pp. 92-3; OSA, 300-8-3-5811, "Nicolae Ceaușescu e a política da liderança", 29 mar. 1973, pp. 16-8.
13 ANR, 2574-72-1971, Minutas do encontro do Comitê Executivo (Politburo), 25 jun. 1971, p. 11.
14 Ibid.
15 Ibid., pp. 45-6; OSA, 300-8-47-188-23, Relatório da situação romena, 13 jul.1971, pp. 9-11.
16 Fisher, *Ceaușescu*, p. 126.
17 OSA, 300-8-47-188-23, Relatório da situação romena, 13 jul. 1971, pp. 9-11; a referência a um "Novo Homem" é do secretário do partido Popescu; ver OSA, 300-8-47-188-24, Rumanian Situation Report, 20 jul. 1971, p. 13.
18 A briga entre Ceaușescu e Iliescu é mencionada em Sweeney, *The Life and Evil Times of Nicolae Ceaușescu*, p. 102.
19 Michel-Pierre Hamelet, *Nicolae Ceaușescu: Présentation, choix de textes, aperçu historique, documents photographiques*, Paris: Seghers, 1971.

20 ANR, 2898-19-1976, Lista de livros sobre Nicolae Ceaușescu publicados no exterior, 4 mar. 1976, pp. 1-6; OSA, 300-8-47-201-3, "Relatório sobre a situação", 9 fev. 1978, p. 9.

21 ANR, 2898-10-1973, Nota sobre a seção de relações exteriores, 28 maio 1973, pp. 12-3.

22 O valor exato foi de 7,5 milhões de liras; ver ANR, 2898-21-1971, Nota sobre a seção de relações exteriores do Comitê Central, 4 set. 1971, p. 102; ver também Günther Heyden, Relatório de uma visita ao Instituto Romeno de Estudos Históricos e Sociopolíticos, 27 set. 1971, DY 30/IVA 2/20/357, pp. 377-8.

23 OSA, 300-8-3-5811, "Nicolae Ceaușescu e a política da liderança", 29 mar. 1973, pp. 3-15.

24 ANR, 2574-31-1974, Transcrição do Comitê Executivo (Politburo) do encontro do Comitê Central, 27 mar. 1974, pp. 50-9.

25 Sweeney, *The Life and Evil Times of Nicolae Ceaușescu*, p. 105.

26 Fisher, *Ceaușescu*, pp. 184-5 e 212-3; Anneli Ute Gabanyi, *The Ceaușescu Cult: Propaganda and Power Policy in Communist Romania*, Bucareste: The Romanian Cultural Foundation Publishing House, 2000, pp. 17-8; Thomas J. Keil, *Romania's Tortured Road toward Modernity*, Nova York: Columbia University Press, 2006, p. 301.

27 ANR, 2898-19-1976, Lista de livros sobre Nicolae Ceaușescu publicados no exterior, 4 mar. 1976, pp. 1-6.

28 OSA, 300-8-3-5850, "O papel ideológico de Ceaușescu está fortalecido", 29 jul. 1976, pp. 1-9.

29 Ibid., p. 7.

30 OSA, 300-8-47-201-3, "Relatório da situação romena", 9 fev. 1978, p. 2.

31 OSA, 300-8-47-201-3, "Relatório da situação romena", 9 fev. 1978, p. 3; PRO, FCO 28/3444, R. A. Burns, "O 60º aniversário do presidente Ceaușescu", 8 fev. 1978, pp. 4-5.

32 OSA, 300-8-47-201-3, "Relatório da situação romena", 9 fev. 1978, pp. 6-10.

33 PRO, FCO 28/3407, R. L. Secondé, "Presidente Ceauşescu da Romênia: Um resumo", 24 abr. 1978, pp. 4-5; Sweeney, *The Life and Evil Times of Nicolae Ceauşescu*, pp. 111-20.

34 Pacepa passou a escrever um documento que criticava o regime de Ceauşescu, intitulado *Red Horizons: The True Story of Nicolae and Elena Ceauşescu' Crimes, Lifestyle, and Corruption*, Washington, D.C.: Regnery Publishing, 1990.

35 ANR, 2898-28-1977, Inventários de medalhas estrangeiras e condecorações concedidas a Elena e Nicolae Ceauşescu, 21 nov. 1977, pp. 1-16.

36 Os alemães-orientais descreveram o caso de Pirvulescu em BArch, DY 30/IV 2/2.035/52, 23 nov. 1979, pp. 2-7; ver também Fisher, *Ceauşescu*, p. 240.

37 Jonathan Eyal, "Why Romania Could Not Avoid Bloodshed", in: Gwyn Prins (org.), *Spring in Winter: The 1989 Revolutions*, Manchester: Manchester University Press, 1990, pp. 149-50.

38 OSA, 300-8-47-204-10, "Relatório sobre a situação", 22 jul. 1980, pp. 2-5; MAE, 1929INVA/4629, Pierre Cerles, Relatório do embaixador, 22 dez. 1980.

39 MAE, 1929INVA/4630, "Situação na Romênia", 20 dez. 1980.

40 Sweeney, *The Life and Evil Times of Nicolae Ceauşescu*, pp. 130-3.

41 OSA, 300-8-3-5914, Anneli Maier, "Aniversário do Congresso do PCR em 1965", 11 ago. 1982, pp. 1-4.

42 BArch, DY30/11599, jun. 1982, pp. 87-9.

43 MAE, 1930INVA/5471, Michel Rougagnou, "Celebração do vigésimo aniversário", 23 jul. 1985.

44 ANR, 2898-80-1984, Regras para exibir o retrato oficial de Nicolae Ceauşescu, 7 mar. 1984, pp. 1-4; ANR, 2989-21-1984, Nota sobre o novo Abecedar, 1984, p. 8.

45 ANR, 2898-32-1985, Relatório sobre programas especiais dedicados ao sexagésimo quinto aniversário da fundação do Partido Comunista, 1985, pp. 1-4.

46 David Binder, "The Cult of Ceauşescu", *The New York Times*, 30 nov. 1986.

47 ANR, 2898-36-1984, Transcrição de um encontro entre Nicolae Ceauşescu e os representantes da União do Artista Visual, 18 set. 1984, pp. 2-6.
48 Lucian Boia, *Romania: Borderland of Europe*, Londres: Reaktion Books, 2001, pp. 288-90.
49 Gabriel Ronay, "Romania Plans Village Blitz", *The Sunday Times*, 23 maio 1988; OSA, 300-8-47-212-11, "O plano de reassentamento rural", 16 set. 1988, p. 13.
50 Binder, "The Cult of Ceauşescu".
51 MAE, 1930INVA/5471, Michel Rougagnou, "Celebração do vigésimo aniversário", 23 jul. 1985; Sweeney, *The Life and Evil Times of Nicolae Ceauşescu*, pp. 157-8.
52 Sweeney, *The Life and Evil Times of Nicolae Ceauşescu*, p. 158.
53 Os números são de MAE, 1930INVA/5471, Michel Rougagnou, "A vida do partido dentro do negócio", 6 out. 1983.
54 MAE, 1930INVA/4630, Pierre Cerles, "O comunismo *à la* Romênia", 24 maio 1978.
55 OSA, 300-8-47-211-1, "Ceauşescu rejeita a reforma no estilo soviético", 6 fev. 1980, pp. 3-6.
56 Sweeney, *The Life and Evil Times of Nicolae Ceauşescu*, pp. 172-4.
57 MAE, 1935INVA/6478, Jean-Marie Le Breton, "Campanha das eleições", 16 nov. 1989.
58 Peter Siani-Davies, *The Romanian Revolution of December 1989*, Ithaca, NY: Cornell University Press, 2007, pp. 81-2; Emma Graham-Harrison, "'Ainda estou nervoso', disse o soldado que atirou contra Nicolae Ceauşescu", *The Guardian*, 7 dez. 2014.

CAPÍTULO 8 — MENGISTU

1 Estelle Sohier, "Politiques de l'image et pouvoir royal en Éthiopie de Menilek II à Haylä Sellasé (1880-1936)", tese de doutorado, Universidade de Paris 1, 2007, pp. 159-69.

2   PRO, FCO 31/1829, Willie Morris, "Revisão anual para 1974", 6 fev. 1975.
3   Bahru Zewde, *A History of Modern Ethiopia*, Londres: James Currey, 2001, p. 234.
4   PRO, FCO 31/1829, Willie Morris, "Revisão anual para 1974", 6 fev. 1975.
5   Ibid.
6   Richard J. Reid, *Frontiers of Violence in North-East Africa: Genealogies of Conflict since c.1800*, Oxford: Oxford University Press, 2011, p. 174; Christopher Clapham, *Transformation and Continuity in Revolutionary Ethiopia*, Cambridge: Cambridge University Press, 1988, p. 41.
7   Shambel Tesfaye Reste Mekonnen, *Misikirnet be Derg Abalat*, Adis Abeba, 2007, p. 164; PRO, FCO 31/2093, D. M. Day, "Mengistu", 15 jun. 1977.
8   *Ethiopian Herald*, 21 dez. 1974 e 30 jan. 1975; Paul B. Henze, *Layers of Time: A History of Ethiopia*, Londres: Hurst, 2000, p. 290; Andargatchew Tiruneh, *The Ethiopian Revolution 1974--87*, Cambridge: Cambridge University Press, 1993, pp. 102-3.
9   Begashaw Gobaw Tashu, *Yecoloel Mengistu Haile Maryam ena Yederggemenawoch*, Adis Abeba: Far East Trading, 2008, p. 220.
10 Babile Tola, *To Kill a Generation: The Red Terror in Ethiopia*, Washington, D.C.: Free Ethiopia Press, 1989, pp. 38-9; PRO, FCO 31-2098, "Revisão anual para 1976", 3 jan. 1977.
11 *Ethiopian Herald*, 29 set. 1976; PRO, FCO 31/2098, "Revisão anual para 1976", 3 jan. 1977; Henze, *Layers of Time*, p. 291.
12 Eshetu Wendemu Hailesselasie, *Heiwot Be Mengistu Betemengist*, Adis Abeba: Zed Printing House, 2010, pp. 81-90.
13 *Ethiopian Herald*, 5 fev. 1977.
14 Feseha Desta, *Abyotuna Tezetaye*, Adis Abeba: Tsehay Asatami Derejet, 2008, p. 80; Geset Techane (pseudômino Zenebe Feleke), *Neber*, Adis-Abeba: Hetemet Alfa Asatamewoch, 2007, p. 238; Baalu Girma, *Oromay*, Adis Abeba: Mankusa Asatami, 1983, pp. 21 e 50.

15 Fekreselasie Wegderes, *Egnana Abyotu*, Adis Abeba: Tsehay Akefafay Derejet, 2006, pp. 75-6; Baalu, *Oromay*, pp. 24 e 50-4.
16 *Ethiopian Herald*, 5 fev. 1977; Begashaw, *Yecoloel Mengistu Haile Maryam*, p. 291.
17 Marina e David Ottaway, *Ethiopia: Empire in Revolution*, Nova York: Africana Publishing, 1978, pp. 142-6; Judith Ashakih, *Gift of Incense: A Story of Love and Revolution in Ethiopia*, Trenton, NJ: Red Sea Press, 2005, p. 290; Stéphane Courtois et al. (orgs.), *The Black Book of Communism: Crimes, Terror, Repression*, Cambridge, MA: Harvard University Press, 1999, p. 691.
18 "Farewell to American Arms", *Time*, 9 maio 1977.
19 David A. Korn, *Ethiopia, the United States and the Soviet Union*, Carbondale, IL: Southern Illinois University Press, 1986, pp. 28-9.
20 NARA, RG59, 1978STATE106159, 26 abr. 1978.
21 PRO, FCO 31-2251, C. M. Carruthers, "Personalidades de liderança na Etiópia", 19 maio 1978; NARA, RG59, 1978ADDIS02129, 11 maio 1978.
22 NARA, RG59, 1979ADDIS01388, 19 abr. 1979; Donald L. Donham, "Revolution and Modernity in Maale: Ethiopia, 1974 to 1987", *Comparative Studies in Society and History*, 34, n. 1 (jan. 1992), p. 43.
23 Arquivos de Paul Henze, Hoover Institution, caixa 71, "Uma Etiópia comunista?", 1981.
24 NARA, RG59, 1979ADDIS01388, 19 abr. 1979.
25 Shambel, *Misikirnet be Derg Abalat*, p. 327.
26 Habtamu Alebachew, *Ye Kesar Enba*, Adis Abeba: Far East Trading Publishing, 2007, pp. 122, 142-3, 145 e 150.
27 Dawit Wolde Giorgis, *Red Tears: War, Famine and Revolution in Ethiopia*, Trenton, NJ: Red Sea Press, 1989, p. 58; BArch, DY30/IV 2/2.035/127, Relatório sobre propaganda, 4 abr. 1978, pp. 253-6; Baalu escreveu um documento crítico intitulado *Oromay*, usado também em outro momento neste capítulo, e desapareceu em 1984, é muito provável que tenha sido morto.

28 Dawit Shifaw, *The Diary of Terror: Ethiopia 1974 to 1991*, Bloomington, Trafford Publishing, 2012, p. 72; Begashaw, *Yecoloel Mengistu Haile Maryam ena Yederggemenawoch*, p. 378.
29 Arquivos de Paul Henze, Hoover Institution, caixa 68, "Dia da Revolução", 12 set. 1977, pp. 16-7; as multas são mencionadas em PRO, FCO 31-2093, D. M. Day, "Mengistu", 15 jun. 1977; ver também Giorgis, *Red Tears*, p. 59.
30 MAE, 326QONT/28, Pierre Nolet, "Crônica mensal", 11 dez. 1979; Habtamu, *Ye Kesar Enba*, p. 122.
31 MAE, 326QONT/28, "Nota: Situação interna da Etiópia", 27 fev. 1981.
32 Clapham, *Transformation and Continuity in Revolutionary Ethiopia*, pp. 70-7.
33 Ibid., p. 77.
34 Jean François, *Éthiopie: Du bon usage de la famine*, Paris: Médecins Sans Frontières, 1986, pp. 21-5; Harold G. Marcus, *A History of Ethiopia*, Berkeley, CA: University of California Press, 1994, pp. 204-5.
35 BArch, DY 30/11498, 6 maio 1982, p. 12; BArch, DY 30/27158, 3 dez. 1982, p. 3; PRO, FCO 31-3895, D. C. B. Beaumont, "Meeting of EC Ambassadors", 23 set. 1983.
36 *Ethiopian Herald*, 6 e 26 jul. 1984.
37 Henze, *Layers of Time*, pp. 306-7; arquivos de Paul Henze, Hoover Institution, caixa 72, "Etiópia comunista: Está sendo bem-sucedida?", jan. 1985; Giorgis, *Red Tears*, p. 135, menciona "centenas" de norte-coreanos; ver também p. 59 sobre a viagem à Coreia do Norte em 1982.
38 Arquivos de Paul Henze, Hoover Institution, caixa 71, "Uma Etiópia comunista?", 1981; Korn, *Ethiopia, the United States and the Soviet Union*, pp. 122-3.
39 *Ethiopian Herald*, 4 e 7 set. 1984; a biografia é mencionada em Giorgis, *Red Tears*, p. 172.
40 Korn, *Ethiopia, the United States and the Soviet Union*, pp. 122-3.

41 "Ethiopians Mark 10th Anniversary of Socialist Revolution", *United Press International*, 12 set. 1984; *Ethiopian Herald*, 16 set. 1984.
42 MfAA, C 1852, Relatório de viagem, abr. 1978, p. 58; Donham, "Revolution and Modernity in Maale", p. 29.
43 Korn, *Ethiopia, the United States and the Soviet Union*, pp. 123-4.
44 Henze, *Layers of Time*, p. 307; arquivos de Paul Henze, Hoover Institution, caixa 72, "Etiópia comunista: Está sendo bem-sucedida?", jan. 1985; caixa 73, "Explorando a fome e capitalizando com a generosidade do Ocidente", mar. 1986, p. 91; Korn, *Ethiopia, the United States and the Soviet Union*, pp. 124-6.
45 Laurence Binet (org.), *Famine et transferts forcés de populations en Éthiopie 1984-1986*, Paris: Médecins Sans Frontières, 2013; Alex de Waal, "Is the Era of Great Famines Over?", *The New York Times*, 8 maio 2016.
46 Gebru Tareke, *The Ethiopian Revolution: War in the Horn of Africa*, New Haven, CT: Yale University Press, 2009, pp. 218-61.
47 Charles Mitchell, "'Operation Red Star': Soviet Union, Libya back Ethiopia in Eritrean War", 20 mar. 1982, UPI; Messay Kebede, *Ideology and Elite Conflicts: Autopsy of the Ethiopian Revolution*, Lanham, MD: Lexington Books, 2011, pp. 307-24.
48 Alex de Waal, *Evil Days: Thirty Years of War and Famine in Ethiopia*, Nova York: Human Rights Watch, 1991, pp. 302-7.
49 Henze, *Layers of Time*, pp. 327-9.
50 Arquivos de Paul Henze, Hoover Institution, caixa 68, "Diário de viagem, junho de 1991".

POSFÁCIO

1 Elleni Centime Zeleke, "Addis Ababa as Modernist Ruin", *Callaloo*, 33, n. 1 (primavera de 2010), p. 125.
2 "How Kim Jong Un Builds his Personality Cult", *The Economist*, 8 jun. 2017.

3 Joseph Willits, "The Cult of Bashar al-Assad, *The Guardian*, 1º jul. 2011.
4 Kadri Gursel, "The Cult of Erdogan", *Al-Monitor*, 6 ago. 2014.
5 Tom Phillips, "Xi Jinping: Does China Truly Love 'Big Daddy Xi' — or Fear Him?", *The Guardian*, 19 set. 2015.
6 Rowan Callick, "No Turning Back the Tide on Xi Jinping Personality Cult", *Australian*, 25 nov. 2017; Viola Zhou, "'Into the Brains'"of China's Children: Xi Jinping's 'Thought' to Become Compulsory School Topic", *South China Morning Post*, 23 out. 2017; Jamil Anderlini, "Under Xi Jinping, China is Turning Back to Dictatorship", *Financial Times*, 11 out. 2017.

Bibliografia selecionada

ARQUIVOS

ACS	Archivio Centrale dello Stato, Roma
ANR	Arhivele Naționale ale României, Bucareste
BArch	Bundesarchiv, Berlim
GDPA	Guangdong sheng Dang'anguan, Guangzhou
GSPA	Gansu sheng Dang'anguan, Lanzhou
HBPA	Hebei sheng Dang'anguan, Shijiazhuang
Hoover	Hoover Institution Library and Archives, Palo Alto
MfAA	Politisches Archiv des Auswärtigen Amts, Berlim
MAE	Ministère des Affaires Etrangèrs, Paris
NARA	National Archives at College Park, Washington
NMA	Nanjing shi Dang'anguan, Nanjing
OSA	Open Society Archives, Central European University, Budapeste
PRO	The National Archives, Londres
RGANI	Rossiiskii Gosudarstvennyi Arkhiv Novei'shei Istorii, Moscou
RGASPI	Rossiiskii Gosudarstvennyi Arkhiv Sotsial'no-Politicheskoi Istorii, Moscou
SMA	Shangai shi Dang'anguan, Xangai

FONTES SECUNDÁRIAS

ABBOTT, Elizabeth, *Haiti: The Duvaliers and Their Legacy*, Nova York: McGraw-Hill, 1988.

ALTMAN, Linda Jacob, *Shattered Youth in Nazi Germany: Primary Sources from the Holocaust*, Berkeley Heights, NJ: Enslow Publishers, 2010.

ANDRIEU, Jacques, "Mais que se sont donc dit Mao et Malraux? Aux sources du maoïsme occidental", *Perspectives chinoises*, n. 37 (set. 1996), pp. 50-63.

APPLEBAUM, Anne, *Iron Curtain: The Crushing of Eastern Europe, 1944-1956*, Nova York: Doubleday, 2012. [Edição brasileira: *Cortina de ferro*, São Paulo: Três Estrelas, 2017.]

ARENDT, Hannah, *The Origins of Totalitarianism*, Nova York: Harvest Book, 1973. [Edição brasileira: *Origens do totalitarismo*, São Paulo: Companhia das Letras, 2013.]

ARMSTRONG, Charles, *The North Korean Revolution: 1945-50*, Ithaca, NY: Cornell University Press, 2002.

BABEROWSKI, Jörg, *Scorched Earth: Stalin's Reign of Terror*, New Haven, CT: Yale University Press, 2016.

BACZKO, Bronisław, "La fabrication d'un charisme", *Revue européenne des sciences sociales*, 19, n. 57 (1981), pp. 29-44.

BALÁZS, Apor, Jan C. Behrends, Polly Jones e E. A. Rees (orgs.), *The Leader Cult in Communist Dictatorships: Stalin and the Eastern Bloc*, Houndmills, Basingstoke: Palgrave Macmillan, 2004.

BARBER, John, "The Image of Stalin in Soviet Propaganda and Public Opinion during World War 2", in: John Garrard e Carol Garrard (orgs.), *World War 2 and the Soviet People*, Nova York: St. Martin's Press, 1990, pp. 38-49.

BAXA, Paul, "'Il nostro Duce': Mussolini's Visit to Trieste in 1938 and the Workings of the Cult of the Duce", *Modern Italy*, 18, n. 2 (maio 2013), pp. 117-28.

BEEVOR, Antony, *The Fall of Berlin 1945*, Londres: Penguin Books, 2002. [Edição brasileira: *Berlim 1945: A queda*, Rio de Janeiro: Record, 2004.]
BEHRENDS, Jan C., "Exporting the Leader: The Stalin Cult in Poland and East Germany (1944/45-1956)", in: Apor Balázs, Jan C. Behrends, Polly Jones e E. A. Rees (orgs.), *The Leader Cult in Communist Dictatorships: Stalin and the Eastern Bloc*, Houndmills, Basingstoke: Palgrave Macmillan, 2004, pp. 161-78.
BEN-GHIAT, Ruth, *Fascist Modernities: Italy, 1922-1945*, Berkeley, CA: University of California Press, 2001.
BERMAN, Stephen Jay, "Duvalier and the Press", dissertação de mestrado em jornalismo, University of Southern California, 1974.
BERNERI, Camillo, *Mussolini grande attore*, Pistoia: Edizioni dell'Archivio Famiglia Berneri, 1ª ed. 1934; 2ª ed. 1983.
BESSEL, Richard, "The Rise of the NSDAP and the Myth of Nazi Propaganda", *Wiener Library Bulletin*, 33, 1980, pp. 20-9.
_____, "Charismatisches Führertum? Hitler's Image in der deutschen Bevölkerung", in: Martin Loiperdinger, Rudolf Herz and Ulrich Pohlmann (orgs.), *Führerbilder: Hitler, Mussolini, Roosevelt, Stalin in* Fotografie und Film, Munique: Piper, 1995, pp. 14-26.
BEVAN, Robert, *The Destruction of Memory: Architecture at War*, Londres: Reaktion Books, 2006.
BINET, Laurence (org.), *Famine et transferts forcés de populations en Éthiopie 1984-1986*, Paris: Médecins Sans Frontières, 2013.
BIONDI, Dino, *La fabbrica del Duce*, Florença: Vallecchi, 1967.
BLAKE, Robert e William Roger Louis (orgs.), *Churchill*, Oxford: Clarendon Press, 2002.
BONNELL, Victoria E., *Iconography of Power: Soviet Political Posters Under Lenin and Stalin*, Berkeley, CA: University of California Press, 1998.
BONSAVER, Guido, *Censorship and Literature in Fascist Italy*, Toronto: University of Toronto Press, 2007.

BOTERBLOEM, Kees, *Life and Times of Andrei Zhdanov, 1896--1948*, Montreal: McGill-Queen's Press, 2004.

BRAMSTED, Ernest K., *Goebbels and National Socialist Propaganda 1925-1945*, East Lansing: Michigan State University Press, 1965.

BRANDENBERGER, David, "Stalin as Symbol: A Case Study of the Personality Cult and its Construction", in: Sarah Davies e James Harris (orgs.), *Stalin: A New History*, Cambridge: Cambridge University Press, 2005, pp. 249-70.

BROOKS, Jeffrey, *Thank You, Comrade Stalin!: Soviet Public Culture from Revolution to Cold War*, Princeton: Princeton University Press, 2000.

BÜHMANN, Henning, "Der Hitlerkult. Ein Forschungsbericht", in: Klaus Heller e Jan Plamper (orgs.), *Personenkulte im Stalinismus: Personality Cults in Stalinism*, Göttingen: Vandenhoeck & Ruprecht, 2004, pp. 109-57.

BURKE, Peter, *The Fabrication of Louis XIV*, New Haven, CT: Yale University Press, 1992. [Edição brasileira: *A fabricação do rei: A construção da imagem pública de Luís XIV*, Rio de Janeiro: Jorge Zahar, 1994.]

CALVINO, Italo, "Il Duce's Portraits", *The New Yorker*, 6 jan. 2003, p. 34.

CAMPBELL, Ian, *The Addis Ababa Massacre: Italy's National Shame*, Londres: Hurst, 2017.

CANNISTRARO, Philip, *La fabbrica del consenso: Fascismo e mass media*, Bari: Laterza, 1975.

CHANG, Jung e Jon Halliday, *Mao: The Unknown Story*, Londres: Jonathan Cape, 2005. [Edição brasileira: *Mao: A história desconhecida*, São Paulo: Companhia das Letras, 2012.]

CHAUSSY, Ulrich e Christoph Püschner, *Nachbar Hitler: Führerkult und Heimatzerstörung am Obersalzberg*, Berlim: Christoph Links Verlag, 2007.

CHEN Jian, *China's Road to the Korean War*, Nova York: Columbia University Press, 1996.

Chinese Propaganda Posters: From the Collection of Michael Wolf, Colônia: Taschen, 2003.

CHIROT, Daniel, *Modern Tyrants: The Power and Prevalence of Evil in Our Age*, Princeton: Princeton University Press, 1996.

CLAPHAM, Christopher, *Transformation and Continuity in Revolutionary Ethiopia*, Cambridge: Cambridge University Press, 1988.

COHEN, Arthur A., *The Communism of Mao Tse-tung*, Chicago: University of Chicago Press, 1964.

COHEN, Yves, "The Cult of Number One in an Age of Leaders", *Kritika: Explorations in Russian and Eurasian History*, v. 8, n. 3 (verão de 2007), pp. 597-634.

COOX, Alvin D., *Nomonhan: Japan Against Russia 1939*, Palo Alto, CA: Stanford University Press, 1988.

CORNER, Paul, *The Fascist Party and Popular Opinion in Mussolini's Italy*, Oxford: Oxford University Press, 2012.

CORVAJA, Santi, *Hitler and Mussolini: The Secret Meetings*, Nova York: Enigma Books, 2008.

COURTOIS, Stéphane et al. (orgs.), *The Black Book of Communism: Crimes, Terror, Repression*, Cambridge, MA: Harvard University Press, 1999. [Edição brasileira: *O livro negro do comunismo*, Rio de Janeiro: Bertrand Brasil, 1999.]

CUSHWAY, Eric H., "The Ideology of François Duvalier", dissertação de mestrado, University of Alberta, 1976.

DAVID-FOX, Michael, *Showcasing the Great Experiment: Cultural Diplomacy and Western Visitors to the Soviet Union, 1921-1941*, Oxford: Oxford University Press, 2011.

DAVIES, Sarah, *Popular Opinion in Stalin's Russia: Terror, Propaganda and Dissent, 1934-1941*, Cambridge: Cambridge University Press, 1997.

De FELICE, Renzo, *Mussolini il Fascista*, v. 1, *La conquista del potere, 1921-1925*, Turim: Giulio Einaudi, 1966.

De WAAL, Alex, *Evil Days: Thirty Years of War and Famine in Ethiopia*, Nova York: Human Rights Watch, 1991.

DEE, Bleecker, "Duvalier's Haiti: A Case Study of National Disintegration", tese de doutorado, University of Florida, 1967.

DELETANT, Dennis, *Ceaușescu and the Securitate*, Londres: Hurst, 1995.

_____, *Communist Terror in Romania: Gheorghiu-Dej and the Police State, 1948-1965*, Nova York: St. Martin's Press, 1999.

DEMICK, Barbara, *Nothing to Envy: Ordinary Lives in North Korea*, Nova York: Spiegel & Grau, 2009. [Edição brasileira: *Nada a invejar*, São Paulo: Companhia das Letras, 2013.]

DIEDERICH, Bernard e Al Burt, *Papa Doc: Haiti and its Dictator*, Londres: Bodley Head, 1969.

DIEDERICH, Bernard, *The Price of Blood: History of Repression and Rebellion in Haiti Under Dr. François Duvalier, 1957-1961*, Princeton, NJ: Markus Wiener, 2011.

DIGGINS, John Patrick, *Mussolini and Fascism: The View from America*, Princeton: Princeton University Press, 1972.

DIKÖTTER, Frank, *Mao's Great Famine: The History of China's Most Devastating Catastrophe, 1958-1962*, Londres: Bloomsbury, 2010. [Edição brasileira: *A grande fome de Mao*, Rio de Janeiro: Record, 2017.]

_____, *The Tragedy of Liberation: A History of the Chinese Revolution, 1945-1957*, Londres: Bloomsbury, 2013.

_____, *The Cultural Revolution: A People's History, 1962-1976*, Londres: Bloomsbury, 2016.

DILLER, Ansgar, *Rundfunkpolitik im Dritten Reich*, Munique: Deutscher Taschenbuch Verlag, 1980.

DONHAM, Donald L., "Revolution and Modernity in Maale: Ethiopia, 1974 to 1987", *Comparative Studies in Society and History*, 34, n. 1 (jan. 1992), pp. 28-57.

DUGGAN, Christopher, *Fascist Voices: An Intimate History of Mussolini's Italy*, Oxford: Oxford University Press, 2013.

DURANDIN, Catherine, *Ceaușescu, vérités et mensonges d'un roi communiste*, Paris: Albin Michel, 1990.

ENNKER, Benno, "The Origins and Intentions of the Lenin Cult", in: Ian D. Thatcher (org.), *Regime and Society in Twentieth-Century Russia*, Houndmills, Basingstoke: Macmillan Press, 1999, pp. 118-28.

EVANS, Richard J., "Coercion and Consent in Nazi Germany", *Proceedings of the British Academy*, 151, 2006, pp. 53-81.

_____, *The Third Reich in Power*, Londres: Penguin Books, 2006. [Edição brasileira: *Terceiro Reich no poder*, São Paulo: Crítica, 2017.]

_____, *The Third Reich at War*, Londres: Penguin, 2009. [Edição brasileira: *Terceiro Reich em guerra*, São Paulo: Crítica, 2017.]

EYAL, Jonathan, "Why Romania Could Not Avoid Bloodshed", in: Gwyn Prins (org.), *Spring in Winter: The 1989 Revolutions*, Manchester: Manchester University Press, 1990, pp. 139-62.

FALASCA-ZAMPONI, Simonetta, *Fascist Spectacle: The Aesthetics of Power in Mussolini's Italy*, Berkeley, CA: University of California Press, 2000.

FARNSWORTH, Robert M., *From Vagabond to Journalist: Edgar Snow in Asia, 1928-1941*, Colúmbia, MO: University of Missouri Press, 1996.

FEIGON, Lee, *Mao: A Reinterpretation*, Chicago: Ivan R. Dee, 2002.

FEST, Joachim C., *Hitler*, Boston, MA: Houghton Mifflin Harcourt, 2002. [Edição brasileira: *Hitler*, Rio de Janeiro, Nova Fronteira, 2017.]

FESTORAZZI, Roberto, *Starace. Il mastino della rivoluzione fascista*, Milão: Ugo Mursia, 2002.

FIGES, Orlando, *The Whisperers: Private Life in Stalin's Russia*, Nova York: Picador, 2007. [Edição brasileira: *Sussurros: A vida privada na Rússia de Stalin*, Rio de Janeiro: Record, 2020.]

FISCHER, Mary Ellen, *Nicolae Ceauşescu: A Study in Political Leadership*, Boulder, CO: Lynne Rienner Publishers, 1989.

FITZPATRICK, Sheila, *Everyday Stalinism. Ordinary Life in Extraordinary Times: Soviet Russia in the 1930s*, Oxford: Oxford University Press, 1999.

FOOT, John, *Italy's Divided Memory*, Houndmills, Basingstoke: Palgrave Macmillan, 2009.

FRANZ-WILLING, Georg, *Die Hitlerbewegung. Der Ursprung, 1919-1922*, Hamburgo: R.v. Decker's Verlag, G. Schenck, 1962, 2ª ed. 1972.

FRITZ, Stephen G., *Ostkrieg: Hitler's War of Extermination in the East*, Lexington, KT: University Press of Kentucky, 2011.

GABANYI, Anneli Ute, *The Ceaușescu Cult: Propaganda and Power Policy in Communist Romania*, Bucareste: The Romanian Cultural Foundation Publishing House, 2000.

GAO Hua, *Hong taiyang shi zenyang shengqi de. Yan'an zhengfeng yundong de lailong qumai*, Hong Kong: Chinese University Press, 2000.

GAO Wenqian, *Zhou Enlai: The Last Perfect Revolutionary*, Nova York: PublicAffairs, 2007.

GENTILE, Emilio, *The Sacralisation of Politics in Fascist Italy*, Cambridge, MA: Harvard University Press, 1996.

GIORGIS, Dawit Wolde, *Red Tears: War, Famine and Revolution in Ethiopia*, Trenton, NJ: Red Sea Press, 1989.

GIRARD, Philippe, *Haiti: The Tumultuous History — From Pearl of the Caribbean to Broken Nation*, Nova York: St. Martin's Press, 2010.

GLANTZ, David, *Stumbling Colossus: The Red Army on the Eve of World War*, Lawrence, KA: University Press of Kansas, 1998.

GONCHAROV, Sergei N., John W. Lewis e Xue Litai, *Uncertain Partners: Stalin, Mao, and the Korean War*, Stanford, CA: Stanford University Press, 1993.

GRANGEREAU, Philippe, *Au pays du grand mensonge. Voyage en Corée*, Paris: Payot, 2003.

GUNDLE, Stephen, Christopher Duggan e Giuliana Pieri (orgs.), *The Cult of the Duce: Mussolini and the Italians*, Manchester: Manchester University Press, 2013.

HAFFNER, Sebastian, *The Meaning of Hitler*, Londres: Phoenix Press, 1979.

HAN, Hongkoo, "Wounded Nationalism: The Minsaengdan Incident and Kim Il-sung in Eastern Manchuria", University of Washington, tese de doutorado, 1999.

HARDEN, Blaine, *The Great Leader and the Fighter Pilot: A True Story About the Birth of Tyranny in North Korea*, Nova York: Penguin Books, 2016.

HASLER, August Bernhard, "Das Duce-Bild in der faschistischen Literatur", *Quellen und Forschungen aus italienischen Archiven und Bibliotheken*, v. 60, 1980, pp. 421-506.

HASTINGS, Max, *The Korean War*, Nova York: Simon & Schuster, 1987.

HATCH, David Allen, "The Cult of Personality of Kim Il-Song: Functional Analysis of a State Myth", tese de doutorado, Washington, D.C.: The American University, 1986.

HAYES, Romain, *Subhas Chandra Bose in Nazi Germany: Politics, Intelligence, and Propaganda, 1941-1943*, Londres, Hurst, 2011.

HEINL, Robert D. e Nancy Gordon Heinl, *Written in Blood: The Story of the Haitian People, 1492-1995*, Lanham, MD: University Press of America, 1998.

HELD, Joseph (org.), *The Cult of Power: Dictators in the Twentieth Century*, Boulder, CO: East European Quarterly Press, 1983.

HELLER, Klaus e Jan Plamper (orgs.), *Personenkulte im Stalinismus: Personality Cults in Stalinism*, Göttingen: Vandenhoeck & Ruprecht, 2004.

HENZE, Paul B., *Layers of Time: A History of Ethiopia*, Londres: Hurst, 2000.

HERBST, Ludolf, *Hitler's Charisma. Die Erfindung eines deutschen Messias*, Frankfurt am Main: S. Fischer Verlag, 2010.

HERZ, Rudolf, *Hoffmann & Hitler: Fotografie als Medium des Führer Mythos*, Munique: Klinkhardt & Biermann, 1994.

HOLLANDER, Paul, *Political Pilgrims: Western Intellectuals in Search of the Good Society*, Londres: Routledge, 2017.

_____, *From Benito Mussolini to Hugo Chavez: Intellectuals and a Century of Political Hero Worship*, Cambridge: Cambridge University Press, 2017.

HOYT, Edwin P., *Mussolini's Empire: The Rise and Fall of the Fascist Vision*, Nova York: Wiley, 1994.

HUGHES-HALLETT, Lucy, *Gabriele d'Annunzio: Poet, Seducer, and Preacher of War*, Londres: 4ª Estate, 2013.

HUNG Chang-tai, "Mao's Parades: State Spectacles in China in the 1950s", *China Quarterly*, n. 190 (jun. 2007), pp. 411-31.

HUNTER, Helen-Louise, *Kim Il-song's North Korea*, Westport, CT: Praeger Publishers, 1999.

HUPP, Kimberly, "'Uncle Joe': What Americans thought of Joseph Stalin before and after World War II", tese de doutorado, University of Toledo, 2009.

IEZZI, Frank, "Benito Mussolini, Crowd Psychologist", *Quarterly Journal of Speech*, 45, n. 2 (abr. 1959), pp. 167-9.

IMBRIANI, Angelo M., *Gli italiani e il Duce: Il mito e l'immagine di Mussolini negli ultimi anni del fascismo (1938-1943)*, Nápoles: Liguori, 1992.

JIN Dalu, *Feichang yu zhengchang: Shanghai 'wenge' shiqi de shehui bianqian*, Xangai: Shanghai cishu chubanshe, 2011.

JOHNSON, Paul Christopher, "Secretism and the Apotheosis of Duvalier", *Journal of the American Academy of Religion*, 74, n. 2 (jun. 2006), pp. 420-45.

KALLIS, Aristotle, *The Third Rome, 1922-43: The Making of the Fascist Capital*, Houndmills, Basingstoke: Palgrave Macmillan, 2014.

KEBEDE, Messay, *Ideology and Elite Conflicts: Autopsy of the Ethiopian Revolution*, Lanham, MD: Lexington Books, 2011.

KEIL, Thomas J., *Romania's Tortured Road toward Modernity*, Nova York: Columbia University Press, 2006.

KELLER, Edmund J., *Revolutionary Ethiopia*, Bloomington, IN: Indiana University Press, 1988.

KERSHAW, Ian, *Hitler, 1889-1936: Hubris*, Londres: Allen Lane, 1998. [Edição brasileira: *Hitler*, São Paulo: Companhia das Letras, 2010.]

_____, *The "Hitler Myth": Image and Reality in the Third Reich*, Oxford: Oxford University Press, 2001.

KING, David, *The Commissar Vanishes: The Falsification of Photographs and Art in Stalin's Russia*, Nova York: Metropolitan Books, 1997.

KIRKPATRICK, Ivone, *Mussolini: Study of a Demagogue*, Nova York: Hawthorn Books, 1964. [Edição brasileira: *Mussolini*, São Paulo: Livraria Moraes, 1965.]

KLIBANSKY, Raymond (org.), *Benito Mussolini's Memoirs 1942--1943*, Nova York: Howard Fertig, 1975.

KÖNIG, Wolfgang, "Der Volksempfänger und die Radioindustrie. Ein Beitrag zum Verhältnis von Wirtschaft und Politik im Nationalsozialismus", in: *Vierteljahrschrift für Sozial-und Wirtschaftsgeschichte*, 90, n. 3 (2003), pp. 269-89.

KOON, Tracy H., *Believe, Obey, Fight: Political Socialization of Youth in Fascist Italy, 1922-1943*, Chapel Hill, NC: University of North Carolina Press, 1985.

KOPPERSCHMIDT, Josef (org.), *Hitler der Redner*, Munique: Wilhelm Fink Verlag, 2003.

KORN, David A., *Ethiopia, the United States and the Soviet Union*, Carbondale, IL: Southern Illinois University Press, 1986.

KOTKIN, Stephen, *Stalin: Paradoxes of Power, 1878-1928*, Nova York: Penguin Press, 2014. [Edição brasileira: *Stalin: Paradoxos do poder, 1878-1928*, Rio de Janeiro: Objetiva, 2017.]

_____, *Stalin: Waiting for Hitler, 1929-1941*, Nova York: Penguin Press, 2017.

KRAUS, Richard Curt, *Brushes with Power: Modern Politics and the Chinese Art of Calligraphy*, Berkeley, CA: University of California Press, 1991.

LADANY, Laszlo, *The Communist Party of China and Marxism, 1921-1985: A Self-Portrait*, Londres: Hurst, 1988.

LANKOV, Andrei, *Crisis in North Korea: The Failure of De-Stalinization, 1956*, Honolulu: University of Hawai'i Press, 2005.

_____, *From Stalin to Kim Il Sung: The Formation of North Korea, 1945-1960*, New Brunswick, NJ: Rutgers University Press, 2002.

_____, *North of the DMZ: Essays on Daily Life in North Korea*, Jefferson, NC: McFarland, 2007.

_____, *The Real North Korea: Life and Politics in the Failed Stalinist Utopia*, Oxford: Oxford University Press, 2013.

LEESE, Daniel, *Mao Cult: Rhetoric and Ritual in China's Cultural Revolution*, Cambridge: Cambridge University Press, 2011.

LI Rui, *Dayuejin qin liji*, Haikou: Nanfang chubanshe, 1999.

_____, *Lushan huiyi shilu*, Hong Kong: Tiandi tushu youxian gongsi, 2ª ed., 2009.

LI Zhisui, *The Private Life of Chairman Mao: The Memoirs of Mao's Personal Physician*, Nova York: Random House, 1994. [Edição brasileira: *A vida privada do camarada Mao*, Rio de Janeiro: Civilização Brasileira, 1997.]

LIM Un, *The Founding of a Dynasty in North Korea: An Authentic Biography of Kim Il-song*, Tóquio: Jiyu-sha, 1982.

LOCARD, Henri, *Pol Pot's Little Red Book: The Sayings of Angkar*, Bangcoc: Silkworm Books, 2004.

LUNDAHL, Mats, "Papa Doc: Innovator in the Predatory State", *Scandia*, 50, n. 1 (1984), pp. 39-78.

MacFARQUHAR, Roderick e Michael Schoenhals, *Mao's Last Revolution*, Cambridge, MA: Harvard University Press, 2006.

MACK SMITH, Denis, *Mussolini*, Londres: Weidenfeld & Nicolson, 1981.

_____, "Mussolini: Reservations about Renzo De Felice's Biography", *Modern Italy*, 5, n. 2 (2000), pp. 193-210.

MAQUIAVEL, Nicolau, *The Prince*, traduzido por Tim Parks, Londres: Penguin Books, 2009. [Edição brasileira: *O príncipe*, São Paulo: Penguin-Companhia, 2010.]

MARCUS, Harold G., *A History of Ethiopia*, Berkeley, CA: University of California Press, 1994.

MARQUIS, John, *Papa Doc: Portrait of a Haitian Tyrant 1907--1971*, Kingston: LMH Publishing Limited, 2007.

MARTIN, Bradley K., *Under the Loving Care of the Fatherly Leader: North Korea and the Kim Dynasty*, Nova York: Thomas Dunne Books, 2004.

McNEAL, Robert H., *Stalin: Man and Rule*, Nova York: Nova York University Press, 1988.

MEDVEDEV, Roy, *Let History Judge: The Origins and Consequences of Stalinism*, Nova York: Knopf, 1972.

MELOGRANI, Piero, "The Cult of the Duce in Mussolini's Italy", *Journal of Contemporary History*, 11, n. 4 (out. 1976), pp. 221-37.

MERRIDALE, Catherine, *Ivan's War: The Red Army 1939-45*, Londres: Faber and Faber, 2005.

MOCANESCU, Alice, "Surviving 1956: Gheorge Gheorghiu-Dej and the Cult of Personality in Romania", in: Apor Balázs, Jan C. Behrends, Polly Jones e E. A. Rees (orgs.), *The Leader Cult in Communist Dictatorships: Stalin and the Eastern Bloc*, Houndmills, Basingstoke: Palgrave Macmillan, 2004, pp. 246-60.

MOORHOUSE, Roger, "Germania: Hitler's Dream Capital", *History Today*, 62, 3ª ed. (mar. 2012).

MOSELEY, Ray, *Mussolini: The Last 600 Days of Il Duce*, Lanham, MD: Taylor Trade Publishing, 2004.

MUNRO, Martin, *Tropical Apocalypse: Haiti and the Caribbean End*, Charlottesville, VA: University of Virginia Press, 2015.

MURCK, Alfreda (org.), *Mao's Golden Mangoes and the Cultural Revolution*, Zurique: Scheidegger & Spiess, 2013.

MYERS, Brian R., "The Watershed that Wasn't: Re-Evaluating Kim Il-sung's 'Juche Speech' of 1955", *Acta Koreana*, 9, n. 1 (jan. 2006), pp. 89-115.

NAGORSKI, Andrew, *The Greatest Battle: Stalin, Hitler, and the Desperate Struggle for Moscow that Changed the Course of World War II*, Nova York: Simon & Schuster, 2008.

_____, *Hitlerland: American Eyewitnesses to the Nazi Rise to Power*, Nova York: Simon & Schuster, 2012.

NATHAN, Andrew J., "Foreword", in: Li Zhisui, *The Private Life of Chairman Mao: The Memoirs of Mao's Personal Physician*, Nova York: Random House, 1994, pp. vii-xiv.

NEIBERG, Michael, *Potsdam: The End of World War II and the Remaking of Europe*, Nova York: Basic Books, 2015.

NICHOLLS, David, "Haiti: The Rise and Fall of Duvalierism", *Third World Quarterly*, v. 8, n. 4 (out. 1986), pp. 1.239-52.

NITZ, Wenke, *Führer und Duce: Politische Machtinszenierungen im nationalsozialistischen Deutschland und im faschistischen Italien*, Colônia: Böhlau Verlag, 2013.

OBERDORFER, Don, *The Two Koreas: A Contemporary History*, Reading, MA: Addison-Wesley, 1997.

OVERY, Richard, *Russia's War: A History of the Soviet Effort: 1941--1945*, Harmondsworth: Penguin Books, 1997.

PACEPA, Mihai, *Red Horizons: The True Story of Nicolae and Elena Ceaușescus' Crimes, Lifestyle, and Corruption*, Washington, D.C.: Regnery Publishing, 1990.

PANTSOV, Alexander V. e Steven I. Levine, *Mao: The Real Story*, Nova York: Simon & Schuster, 2012.

PAUL, Gerhard, *Aufstand der Bilder. Die NS-Propaganda vor 1933*, Bonn: Dietz, 1990.

PERSON, James F., "North Korea's chuch'e philosophy", in: Michael J. Seth, *Routledge Handbook of Modern Korean History*, Londres: Routledge, 2016, pp. 705-98.

PIPES, Richard, *The Russian Revolution*, Nova York: Vintage Books, 1991.

_____, *Communism: A History of the Intellectual and Political Movement*, Londres: Phoenix Press, 2002.

PISCH, Anita, "The Personality Cult of Stalin in Soviet Posters, 1929-1953: Archetypes, Inventions and Fabrications", tese de doutorado, Australian National University, 2014.

PLAMPER, Jan, *The Stalin Cult: A Study in the Alchemy of Power*, New Haven: Yale University Press, 2012.

PLEWNIA, Margarete, *Auf dem Weg zu Hitler: Der "völkische" Publizist Dietrich Eckart*, Bremen: Schünemann Universitätsverlag, 1970.

PLÖCKINGER, Othmar, *Geschichte eines Buches. Adolf Hitler's "Mein Kampf" 1922-1945*, Munique: Oldenbourg Verlag, 2006.

POLYNÉ, Millery, *From Douglass to Duvalier: U. S. African Americans, Haiti, and Pan Americanism, 1870-1964*, Gainesville, FL: University of Florida Press, 2010.

RABINBACH, Anson e Sander L. Gilman (orgs.), *The Third Reich Sourcebook*, Berkeley, CA: University of California Press, 2013.

RADCHENKO, Sergey e David Wolff, "To the Summit via Proxy-Summits: New Evidence from Soviet and Chinese Archives on Mao's Long March to Moscow, 1949", *Cold War International History Project Bulletin*, n. 16 (verão de 2008), pp. 105-82.

REES, E. A., "Leader Cults: Varieties, Preconditions and Functions", in: Apor Balázs, Jan C. Behrends, Polly Jones e E. A. Rees (orgs.), *The Leader Cult in Communist Dictatorships: Stalin and the Eastern Bloc*, Houndmills, Basingstoke: Palgrave Macmillan, 2004, pp. 3-26.

REID, Richard J., *Frontiers of Violence in North-East Africa: Genealogies of Conflict since c.1800*, Oxford: Oxford University Press, 2011.

RIVOIRE, Mario, *Vita e morte del fascismo*, Milão: Edizioni Europee, 1947.

ROLF, Malte, "A Hall of Mirrors: Sovietizing Culture under Stalinism", *Slavic Review*, 68, n. 3 (outono de 2009), pp. 601-30.

_____, "Working towards the Centre: Leader Cults and Spatial Politics", in: Apor Balázs, Jan C. Behrends, Polly Jones e E. A. Rees (orgs.), *The Leader Cult in Communist Dictatorships: Stalin and the Eastern Bloc*, Basingstoke: Palgrave Macmillan, 2004, pp. 141-59.

ROTBERG, Robert I., *Haiti: The Politics of Squalor*, Boston: Houghton Mifflin, 1971.

RYANG, Sonia, *Writing Selves in Diaspora: Ethnography of Autobiographics of Korean Women in Japan and the United States*, Lanham, MD: Lexington Books, 2008.

SALISBURY, Harrison, *The 900 Days: The Siege of Leningrad*, Nova York, Cambridge, MA: DaCapo Press, 1985.

SANTORO, Lorenzo, *Roberto Farinacci e il Partito Nazionale Fascista 1923-1926*, Soveria Mannelli: Rubbettino, 2008.

SCALAPINO, Robert A. e Chong-sik Lee, *Communism in Korea. Part I: The Movement*, Berkeley, CA: University of California Press, 1972.

SCHLENKER, Ines, *Hitler's Salon: The Große Deutsche Kunstausstellung at the Haus der Deutschen Kunst in Munich 1937-1944*, Berna: Peter Lang AG, 2007.

SCHMITZ, David F., *The United States and Fascist Italy, 1922-1940*, Chapel Hill, NC: University of North Carolina Press, 1988.

SCHMÖLDERS, Claudia, *Hitler's Face: The Biography of an Image*, Filadélfia: University of Pennsylvania Press, 2005.

SCHNEIDER, Wolfgang, *Alltag unter Hitler*, Berlim: Rowohlt Berlin Verlag, 2000.

SCHRAM, Stuart R., "Party Leader or True Ruler? Foundations and Significance of Mao Zedong's Personal Power", in: Stuart R. Schram (org.), *Foundations and Limits of State Power in China*, Londres: School of Oriental and African Studies, 1987, pp. 203-56.

SCHRIFT, Melissa, *Biography of a Chairman Mao Badge: The Creation and Mass Consumption of a Personality Cult*, New Brunswick, NJ: Rutgers University Press, 2001.

SEBAG MONTEFIORE, Simon, *Stalin: The Court of the Red Tsar*, Nova York: Knopf, 2004. [Edição brasileira: *Stalin: A corte do Czar Vermelho*, São Paulo: Companhia das Letras, 2006.]

SEDITA, Giovanni, *Gli intellettuali di Mussolini: La cultura finanziata dal fascismo*, Florença: Casa Editrice Le Lettere, 2010.

SEMMENS, Kristin, *Seeing Hitler's Germany: Tourism in the Third Reich*, Houndmills, Basingstoke: Palgrave Macmillan, 2005.

SERVICE, Robert, *Stalin: A Biography*, Basingstoke: Macmillan, 2004.

SIANI-DAVIES, Peter, *The Romanian Revolution of December 1989*, Ithaca, NY: Cornell University Press, 2007.

SOBANET, Andrew, "Henri Barbusse, Official Biographer of Joseph Stalin", *French Cultural Studies*, 24, n. 4 (nov. 2013), pp. 359-75.

SOHIER, Estelle, "Politiques de l'image et pouvoir royal en Éthiopie de Menilek II à Haylä Sellasé (1880-1936)", tese de doutorado, Universidade de Paris 1, 2007.

SÖSEMANN, Bernd, "Die Macht der allgegenwärtigen Suggestion. Die Wochensprüche der NSDAP als Propagandamittel", *Jahrbuch 1989*, Berlim: Berliner Wissenschaftliche Gesellschaft, 1990, pp. 227-48.

_____, *Propaganda: Medien und Öffentlichkeit in der NS-Diktatur*, Stuttgart: Franz Steiner Verlag, 2011.

STRATIGAKOS, Despina, *Hitler at Home*, New Haven, CT: Yale University Press, 2015.

SUH, Dae-sook, *Kim Il-sung: The North Korean Leader*, Nova York: Columbia University Press, 1988.

SUN, Judy e Greg Wang, "Human Resource Development in China and North Korea", in: Thomas N. Garavan, Alma M. McCarthy e Michael J. Morley (orgs.), *Global Human Resource Development: Regional and Country Perspectives*, Londres: Routledge, 2016, pp. 86-103.

SWEENEY, John, *The Life and Evil Times of Nicolae Ceauşescu*, Londres: Hutchinson, 1991.

SZALONTAI, Balázs, *Kim Il Sung in the Khrushchev Era: Soviet-DPRK Relations and the Roots of North Korean Despotism, 1953-1964*, Stanford: Stanford University Press, 2006.

TAREKE, Gebru, *The Ethiopian Revolution: War in the Horn of Africa*, New Haven, CT: Yale University Press, 2009.

TAUBMAN, William, *Khrushchev: The Man and his Era*, Londres: Free Press, 2003.

TAYLOR, Jay, *The Generalissimo: Chiang Kai-shek and the Struggle for Modern China*, Cambridge, MA: Harvard University Press, 2009.

TIRUNEH, Andargatchew, *The Ethiopian Revolution 1974-87*, Cambridge: Cambridge University Press, 1993.

TISMANEANU, Vladimir, *Stalinism for All Seasons: A Political History of Romanian Communism*, Berkeley, CA: University of California Press, 2003.

TOLA, Babile, *To Kill a Generation: The Red Terror in Ethiopia*, Washington: Free Ethiopia Press, 1989.

TUCKER, Robert C., "The Rise of Stalin's Personality Cult", *American Historical Review*, 84, n. 2 (abr. 1979), pp. 347-66.

_____, "Memoir of a Stalin Biographer", *Princeton Alumni Weekly*, n. 83, 3 nov. 1982, pp. 21-31.

ULLRICH, Volker, *Hitler: Ascent 1889-1939*, Nova York: Alfred Knopf, 2016.

VASILIEVA, Larissa, *Kremlin Wives*, Nova York: Arcade Publishing, 1992.

VENTRESCA, Robert A., *Soldier of Christ: The Life of Pope Pius XII*, Cambridge, MA: Harvard University Press, 2013.

WANG, Helen, *Chairman Mao Badges: Symbols and Slogans of the Cultural Revolution*, Londres: British Museum, 2008.

WEDEEN, Lisa, *Ambiguities of Domination: Politics, Rhetoric, and Symbolism in Contemporary Syria*, Chicago: University of Chicago Press, 1999.

WEINTRAUB, Stanley, *Journey to Heartbreak: The Crucible Years of Bernard Shaw*, Nova York: Weybright and Talley, 1971.

_____, "GBS and the Despots", *Times Literary Supplement*, 22 ago. 2011.

WERTH, Alexander, *Russia at War, 1941-1945: A History*, Nova York: Skyhorse Publishing, 2011.

WHITE III, Lynn T., *Policies of Chaos: The Organizational Causes of Violence in China's Cultural Revolution*, Princeton: Princeton University Press, 1989.

WILSON, Verity, "Dress and the Cultural Revolution", in: Valerie Steele e John S. Major (orgs.), *China Chic: East Meets West*, New Haven, CT: Yale University Press, 1999, pp. 167-86.

WINGROVE, Paul, "Mao in Moscow, 1949-50: Some New Archival Evidence", *Journal of Communist Studies and Transition Politics*, 11, n. 4 (dez. 1995), pp. 309-34.

WOLFF, David, "'One Finger's Worth of Historical Events': New Russian and Chinese Evidence on the Sino-Soviet Alliance and Split, 1948-1959", *Cold War International History Project Bulletin*, Working Paper n. 30 (ago. 2002), pp. 1-74.

WYLIE, Raymond F., *The Emergence of Maoism: Mao Tse-tung, Ch'em Po-ta, and the Search for Chinese Theory, 1935-1945*, Palo Alto, CA: Stanford University Press, 1980.

YURCHAK, Alexei, "Bodies of Lenin: The Hidden Science of Communist Sovereignty", *Representations*, n. 129 (outono de 2015), pp. 116-57.

ZELEKE, Elleni Centime, "Addis Ababa as Modernist Ruin", *Callaloo*, 33, n. 1 (primavera de 2010), pp. 117-35.

ZEWDE, Bahru, *A History of Modern Ethiopia*, Londres: James Currey, 2001.

Agradecimentos

Uma ideia bem vaga deste projeto remete ao meu primeiro ano como aluno de graduação em 1981, quando me deparei com "La fabrication d'un charisme" [A fabricação do carisma], um artigo instigante sobre o culto a Stalin escrito de forma precursora pelo meu professor Bronisław Baczko na Universidade de Gênova. Ele foi um pioneiro da história cultural, e eu gostaria de confessar, ainda que tardiamente, que seu trabalho moldou minha visão da história de maneira muito mais profunda do que eu podia imaginar na época.

Escrever sobre o culto à personalidade pode ser arriscado. Todo historiador que se debruça sobre Mussolini tem uma dívida eterna com Camillo Berneri, que publicou um estudo esclarecedor intitulado *Mussolini Grande Attore* [Mussolini, o grande ator], em 1934, e acabou sendo executado por um esquadrão comunista na Espanha três anos depois, provavelmente a mando de Stalin. Em geral, grandes ditadores atraem grandes escritores, e um dos prazeres de estudar esses tiranos é estar na companhia de tantos acadêmicos talentosos, independentemente de terem escrito os trabalhos na época que os fatos aconteceram ou em retrospectiva. Minha dívida com eles é indicada, ainda que de forma inadequada, nas notas.

Passei semanas em arquivos de diversos locais da Europa, mas eu não teria compreendido os documentos do Arhivele Naționale al României, em Bucareste, sem a ajuda de Ștefan Bosomitu, um pesquisador com um conhecimento incomparável dos arquivos de Ceaușescu. Em Adis Abeba, Eyob Girma leu pacientemente dezenas de documentos em amárico, enquanto Jen Seung Yeon Lee ajudou com o material propagandístico da Coreia do Norte. Uma quantidade aparentemente infinita de materiais sobre guerras, revoluções e períodos de paz no século XX pôde ser encontrada na Hoover Institution, cujos funcionários da biblioteca e dos arquivos foram muito prestativos.

Robert Peckham reacendeu meu interesse em história da imagem e do poder ao me emprestar uma cópia de *A fabricação do rei: Construção da imagem pública de Luís XIV*, de Peter Burke. Diversas pessoas leram e fizeram comentários sobre as muitas versões rascunhadas do livro, em especial Peter Baehr, Gail Burrowes, Christopher Hutton, Peter e Gabriele Kennedy, Françoise Koolen, Andrei Lankov, Norman Naimark, Robert Peckham, Priscilla Roberts, Robert Service, Facil Tesfaye e Vladimir Tismaneanu. Outros foram generosos em compartilhar histórias e fontes, em particular Paul S. Cha, Mihai Croitor, Brian Farrel, Sander Gilman, Paul Gregory, Paul Hollander, Jean Hung, Mark Kramer, Michelle Kung, James Person, Amir Weiner e Arne Westad.

Sou grato aos meus editores, especialmente a Michael Fishwick, em Londres, e Anton Mueller, em Nova York, e ao meu revisor, Richard Collins, bem como a Marigold Atkey, Chloe Foster, Genista Tate-Alexander, Francesca Sturiale e Lilidh Kendrick, em Bloomsbury. Gostaria de expressar minha gratidão aos meus agentes literários — Andrew Wylie, em Nova York, e Sarah Chalfant, em Londres. Agradeço à minha esposa, Gail Burrowes, como sempre, com amor.

Hong Kong, dezembro de 2018.

Índice remissivo

Acordo de Munique, 89, 92, 126
Adwa, Batalha de, 257
Afabet, Batalha de, 277
Agronsky, Martin, 224
Ai Xiaoming, 175
Albânia, 48, 54, 199, 279
Alemanha Oriental, 134, 277
Alexandre, o Grande, 241
Alfieri, Dino, 40
Allilueva, Anna, 137
Aman Andom, general, 259, 260, 262, 268
Angkar, 18
Aníbal, 46
Apostol, Gheorghe, 233
armas químicas, 44
Assad (pai e filho), 18, 281
Atatürk, Kemal, 226
Atnafu Abate, 259
Augusto, imperador, 42
Áustria, anexação de Hitler, 48, 88, 92
Avdeenko, Aleksandr, 122
Axum, 257

Badoglio, Pietro, 56
Baía dos Porcos, 229
Balbo, Italo, 25, 30, 44
Barbot, Clément, 208, 211, 212, 216, 218
Barbusse, Henri, 116
Barre, Siad, 265
Batalha da Grã-Bretanha, 96
Bedel, Maurice, 34
Beethoven, Ludwig van, 194
Benjamin, René, 34
Béraud, Henri, 102, 106
Berghof, 84, 85, 86, 99
Beria, Lavrenti, 125
Bessel, Richard, 69
Bierut, Bolesław, 134
Bismarck, Otto von, 115
Bodnaras, Emil, 240
Bokassa, Jean-Bédel, 18
bolcheviques, 10, 15, 103, 108
bombas atômicas, 134
Braun, Eva, 100
Brejnev, Leonid, 235, 243, 253
Bucareste

Palácio do Povo, 231, 251
reforma da cidade, 251
Teatro Nacional, 240
Bukharin, Nikolai, 103, 108, 109
Bulgária, 134, 235
Burebista, rei da Dácia, 246
Byrnes, James, 130

campos de concentração, 13, 111, 122
canal Stalin, 121
canal Volga-Don, 137
Canção de Stalin, 123
Carter, Jimmy, 244
Castro, Fidel, 18, 202, 214, 229, 266
Catchlove, Donald, 239
Ceaușescu, Elena, 244, 245, 249, 255
Ceaușescu, Nicolae, 13, 17, 256, 280
   ascensão ao poder, 231
   celebrações de aniversário, 248
   controle sobre a cultura, 249
   declínio e queda, 254, 280
   e descontentamento crescente, 246, 251
   e Duvalier, 250
   e Hitler, 237, 241, 250
   e Kim Il-sung, 202
   e Mussolini, 241, 246
   e presidência, 247
   e Stalin, 233
   e tradições antigas, 246
   escritas ideológicas, 241, 249
   expurga liderança, 237
   faz turnês pelo país, 236
   imagens de, 238, 239, 249, 256
   promove parentes, 245
   recusa estátuas, 250
   Teses de Julho, 237
   títulos e honrarias internacionais, 243
Ceaușescu, Nicu, 245
Celebrações do Dia do Trabalhador, 269
Chamberlain, Neville, 89, 92
Changchun, cerco de, 151
Chen Boda, 146
chengfen, 152, 190
Chiang Kai-shek, 140, 141, 142, 145, 150, 164
China. Ver também Mao Tsé-tung
   Ceaușescu visita, 236
   e Coreia do Norte, 183, 186, 188, 200
   e União Soviética, 143, 151, 158, 161, 165, 173
Cho Gi-cheon, 181
Cho Man-sik, 179
Christophe, Henri. Ver Henri I, rei do Haiti
Churchill, Winston, 34, 58, 130
Ciano, Galeazzo, 36, 49, 57
Cidadela Laferrière, 205
Clapham, Christopher, 271
coletivização, 16, 104, 109, 111, 118, 152, 155, 157, 158, 186, 233, 271, 275, 278
comícios em Nuremberg, 77
Comintern (Internacional Comunista), 114, 140, 143
Comissão Econômica das Nações Unidas para a África, 271
Comitê Mundial contra a Guerra e o Fascismo, 116
Conferência de Yalta, 130, 177
Congresso dos Vencedores, 118, 120, 121

Congresso Mundial dos Escritores, 122
Constituição de Stalin, 122
Coreia do Norte. Ver também Kim Il-sung
  Ceaușescu e, 236, 249
  Mao Tsé-tung e, 150
  Mengistu e, 272
Coreia do Sul, 183, 190, 191, 195
Corner, Francesca, 20
Corriere della Sera, 27
Courlander, Harold, 213
crioulo, 222
crise da Bolsa de Valores, 68
crise do Pueblo, 195
crise na Renânia, 86
Cromwell, Oliver, 25, 241
Cuba, 202, 214, 218, 222, 229, 265, 276

Dalí, Salvador, 241
d'Annunzio, Gabriele, 21
de Gaulle, Charles, 225, 239
Déjoie, Louis, 209, 211
Deng Xiaoping, 156, 158, 166
Denis, Lorimer, 207, 213
Derg, o, 258
desestalinização, 189, 233
Dessalines, Jean-Jacques, 205, 217, 221
Deutscher, Isaac, 132
Doutrina de Ceaușescu, 243, 247
Draghici, Alexandru, 234
Drexler, Anton, 60
Du Bois, W. E. B., 87
Dumini, Amerigo, 26
Duvalier, François "Papa Doc", 15, 17, 230, 281
  associações ocultas, 212
  Catecismo da revolução, 221
  celebrações de aniversário, 226
  doença e retorno ao poder, 215
  e as massas, 227
  e Ceaușescu, 250
  e êxodo de profissionais, 221
  e Mao Tsé-tung, 226
  e Mussolini, 223
  e negritude, 207, 227
  e presidência, 210, 216, 220
  e *tonton macoutes*, 211
  expurga, 210, 214, 226
  imagens de, 210, 215, 219
  melhora a imagem, 222
  morte e mausoléu, 230
  Obras Essenciais, 225
  prática da medicina, 208
  recusa estátuas, 220, 250
  relações com a Igreja Católica, 216, 224
  relações com os EUA, 218, 228
duvalierismo, 225
Duvalier, Jean-Claude "Baby Doc", 218, 224, 230
Duvalier, Marie-Denise, 224
Duvalier, Simone, 218
Dzerjinski, Félix, 106

Eckart, Dietrich, 62, 64
Edison, Thomas, 35
Eisner, Kurt, 60
El Alamein, Batalha de, 277
Elizabeth II, rainha, 224
Engels, Friedrich, 106, 124, 149, 154
  e Coreia do Norte, 191, 194
  e Etiópia, 16, 269, 272

Enukidze, Avel, 114
Era Ceaușescu, 231, 242, 248
Erdogan, Recep Tayyip, 281
Eritreia, 17, 45, 259, 276, 277
escolas do quadro militar, 173
Esposizione Universale Roma (EUR), 19, 43
Estados unipartidários, 182
estátuas, 9, 279
    Ceaușescu recusa, 250
    Duvalier recusa, 220, 250
    Hitler recusa, 74, 220, 250
    Kim Il-sung e, 191, 197, 204
    Mao e, 171
    Mengistu e, 266, 274
    Mussolini e, 24, 42, 58
    Stalin e, 118, 135
Estevão, o Grande, 246
Estimé, Dumarsais, 207, 208, 209
Estrela vermelha sobre a China, 144
Etiópia. Ver também Mengistu Haile Mariam
    invasão italiana, 45, 257

Farinacci, Roberto, 25, 28, 29, 40
fasces, 42, 43
Felice, Renzo de, 50
Finlândia, 96, 127, 273
Foch, marechal Ferdinand, 95
fome e inanição, 98, 222, 258, 275
França, queda da, 95, 127
Franco, Francisco, 18

Gaetano, Vincenzo de, 32
Gandhi, Mohandas, 34
Gao Hua, 147
Garbo, Greta, 30

Garibaldi, Giuseppe, 25
Gentile, Emilio, 56
Gheorghiu-Dej, Gheorghe, 232, 233
Gibson, Violet, 27, 40
Gide, André, 116
Giobbe, Salustri, 20
Girma, Baalu, 268
Glowania, Paul, 87
Goebbels, Joseph, 90, 91, 95, 97, 100
Goering, Hermann, 77, 88, 93, 96, 100
Goethe, Johann Wolfgang von, 82
Gorbachev, Mikhail, 253, 254, 277
Grande Exposição de Arte Alemã, 81
Grande Muralha da China, 143
Grande Pirâmide de Gizé, 231
Grandi, Dino, 25, 29, 44
Gravelli, Asvero, 37
Graziani, general Rodolfo, 45, 54
Grécia, 54
Guardas Vermelhas, 168
Guerra da Coreia, 193, 197, 237
Guerra de guerrilha, 101, 142
Guerra de Ogaden, 265, 268, 275
Guerra Fria, 136, 174, 229

Haffner, Sebastian, 91
Hamelet, Michel-Pierre, 238
Han Chae-tok, 181
Han Sorya, 180
Hassell, Ulrich von, 98
Hearst, William Randolph, 34
Henri, Jacques-Victor, 206
Henri I, rei do Haiti (Henri Christophe), 205
Hess, Rudolf, 76

ÍNDICE REMISSIVO

Himmler, Heinrich, 100
Hindenburg, Paul von, 70
Hitler, Adolf, 13, 101
   antissemitismo, 16, 61, 66, 76
   aparência e comportamento, 62
   aposta presidencial fracassada, 71
   biografias, 69, 83
   celebrações de aniversário, 89
   cinejornais e filmes, 80
   declínio e queda, 99
   e Ceaușescu, 237, 241, 250
   e design de interiores, 83
   e guerra, 87, 92
   e Mussolini, 43, 54, 59, 63, 85, 98, 100
   e Primeira Guerra Mundial, 60
   e Stalin, 93, 96, 101, 105, 117, 125, 132
   e violência política, 71
   Gleichschaltung (sincronização), 78, 110
   habilidades retóricas, 60, 66, 78
   imagens de, 62, 66, 70, 73, 81, 87, 97
   julga caráter, 67
   mestre do disfarce, 85
   Minha luta, 64, 68, 76, 86, 96, 124
   Noite das Facas Longas, 74, 77, 126
   Putsch da Cervejaria, 64, 66
   realiza um referendo, 86
   recusa estátuas, 74, 220, 250
   renomeação de ruas, 73
   saúde debilitada, 96
   torna-se chanceler, 72
   trama de assassinato, 99

Hoffmann, Heinrich, 63, 66, 84, 93, 99
Ho Kai, 183
Hollander, Paul, 15, 352
homossexualidade, 69
Hou Bo, 153
houngans, 207, 213, 214, 219, 229
Hoxha, Enver, 18, 279
Hua Mulan, 136
Hungria, 93, 112, 134, 235
   revolta e invasão soviética, 157, 189
Hussein, Saddam, 18

Igreja Ortodoxa etíope, 257
Iliescu, Ion, 234, 238, 255
império italiano, 46
incêndio no Reichstag, 77
Instituto Luce, 31, 40
Iugoslávia, 200, 243

Jacoby, Annalee, 149
Jennrich, Paul, 82
Johnson, Lyndon B., 224
Júlio César, 241
Juventude Hitlerista, 70, 82

Kadafi, Muamar, 18
Kaganovich, Lazar, 107, 112, 123, 125
Kalinin, Mikhail, 120
Kamenev, Lev, 107, 108, 119
Kang Sheng, 147
Kaplan, Fanny, 102
Kapp, Wolfgang, 61
Kébreau, Antonio, 209, 211
Kennedy, John F., 218
Kershaw, Ian, 13

Khmer Vermelho, 18
Khomeini, aiatolá, 18
Kiev, 128
　mosteiro das cavernas, 106
Kihss, Peter, 214
Kim Il-sung, 12, 17, 204, 281, 203
　árvores propagandistas, 203
　ataca a cultura burguesa, 194
　biografias, 181, 184, 200
　canções sobre, 194
　celebrações de aniversário, 184, 196, 199
　combatente de guerrilha na Manchúria, 177
　coroado presidente, 199
　e Ceauşescu, 201
　e ideologia Juche, 192, 199, 201
　e Mao Tsé-tung, 182, 189, 200
　enfrenta críticas, 188
　epítetos, 193
　e Stalin, 177, 182, 184, 200
　e Terceiro Mundo, 192, 200
　expurga, 184, 189, 193, 202
　imagens e estátuas, 179, 183, 186, 191, 197, 203
　insígnias, 198
　juramentos de lealdade, 203
　morte e mausoléu, 203
　Movimento Chollima, 190
　obra pública, 196
　oposição a desestalinização, 188
　parentes, 18, 193, 196, 202
　presentes de lealdade, 197
　reforma agrária, 180
Kim Il-sungismo, 201
Kim Jong-il, 202, 203
Kim Jong-un, 281, 283
Kipling, Rudyard, 225

Kirkpatrick, Ivone, 24
Kirov, Sergey, 118
Klemperer, Victor, 75, 79, 90, 91, 101
Knickerbocker, Hubert, 115
Knox, coronel Frank, 35
Kruschev, Nikita, 139
kulaks, 111

Lamont, Thomas W., 35
Legião de Honra, 245
Lei Feng, 162, 163
Lenin, Vladimir Ilyich, 10, 21, 110, 116, 124, 132, 137
　e comunistas além-mar, 140, 143
　e Coreia do Norte, 184, 191
　e Duvalier, 226
　e Etiópia, 16, 269, 272, 277
　e Mao Tsé-tung, 149, 154, 160, 165
　e sucessão de Stalin, 102
　e título de vozhd, 112, 143
　mausoléu de, 105, 110
Leningrado, cerco de, 109, 131
leninismo, 106, 124. Ver também marxismo-leninismo
Ley, Robert, 82, 94, 100
Líbia, 43, 44
Liga das Nações, 44, 47, 53, 67, 86, 127
Lin Biao, 160, 161, 163, 166, 170, 171, 173
Lincoln, Abraham, 241
Liu Shaoqi, 148, 149, 156, 157, 160, 161, 166, 173
Lloyd George, David, 85, 116
Locard, Henri, 18
Louverture, Toussaint, 205

Ludendorff, general Erich von, 64
Ludwig, Emil, 71, 115, 117
Luís XIV, rei, 9, 10, 11
Luís XVI, rei, 10
Lussu, Emilio, 52
Lyons, Eugene, 114, 121

MacArthur, general Douglas, 183
Magloire, Paul, 208
Malenkov, Georgy, 202
Maltoni, Rosa, 41
Manchúria, 143, 145, 150, 177, 178
Mandelstam, Nadezhda, 123, 130
Mandelstam, Osip, 122
Manescu, Manea, 242
Mangyongdae, 184, 196
Mao Tsé-tung, 12, 17, 176, 280, 171
  aspirações intelectuais, 141, 143, 154
  campanha anticorrupção, 171
  Campanha das Cem Flores, 165, 189
  Campanha de Educação Socialista, 162, 165
  Campanha de Retificação, 146
  distância, 155
  e Ceaușescu, 239
  e Duvalier, 226
  e Kim Il-sung, 182, 189, 199
  e protestos a favor da democracia, 157
  e Stalin, 136, 139, 142, 148, 152, 162, 165, 175
  e título de vozhd, 143
  encontro com Nixon, 173
  ensaios filosóficos, 153
  expurgos, 146, 152, 159, 171
  Grande Salto Adiante, 158, 165, 190
  imagens e estátuas, 149, 153, 169, 175
  insígnias, 168
  líder dos aldeões, 140
  Longa Marcha, 142, 146
  morte e mausoléu, 174
  O pequeno Livro Vermelho, 166, 168, 169
  poesia, 154
  posa como democrata, 146, 152, 157
  reforma agrária, 152
  Revolução Cultural, 162, 164, 199, 282
  slogans, 154
  Sobre a nova democracia, 146, 152
Maré Alta Socialista, 156
Markizova, Gelia, 121
Marx, Karl, 16, 103, 106, 111, 124, 149, 154, 160
  e Coreia do Norte, 186, 191, 194
  e Etiópia, 15, 269, 271
marxismo, 15, 65, 103, 106, 111, 124, 141, 178
  sinificação de, 154
marxismo-leninismo, 15, 149, 153, 165
  e Coreia do Norte, 192, 199
  e Etiópia, 261, 270
  e Romênia, 237, 242, 249
marxismo-leninismo-Pensamento de Mao Tsé-tung, 165
marxismo-leninismo-stalinismo, 124

Massacre dos Sessenta, 260
Matteotti, Giacomo, 26
Maurer, Gheorghe, 233, 235, 241
Mekhlis, Lev, 107, 122
Menelik II, imperador, 257, 265, 266
Mengistu Haile Mariam, 16, 278
  ascensão ao poder, 259
  biografia, 273
    Celebrações do Dia Nacional, 269, 273
  e "aldeialização", 275
  e guerra civil, 273
  estabelecimento do Partido dos Trabalhadores, 271
  e terror na Etiópia, 263, 270
  exílio no Zimbábue, 275
  expurgos, 267
  imagens e estátuas, 266, 272
  qualidades pessoais, 262
Miguel, o Valente, 246
Mikoyan, Anastas, 125
Mircea, o Velho, 246
Mobutu Sese Seko, 18
Mollier, Madeleine, 57
Molotov, Vyacheslav, 107, 119
monte Mansudae, 197, 204
monte Paektu, 178
monumento Tiglachin, 273
Morrison, Herbert, 208, 210, 215, 216
Mostra della Rivoluzione, 40
Mugabe, Robert, 18, 277
Muro de Berlim, queda do, 279
Museu Pushkin de Belas Artes, 136
museu revolucionário em Pyongyang, 191
Mussolini, Arnaldo, 30, 37

Mussolini, Benito, 10, 14, 58, 280
  aparência e comportamento, 24, 30, 47
  assume governo personalista, 26
  biografias, 31, 36, 50
  chefia o regime em Salò, 57
  declínio e queda, 52, 98
  e Ceauşescu, 241, 246
  e Duvalier, 222
  e Hitler, 44, 54, 59, 63, 85
  e império italiano, 43
  e Roma Antiga, 42, 45
  e Stalin, 30, 117
  expurgos, 25, 44, 57
  faz turnês pela Itália, 25, 38
  funda o fascismo italiano, 21
  imagem internacional, 25, 33
  imagens e estátuas, 20, 23, 31, 41, 44, 52, 55, 57
  invasão da Grécia, 54
  Marcha sobre Roma, 23, 25, 39, 59, 63
  preparações para a guerra, 44, 53
  presentes recebidos, 41
  reconstrução de Roma, 42, 43
  tentativas de assassinato, 28

Nações Unidas, 183, 201, 265, 271
Nanjing, estupro, 145
Napoleão Bonaparte, 37, 44, 115, 241
Negri, Ada, 34
Negussie Fanta, 267
Nixon, Richard M., 173, 234, 235, 239
Nkrumah, Kwame, 226
NKVD, 125
Nova Política Econômica, 104, 108

O capital, publicado em amárico, 271
O'Connell, cardeal William, 35
Olimpíadas de Berlim, 80
Ordem de Lênin, 243
Ordzhonikidze, Sergo, 107, 112, 119
Orwell, George, 18
Ostrovski, Nikolai, 194

Pacepa, Ion, 244, 245
Pacto de Aço, 49
Países Bálticos, 127
Pak Hon-yong, 179, 184, 186
Papailler, padre Hubert, 217
Park Chung-hee, 195
Partido Nazista (NSDAP), 59, 61, 62
Patrascanu, Lucretiu, 232, 234
Paulo VI, papa, 225
Pearl Harbor, 96, 146
Pedro, o Grande, 241
Peng Dehuai, 160, 163
Pensamento de Mao Tsé-tung, 163, 165, 168, 171, 173
Petacci, Clara, 57
Piacentini, Marcello, 19
pico de Stálin, 135
Pini, Giorgio, 32
Pio XII, papa, 56
Pirvulescu, Constantin, 242, 246, 254
Platão, 225
Pochonbo, 178, 181, 184, 197
Polevoi, Boris, 138
Polônia, 49, 54, 93, 94, 98, 112, 126, 134, 235, 254
Pol Pot, 18
Popolo d'Italia, 21

Poskrebyshev, Alexander, 123
praça da Paz Celestial, 151, 164, 166, 170, 236
Pravda, 103, 106, 112, 116, 125, 129, 134, 135, 143, 180
Predappio, 29, 40
Prêmio Stalin, 122, 138
Price-Mars, Jean, 206, 207
Pyongyang Times, 193

Rákosi, Mátyás, 134
rastafáris, 258
Raubal, Geli, 69
realismo socialista, 120, 153, 238
República de Weimar, 60, 61, 64, 72
República Dominicana, 214, 222, 225
República Soviética da Baviera, 60
Revolução de Outubro, 112, 142, 158, 189
Riefenstahl, Leni, 80
Rizzi, Arturo, 39
Rockefeller, Nelson, 229
Röhm, Ernst, 69
Roma Antiga, 42, 46, 66, 91
Roosevelt, Franklin D., 93, 130, 177
Rosenberg, Alfred, 47, 63
Rossi, Cesare, 26, 30, 36
Rumiantsev, Ivan, 119
Rust, Bernhard, 81, 100

SA, 62, 64
Salão de Exposição Internacional da Amizade em Myohyangsan, 201
Salisbury, Harrison, 199
Samedi, Baron, 213, 214
Santo Agostinho, 225

Sarfatti, Margherita, 32
saudação de Hitler, 81
Sauter, Robert, 87
Schleicher, Kurtvon, 72
Schuschnigg, Kurt, 85, 89
Scinteia, 236, 241
Scornicesti, 251
Secondé, Sir Reggie, 244
Securitate, 233, 244, 252, 255
Selassie, Haile, 223, 224, 257, 258, 261, 265
Service, Robert, 127
Shaw, George Bernard, 115, 117
Shirach, Baldur von, 82
Shirer, William, 88, 93, 96
Siegert, Heinz, 239
sindicato Solidariedade, 254
Slocombe, George, 24, 30
Smith, Al, 35
Snow, Edgar, 144
Sociedade Thule, 61
Somália, 45, 265, 275
Somalilândia, 43
songbun, 190, 314
Speer, Albert, 76, 83, 90, 91, 99
Stalin, Josef, 11, 138, 280
   biografias, 114, 124, 131
   comemorações de aniversário, 135, 139
   comissiona o *História do Partido Comunista*, 124
   discurso secreto de Kruschev, 11, 139, 162, 164, 175
   e Ceaușescu, 233
   e celebridades estrangeiras, 115
   e guerra, 127
   e Hitler, 93, 101, 105, 117, 125, 132
   e Kim Il-sung, 177, 182, 184, 199
   e líderes mundiais, 129
   e Mao Tsé-tung, 136, 139, 142, 148, 152, 162, 164, 175
   e mundo pós-guerra, 134
   e Mussolini, 30, 45
   e queda de Trotski, 107
   e renomeação das cidades, 120
   e terror, 104, 118, 130
   e título de vozhd, 143, 182
   expurgos, 118, 126, 136
   Fundamentos do leninismo, 124
   imagens e estátuas, 112, 120, 129, 131, 134, 180, 186, 233
   lado humano de, 113
   morte e mausoléu, 137
   política econômica, 108, 111
   sucessão a Lenin, 104
Stalingrado, Batalha de, 129
stalinismo, 114, 123
Starace, Achille, 35, 40, 45, 56, 57
Steriade, Mihai, 239
Stiehler, Annemarie, 82
Stresemann, Gustav, 68
suásticas, 69, 90, 99
Sudetos, 89, 92
surong, 182
Sweeney, John, 252
Syngman Rhee Sukarno, 181

Taiwan, 151, 182
Tchecoslováquia, 48, 89, 93, 136, 253
   invasão soviética, 200, 234
Teatro Bolshoi, 135, 139
Teferi Banti, general, 259, 262, 268

Terceiro Mundo, 192, 200, 201
Testamento de Lenin, 105, 107, 108, 113
Thackeray, William Makepeace, 9
Thompson, Dorothy, 85
Tikhonov, Nicolai, 138
Timisoara, 254
Tito, Josip Broz, 18
tonton macoutes, 212
torre Juche, 203
Tower, Henrietta, 41
Tratado de Versalhes, 65, 86, 89
tratados sino-soviéticos, 191
Troost, Gerdy, 84
Trotski, Leon, 12, 102, 104, 105, 107, 109, 114
Turati, Augusto, 29, 35, 37, 41

Ulbricht, Walter, 134
União Soviética. Ver também Stalin, Josef
  e China, 143, 150, 158, 161, 164, 173
  e Coreia do Norte, 178, 183, 186, 188, 197, 203
  e Etiópia, 262, 264, 270, 276
  e Romênia, 233, 245, 247, 253
  e "socialismo em um país", 16
  Hitler e, 93, 96, 127
  Mussolini e, 55

Valéry, Paul, 225
Via Triumphalis (Berlim), 90, 91
vigilância, 52, 185, 199, 254, 262, 276, 283
Villa Torlonia, 30, 31, 33, 41
Vítor Emanuel III, rei, 23, 46
vodu, 15, 206, 207, 208, 213, 215

Völkischer Beobachter, 61, 62, 65
vozhd, 111, 143, 182

Wang Jiaxiang, 148
Werth, Alexander, 128
White, Theodore, 149
Windsor, duque e duquesa de, 85
Winner, Percy, 33

Xangai, Batalha de, 141, 145
Xi Jinping, 282

Yan'an, 142, 144, 146, 147, 148, 150
Yezhov, Nikolai, 126
Yi Sang-jo, 188

Zhdanov, Andrei, 134
Zhou Enlai, 142, 143, 145, 148, 156, 159, 174, 234
Zhukov, Georgy, 128, 133
Zimbábue, 277
Zinoviev, Grigory, 107

Nota sobre a fonte tipográfica

O texto deste livro está na fonte Adobe Garamond. Trata-se de uma das diversas versões de Garamond baseada nos designs de Claude Garamond. Acredita-se que ele tenha se inspirado em Bembo, cortada em 1495 por Francesco Griffo em colaboração com o tipógrafo italiano Aldus Manutius. A fonte Garamond foi usada primeiro em Paris por volta de 1532. Muitas de suas versões atuais são baseadas em *Typi Academiae* do corte de Jean Jannon em Sedan, em 1615.

Claude Garamond nasceu em Paris em 1480. Ele aprendeu a cortar fontes com o pai e, aos 15 anos de idade, fazia punções de aço do tamanho equivalente a uma paica com grande precisão. Aos 60 anos, foi comissionado pelo rei francês Francisco I a desenhar o alfabeto grego e, pelo feito, recebeu o título honorário de fundador da fonte real. Garamond morreu em 1561.

1ª edição	AGOSTO DE 2022
impressão	CROMOSETE
papel de miolo	PÓLEN NATURAL 70G/M²
papel de capa	CARTÃO SUPREMO ALTA ALVURA 250G/M²
tipografia	ADOBE GARAMOND PRO